KB242831

10대라면 반드시 알아야 할
한국
고대사

한국 고대사

팬덤북스

요즘 뉴스를 보면 정말 흥미로운 소식들이 많이 들려옵니다. 스트레이 키즈, 르세라핌 같은 아이돌 그룹의 노래가 전 세계 차트에 들고, 〈케이팝 데몬 헌터스〉와 같은 한국 문화를 주제로한 애니메이션이 지구 반대편 사람들을 웃고 울립니다. 국립중앙박물관의 2025년 관람객 수는 대영박물관, 루브르 박물관 다음입니다. 우리 한복과 한식은 힙한 문화의 상징으로 떠오르고 있습니다. 바야흐로 'K-문화'의 전성시대라고 할 수 있는 시대입니다. 대한민국이라는 브랜드가 이토록 빛났던 적이 역사상 또 있었을까 싶을 정도입니다.

하지만 학교 현장에서 혹은 도서관에서 마주하는 우리 역사의 현실은 이 화려한 조명과는 사뭇 다릅니다. 솔직히 말해보겠습니다. 여러분에게 한국사는 수능 필수 과목이라 억지로 외워야 하는 '암기 과목', 고리타분한 연도와 왕 이름이 나열된 '수면제' 같은 존재는 아닌가요? 전 세계가 한국 문화와 역사에 열광하는데 정작 우리는 우리 역사를 교과서 속의 딱딱한 지식으로만 대하고 있는 것 같아 안타까울 때가 많습니다.

저는 대학원에서 역사를 공부하고 연구하는 사학도입니다. 매일 낡은 역사 기록들과 씨름하고 먼지 쌓인 기록들 사이에서 숨겨진 이야기를 찾아내는 게 제 일이지요. 연구실에서 고대 문헌들을 들여다보다 보면 가끔은 억울한 마음이 들기도 합니다. "아니, 이렇게나 재미있고 치열한 이야기가 왜 교과서에는 그저 한 줄의 요약으로만 남았을까?" 하고 말이죠.

특히나 '한국 고대사'의 신세는 더욱 슬픕니다. 조선 시대나 근현대사는 드라마나 영화로도 자주 다뤄지고 자료도 많아 상대적으로 친숙하지만, 고조선부터 후삼국 시대까지의 이야기는 너무 멀게만 느껴지니까요. 학교 진도표를 봐도 고대사는 학기 초에 잠깐 스쳐 지나가는 애피타이저 정도로 취급받기 일쑤입니다. "단군 할아버지가 나라를 세웠고 삼국이 싸우다가 신라가 통일했다." 이 정도의 앙상한 뼈대만 남은 채 그 시대를 살았던 사람들의 인생은 잊히고 있는 것이 지금의 현실입니다.

그래서 이 책을 써보게 되었습니다. K-문화가 세계로 뻗어나가는 지금이야말로 우리가 잊고 지냈던 그 오래된 뿌리를 다시 들여다봐야 할 때입니다. 뿌리가 깊어야 가지가 무성하고 열매가 풍성한 법이니까요. 특히 지금 가장 빛나는 K-문화의 시작이지만, 교실에서는 소외당하고 있는 우리 고대사의 진짜 얼굴을 여러분에게 보여주고 싶었습니다. 이 책《10대라면 반드시 알아야 할 한국 고대사》는 여러분이 교과서로는 알 수 없는 한국 고대사의 디테일과 한국사 연구자들의 최신 연구 성과를 쉽게 담는 것에 집중했습니다.

고대사는 단순히 신화나 전설이 아닙니다. 그것은 생존을 위해

몸부림쳤던 우리 선조들의 치열한 삶의 기록입니다. 만주 벌판을 호령했던 고구려의 기상이 어떻게 만들어졌는지, 백제는 어떻게 바다를 통해 문화를 꽃피웠는지, 그리고 변방의 작은 나라 신라가 어떻게 대국들을 제치고 삼국의 주인공이 되었는지, 그 과정을 옆에서 떠들어 보는 이야기처럼 생생하게 풀어내려 했습니다.

저는 여러분이 이 책을 통해 다음과 같은 것들을 얻어가기를 바랍니다. 첫째, 텍스트 너머의 '사람'을 만나는 경험입니다. 역사는 연도 싸움이 아니라 사람의 이야기입니다. 권력 앞에 비정했던 왕과 나라를 위해 목숨을 바친 장군들, 그리고 그 시대를 묵묵히 살아낸 이름 없는 백성들까지. 그들의 고민과 선택은 지금 21세기를 살아가는 여러분의 고민과 크게 다르지 않습니다. 고대사를 통해 우리는 삶을 살아가는 지혜와 통찰력을 얻을 수 있습니다.

둘째, 다양성과 통합의 가치입니다. 예전에는 우리 한국인은 단군의 자손인 단일민족이라고 했습니다. 하지만 우리 고대사는 단일민족의 신화에 갇혀 있지 않습니다. 북쪽에서 남하해 온 많은 이주민 집단과 한반도에 살고 있던 남방의 원주민들이 섞여서 많은 나라를 세웠습니다. 고구려 유민과 말갈인이 힘을 합쳐 발해를 세우고, 왕건이 후삼국의 다양한 세력을 하나로 융합해 고려를 만드는 과정은 그 자체로 거대한 용광로였습니다. 다문화 시대를 살아갈 여러분에게 우리 선조들이 보여준 개방성과 포용력은 훌륭한 나침반이 되어줄 것입니다.

다만 걱정되는 부분도 있습니다. 최신 학설들을 반영하다 보니 교과서와는 조금 다른 내용이 있을 수 있습니다. 또한, 여러분이 어디선가 보았던 만주 벌판을 달리고 중국 왕조를 압도하던 위대한 한국 고대사의 모습이 아닐 수도 있습니다. 그렇지만 많지 않은 고대사의 기록을 두고 다양한 관점에서 역사를 보았고 이 책도 그런 관점 중의 하나라고 봐주면 감사하겠습니다. 이 책에서 얘기하고자 하는 것은 어떤 특정한 역사관에 대한 지지가 아니라 우리의 뿌리가 무엇인지 알아보고자 하는 것이니까요.

역사 연구자의 길을 걷고 있는 저에게 고대사는 박물관 진열장 속에 갇힌 유물이 아닙니다. 저에게는 오늘을 살아가는 힘이자 내일을 여는 열쇠입니다. 여러분에게도 한국 고대사의 조그마한 무언가가 내일을 여는 열쇠가 되었으면 합니다. 입시 공부에 지친 여러분에게 이 책이 딱딱한 참고서가 아니라 흥미진진한 시간 여행의 가이드북이 되었으면 좋겠습니다.

2026년 첫 달, 새로운 시작을 담아

고창민

❀ 차례 ❀

머리말 4

1장 우리 역사의 시작, 고조선과 여러 나라의 성립

01 단군조선의 건국 14

02 제정일치의 사회 고조선, 그리고 팔조법금 19

03 기자조선의 실체 24

04 고조선의 중심지는 어디? 28

05 위만조선의 성립 33

06 위만의 국적은 무엇일까? 38

07 한의 침공과 고조선의 멸망 42

08 고조선이 우리 역사에 남긴 유산 46

09 한사군의 설치 50

10 연맹 왕국을 이룬 부여 56

11 옥저와 동예 60

12 백제, 신라, 가야로 발전한 삼한 65

2장 삼국의 성립과 중앙집권국가로의 발전

01 주몽이 건국한 고구려 72

02 비류와 온조가 건국한 백제 76

03 박혁거세가 건국한 신라 81

04 김수로와 형제들이 건국한 가야 86

05 부여와의 전쟁에서 승리한 대무신왕　　91

06 태조왕의 왕호에 담긴 수수께끼　　96

07 진대법을 시행한 고국천왕　　102

08 산상왕의 즉위와 형사취수혼　　107

09 위나라와 맞서 싸운 동천왕　　112

10 백제의 기틀을 마련한 고이왕　　117

11 낙랑군과 대결한 책계왕, 분서왕 부자　　122

12 석탈해와 김알지의 등장　　127

13 포상팔국의 도전을 이겨낸 신라　　132

14 소금 장수였던 미천왕　　137

15 고국원왕 치세 고구려의 위기　　141

3장　삼국의 전성기와 삼국 간의 대결

01 백제의 전성기를 이룩한 근초고왕　　148

02 율령을 반포하고 불교를 공인한 소수림왕　　153

03 광개토왕의 즉위와 영토를 넓히는 고구려　　157

04 동북아시아를 호령한 고구려의 천하관　　162

05 금관가야의 쇠퇴　　167

06 김씨의 왕위 독점을 이룩한 나물마립간　　171

07 조카의 왕위를 빼앗은 실성마립간　　176

08 눌지마립간과 박제상　　180

09 백제의 혼란스러운 왕위 다툼　　185

10 나제동맹의 성립　　189

11 개로왕의 죽음과 위례성의 함락　　193

12 웅진으로 수도를 옮긴 백제　　198

13 백제를 다시 일으킨 무령왕　　203

14 백제 문화의 결정체, 무령왕릉　　208

15 성왕의 사비 천도　　214

16 신라의 '왕'이 된 지증왕   218

17 법흥왕의 개혁과 골품제   223

18 이차돈의 순교가 가지는 의미   228

19 금관가야의 멸망과 그 왕족들   233

20 고구려에 찾아온 왕위 다툼   237

21 한강 유역을 차지한 진흥왕   241

22 관산성에서 으스러진 성왕의 꿈   246

23 대가야의 저항과 멸망   251

4장 막바지로 치닫는 삼국의 항쟁, 그리고 삼국 통일

01 귀족들에 의해 폐위된 진지왕   258

02 진평왕의 즉위와 성골의 등장   262

03 백제의 그림자를 걷어낸 무왕의 시대   266

04 무왕의 진짜 왕비는 누구?   271

05 평강공주와 온달장군   277

06 수나라의 중국통일과 살수대첩   283

07 연개소문의 쿠데타   288

08 고구려와 당나라의 격돌   293

09 한국사 최초의 여왕, 선덕여왕   298

10 김춘추와 김유신의 성장   303

11 대야성의 함락과 나당 연합   307

12 진골의 신분으로 왕이 된 김춘추   312

13 백제의 멸망   317

14 의자왕은 배신당한 것이다?   322

15 백제도호부의 설치와 백제의 부흥 운동   326

16 고구려의 멸망   331

17 안동도호부의 설치와 고구려의 부흥 운동   335

18 중국의 동북공정, 그리고 고구려의 역사 문제   339

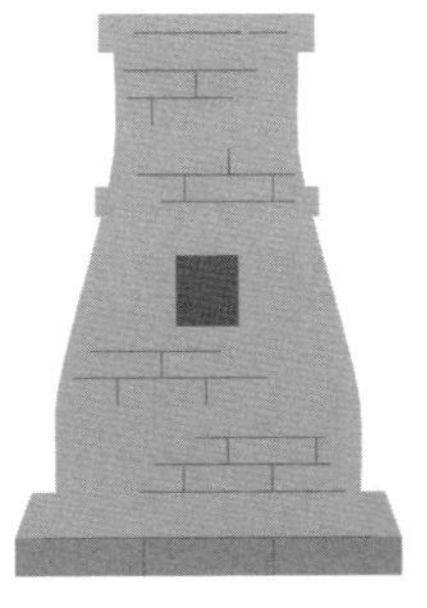

5장 남북국시대와 고대의 종말

01 나당전쟁에서의 승리　　346

02 신라는 삼국을 통일했을까?　　351

03 왕권을 강화하는 신문왕　　356

04 대조영이 건국한 발해　　361

05 발해는 말갈족의 나라?　　365

06 발해의 영토를 넓히는 무왕　　369

07 발해의 내정을 다지는 문왕　　373

08 '해동성국' 발해　　377

09 백성들에게 정전을 지급한 성덕왕　　381

10 한화 정책을 편 경덕왕　　386

11 김대성이 지은 불국사와 석굴암　　391

12 혜공왕의 피살과 신라 몰락의 시작　　396

13 방계혈통으로 왕위에 오른 선덕왕　　400

14 원성왕 VS 김주원　　404

15 김헌창의 난　　409

16 흥덕왕의 사치 금지령　　414

17 해상왕 장보고의 삶　　419

18 더욱 심해지는 신라의 왕위 다툼　　424

19 진성여왕의 실정과 무너지는 신라 사회　　429

20 발해 멸망의 미스터리　　433

21 후삼국 시대의 개막　　437

22 신라의 마지막 왕, 경순왕　　441

23 고려의 건국과 후삼국의 통일　　446

한국 고대사 연표　　452

1장

우리 역사의 시작,
고조선과
여러 나라의 성립

01

단군조선의
건국

  고조선은 우리 민족의 시작을 알린 최초의 국가입니다. 그중에서도 단군조선은 고조선이라는 이름을 가지고 건국된 3개의 왕조 중에서 첫 번째 왕조였답니다. 단군조선의 건국 이야기는 주로《삼국유사》,《제왕운기》,《동국통감》등 여러 역사서에 기록되어 있으며 오늘날에도 한민족의 기원 신화로 널리 퍼지고 있죠. 이런 역사책들에는 단군왕검이 평양 또는 아사달에 도읍을 정하고 나라 이름을 '조선'이라 하였다고 기록하고 있습니다. 단군조선은 이후 기자조선, 위만조선으로 이어지기 때문에 고조선의 역사는 단군-기자-위만조선으로 구성됩니다.

  단군조선의 건국 신화는 환웅과 웅녀의 결합에서 시작됩니다.

단군왕검 초상

하늘의 신 환인의 아들인 환웅은 인간 세상을 다스리고자 하는 뜻을 품고 3,000명의 무리를 이끌고 태백산 신단수 아래로 내려왔습니다. 환웅은 신시神市를 열고 풍백·우사·운사 등과 함께 곡식, 생명, 질병, 형벌, 선악 등 인간 세상의 여러 가지 일을 주관하며 세상을 다스렸습니다. 이때 곰과 호랑이가 환웅에게 찾아와 사람이 되고 싶다고 간절히 빌었답니다. 환웅은 두 동물에게 쑥과 마늘을 주며 100일 동안 햇빛을 보지 않고 동굴에서 버티면 사람이 될 수 있다고 하였습니다. 곰과 호랑이는 인간이 되기 위해서 이 과정을 받아들였습니다. 하지만 호랑이는 끝까지 견디지 못해서 동굴을 뛰쳐나갔고, 곰만이 인내하여 21일 만에 여자의 몸이 되어 웅녀가 되었습니다.

웅녀는 사람이 되었지만, 함께할 사람이 없었기에 신단수 아래에서 아이를 갖게 해달라고 매일 기도했습니다. 이 간절한 기도를 들은 환웅은 잠시 사람으로 변신하여 웅녀와 혼인하였고, 둘 사이에서 단군이 태어났다고 전해집니다. 이 신화는 하늘에서 내려온 신성한 존재환웅와 땅을 상징하는 존재웅녀의 결합을 통해 단군이 태어났음을 보여줍니다. 곰이 인간이 되는 과정은 단순한 변신이 아니라 시련을 통한 성숙 과정, 즉 통과의례로 해석할 수 있습니다. 단군의 혈통적 정당성을 강조한 신화적 장치이죠. 곰은 토템 신앙과 지모신地母神 신앙을 상징하고, 환웅은 천신天神 신앙을 대표합니다. 이 둘의 결합은 곧 하늘을 숭배하는 이주 집단과 곰을 숭배하는 토착 집단이 융합하여 새로운 국가가 탄생했음을 의미합니다.

단군신화의 내용은 단순한 신화적 의미 이상의 가치를 가지고 있습니다. 단군신화는 실제로 한반도와 만주 일대에 청동기 문화가 확산하고, 여러 부족이 통합되는 역사의 과정과도 관련이 있습니다. 당시 만주 지방과 한반도 서북부에는 족장군장이 이끄는 여러 부족이 존재했으며, 단군은 이들을 통합하여 국가 형태의 집단을 이룬 것으로 해석합니다. 단군조선의 건국 이념은 '홍익인간弘益人間'으로, 널리 인간 세상을 이롭게 한다는 사상을 바탕으로 합니다. 이는 단군신화에서 환웅이 인간 세상을 다스리며 교화와 정치를 펼쳤다는 내용과도 연결됩니다. 이러한 건국 이념은 이후 우리 민족의 국가관과 자긍심의 원천이 되었으며, 위기 때마다 민족적 정체성을 일깨우는 상징으로 자리 잡았습니다.

단군조선의 실체와 역사적 성격에 대해서는 다양한 견해가 존재합니다. 일부에서는 단군조선이 신화적 요소가 강한 전설적 국가라고 보기도 하고, 다른 한편에서는 청동기 문화와 결합한 초기 국가형성단계의 실체로 보기도 합니다. 단군조선에 대해서는 여전히 활발한 연구가 이루어지고 있으며, 새로운 자료들이 계속 발굴되고 있습니다. 단군조선의 유물로는 미송리형 토기, 비파형 동검 등이 있습니다. 이런 유물들은 지금의 중국 요령성과 한반도 북부에서 주로 출토되며 단군조선과 연관된 사람들이 요동반도와 한반도 북부 일대에 걸쳐서 살아갔을 가능성을 보여 준답니다.

사실 단군왕검은 처음부터 한민족의 시조로 추앙받지는 않았습니다. 고려 후기가 되어서야 단군은 민족 전체의 공동 시조로 인식되었고, 단군조선은 우리 민족 최초의 국가로 자리매김하였습니다. 이는 몽골의 침입과 같은 외적 위기 속에서 민족의 통합과 자주성을 강조하기 위한 필요성에서 비롯된 측면도 있습니다. 조선시대에는 단군을 국조國祖 로 받들며, 단군 영정을 봉안하거나 단군릉을 조성하는 등의 국가적 차원의 숭배가 이루어졌습니다. 오늘날에도 단군조선의 건국 이야기는 한국인의 정체성과 역사의식을 형성하는 데 중요한 역할을 하고 있습니다.

이처럼 단군조선의 건국은 신화와 역사가 융합된 이야기로, 기원전 2333년 단군왕검이 여러 부족을 통합하여 고조선을 세운 사건으로 전해집니다. 이 과정에는 하늘 신화, 동물 토템 신앙, 청동기 문화 등 다양한 요소가 결합하였으며, 한민족 최초의 국가라는 타이틀은 우리 국가관의 뿌리가 되었습니다. 단군조선의 실체와 강역, 역사적 의미에 대해서는 다양한 해석이 존재하지만, 그 상징성은 매우 크다고 볼 수 있습니다.

02

제정일치의 사회 고조선, 그리고 팔조법금

고조선은 우리 민족 최초의 국가이기도 하지만 '제정일치祭政一致'라는 국가의 성격을 처음으로 뚜렷하게 드러낸 국가이기도 합니다. 제정일치란 종교와 정치를 분리하지 않고 한 지도자가 제사와 통치를 모두 맡는 체제를 말합니다. 고조선의 지도자인 단군왕검에서 '단군'은 대제사장, '왕검'은 통치자라는 의미를 지니고 있어요. 따라서 단군왕검이라는 단어가 곧 제사장과 왕의 역할을 겸임한 제정일치적 지도자였음을 뜻한다는 걸 알 수 있습니다. 고조선의 제정일치 사회는 신화와 역사적 기록 모두에서 확인할 수 있습니다. 환웅이 신단수 아래로 내려와 인간 세상을 다스린다는 이야기는 하늘의 신성한 존재가 땅의 백성을 직접 이끌었다는 의미를 담고 있거든요.

환웅이 곡식과 생명, 질병, 선악 등 인간 세상의 여러 가지 일을 주관했다는 점도 강조됩니다. 이는 종교적 권위와 정치적 권력이 모여 있었음을 보여주는 대목입니다. 환웅의 아들인 단군왕검 역시 하늘의 뜻을 받들어 나라를 세운 존재로 여겨졌습니다. 그래서 백성들은 단군왕검을 단순한 정치 지도자가 아닌 하늘과 인간을 이어주는 제사장으로도 받들었습니다. 고조선 사회에서 하늘에 제사를 지내는 일은 국가의 중요한 행사 중 하나였고, 이를 통해 지도자는 통치의 정당성을 확보하고 사회를 통합하는 역할을 했죠. 이러한 전통은 이후 부여, 고구려, 삼한 등 다른 고대 국가의 제천의식에서도 이어졌습니다.

고조선의 제정일치적 성격은 사회의 구조와 질서 유지 방식에도 큰 영향을 미쳤습니다. 정치적 권력과 종교적 권위가 한 사람에게 집중되었기 때문에 국가의 중요한 결정은 모두 제사와 관련된 의식을 통해 이루어졌다고 볼 수 있습니다. 지도자는 하늘에 제사를 올리며 나라의 평안과 풍요를 기원했고, 백성들은 지도자가 하늘의 뜻을 대신 전한다고 믿었습니다. 이러한 체제는 사회 구성원들에게 일체감을 주고, 국가의 통합을 이끄는 데 중요한 역할을 했습니다.

고조선의 사회 질서를 유지하는 데 단군왕검만큼 중요한 역할을 한 것이 바로 '팔조법금八條法禁'입니다. 팔조법금은 고조선의 대표적인 법률로 당시 사회의 가치관과 질서를 잘 보여줍니다. 팔조법의 전문은 전해지지 않지만《한서》지리지 등 중국의 기록

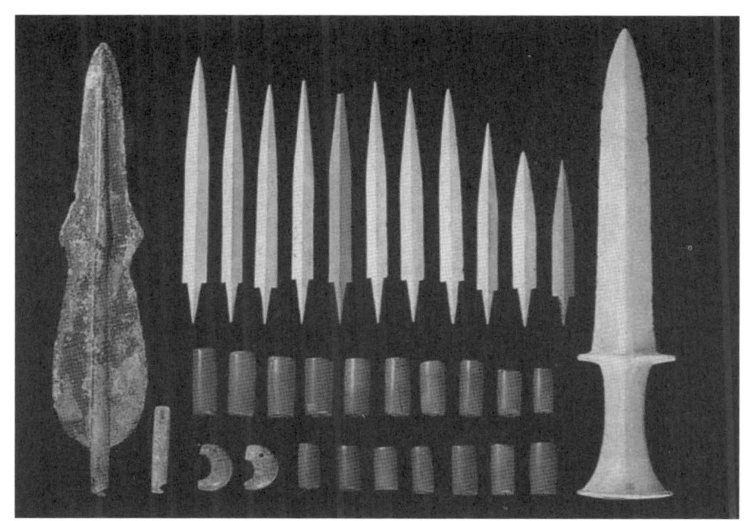

비파형동검과 마제석검, 마제석촉, 곡옥(국가유산포털)

에는 일부 내용이 남아있습니다. 중국의 기록을 살펴보면 세 가지 조항이 오늘날까지 전해집니다.

첫째, 사람을 죽인 자는 사형에 처한다.
둘째, 남에게 상해를 입힌 자는 곡물로 배상한다.
셋째, 남의 물건을 훔친 자는 노비로 삼고, 속죄를 원하면 50만 전을 내야 한다.

이 중 50만 전을 내는 규정은 한나라 군현 시대에 추가된 것으로 보는 견해가 많답니다. 팔조법금은 생명, 신체, 재산의 보호를 중시한 법으로 고조선 사회가 사유 재산을 인정하고 신분제가 존재했음을 보여줍니다. 살인죄에 대해 사형을 내릴 만큼 생명을 중시했고, 상해나 절도에 대해서는 곡물이나 노비화 같은 현실적인 배상 방식을 채택했습니다. 이는 당시 농경 사회의 경제 구조와도 밀접하게 연관되어 있답니다.

팔조법금이 고조선 사회에 미친 영향은 매우 큽니다. 팔조법금은 단순한 처벌 규정에 그치지 않고 사회 구성원 간의 신뢰와 공동체 의식을 강화하는 데에도 이바지했답니다. 법의 엄격함은 사회 질서를 안정시키고, 범죄를 예방하는 효과를 가져왔습니다. 특히 살인이나 절도 같은 중범죄에 대해 엄격한 처벌을 내림으로써, 백성들이 법을 두려워하고 사회 규범을 지키는 분위기가 조성되었습니다. 또한, 곡물로 배상하는 방식은 농경 사회의 특성을 반영한 것으로, 경제적 손실을 현실적으로 보상하게 하여 피해자의 권리를 보호하는 역할도 했습니다. 팔조법금 덕분에 백성들은 서로를 믿고 안심하며 살아갈 수 있었고, 도둑질이나 강도 같은 범죄가 적었다는 기록도 남아있습니다. 실제로 "문을 닫지 않고 살아도 될 만큼 풍속이 순박했다"라는 말은 고조선 사회의 도덕적 수준이 높았음을 보여주는 대목입니다.

팔조법금의 존재는 고조선이 원시적인 씨족 사회를 넘어서 계급 분화와 사유 재산 제도가 확립된 고대 국가로 발전했음을 의미합니다. 법률의 간결함과 엄격함은 사회 질서 유지에 큰 역할을 했으며, 이후 외래 세력이 들어오면서 사회가 복잡해지자 법 조문이 60여 조로 늘어났다는 기록도 있죠. 이러한 변화는 고조선 사회가 점차 다양해지고 복잡해졌음을 의미한답니다. 그리고 이런 고조선의 제정일치적 전통과 팔조법금은 이후 한민족 고대 국가의 국가 운영 방식과 법률 제도에 큰 영향을 주었습니다. 부여, 고구려, 삼한 등에서도 제천의식과 엄격한 법률이 중요한 국가 운영 원리로 자리 잡았거든요. 삼국 시대를 거치면서 점차 정치와 종교가 분리되는 경향이 나타나긴 했지만, 국가의 지도자가 하늘에 제사를 올리는 전통은 오랫동안 이어졌습니다.

03

기자조선의 실체

　단군조선의 다음 왕조는 기자조선입니다. 조선이라는 이름은 유지했지만, 나라를 통치한 인물이 바뀌었기에 이렇게 다른 이름으로 왕조를 구분해서 부른답니다. 이 중에서도 기자조선의 실체는 오랫동안 우리나라의 역사에서 논란이 되어 온 주제입니다. 기자조선이란, 중국 고대 은나라의 충신 기자箕子가 조선 땅으로 와서 나라를 세웠다는 이야기에서 나온 이름입니다. 《사기》, 《한서》 같은 옛날 중국의 역사책에는 기자가 은나라가 망한 뒤 조선으로 와서 백성들을 다스리고, 주나라 왕에게 충성을 바쳤다고 적혀있습니다. 하지만 이런 기록들은 모두 중국 쪽에서 먼저 나온 것이고, 우리나라 옛 기록에서는 기자가 조선에 와서 나라를 세웠다는 이야기가 처음부터 나오지는 않습니다. 예를 들어《삼국유사》,《제왕운기》등 고려와 조선 전기 한국의 문헌에도 기자조선이 단군조선과 구분되어 명확히 등장하지 않습니다.

그러다가 조선시대 후기로 넘어가면서 성리학적 세계관과 사대事大적 외교관계가 강조되었고, 이에 기자조선의 존재도 긍정적으로 받아들여졌습니다. 조선의 유학자들은 기자가 중국의 현인으로서 조선에 와서 백성을 교화했다는 점을 자랑스럽게 여겼습니다. 그래서 평양에 기자릉을 조성하여 국가적으로 제사를 지내기도 했답니다. 이는 조선 왕조가 중국 문명과의 연속성을 강조하고, 국왕의 통치 정당성을 뒷받침하려는 의도와도 연결되어 있습니다. 그러나 일제강점기 이후 일본 학자들은 기자동래설과 기자조선의 실체를 부정하기 시작했고, 해방 이후에는 한국 학계에서도 고고학적 근거가 없다는 이유로 기자조선의 실존 가능성에 회의적인 시각이 확산하였습니다.

기자조선의 실체를 둘러싼 의견은 크게 세 가지로 나눌 수 있습니다. 첫째, 기자가 실제로 조선에 와서 나라를 세웠다고 믿는 견해입니다. 이 주장은 주로 중국의 역사책을 근거로 합니다. 기자가 은나라가 망한 뒤 조선에 와서 백성들에게 예의와 농사법, 여러 제도와 법을 가르쳤다는 중국 기록을 신뢰하는 거죠. 둘째, 기자조선은 실제로 존재하지 않았고, 후대 사람들이 만들어 낸 이야기라는 입장입니다. 이 주장은 기자가 조선에 왔다는 확실한 증거나 유물이 없다는 점을 들어 주장합니다. 셋째, 기자라는 인물이나 그와 관련된 집단이 한반도나 만주 지역에 영향을 주기는 했지만, 기자조선이라는 나라가 실제로 세워진 것은 아니라고 보는 견해도 있습니다. 이 견해는 기자와 관련된 문화나 제도가 한반도에 영향을 미쳤을 수는 있지만, 기자가 직접 나라를 세운 것은 아니라는 뜻입니다.

1970년대 이후 중국에서는 기자조선을 증명할 수 있다는 유물이 발견되었다는 주장이 나오기도 했습니다. 중국의 랴오닝성 등지에서 발견된 청동기 유물에 '기후箕侯'라는 글자가 새겨져 있었기 때문입니다. 이를 기자와 연결하려는 시도가 있었는데 이 유물이 정말 기자와 관련된 것인지에 대해서는 지금도 논란이 많습니다. 오히려 이 유물은 중국 연나라와 관련된 것이라는 의견이 더 많습니다. 최근 중국에서는 기자조선이 실제로 있었다고 주장하지만, 우리나라에서는 기자조선의 실체를 인정하지 않는 경우가 많습니다. 북한 역시 기자조선을 꾸며낸 역사라고 보고 있답니다.

기자조선과 관련된 논쟁은 단순히 한 나라의 역사 문제를 넘어서, 한·중 관계와 민족의 정체성, 그리고 우리 고대사의 주체성 문제와도 연결되어 있습니다. 조선시대에는 기자를 조상으로 모시는 것이 자랑스러운 일이었지만, 현대에 들어서는 우리 민족의 뿌리를 중국 출신의 사람에게 두는 것이 적절한지에 대한 고민도 많아졌습니다. 그래서 오늘날 교과서에서는 기자조선을 단군조선, 위만조선과 달리 본문에 자세히 다루지 않고, 각주나 참고로만 짧게 언급하는 경우가 많습니다.

　정리해 보면 기자조선의 실체에 대해서는 아직도 확실하게 밝혀진 것이 없습니다. 실제로 기자조선이 있었다는 뚜렷한 유물이나 문헌이 발견되지 않았기 때문입니다. 현재 한국의 대부분 역사학자는 기자조선이 실제로 존재한 나라라기보다는 중국과의 관계를 강조하기 위해 후대에 만들어진 이야기일 가능성이 높다고 보고 있습니다. 하지만 앞으로 새로운 유물이나 기록이 발견된다면 기자조선에 관한 생각이 달라질 수도 있겠죠.

　이처럼 기자조선은 우리 역사에서 오랜 시간 동안 논쟁의 대상이었고, 지금도 그 실체가 명확하게 밝혀지지 않은 미스터리한 부분입니다. 기자조선에 대해 배우는 것은 단순히 옛날 나라 하나를 아는 것이 아니라 우리 역사를 바라보는 다양한 시각과 해석, 그리고 그 속에 담긴 민족의식과 자부심, 주변 나라와의 관계까지 생각해 볼 수 있는 좋은 기회랍니다. 앞으로도 기자조선에 관한 연구와 논의는 계속될 것이며 우리도 열린 마음으로 다양한 견해를 접하고, 스스로 생각해 보면 좋겠습니다.

고조선의 중심지는 어디?

　우리 역사의 시작인 고조선은 그만큼 오래된 역사를 자랑합니다. 그래서 고조선의 많은 부분이 현재는 정확히 알 수 없고 연구와 논의가 되어 오고 있답니다. 우리가 앞서 얘기해 봤던 기자조선의 실체, 팔조법금도 그런 주제들입니다. 이러한 많은 연구 중에서도 고조선의 중심지가 어디였는지는 오랜 시간 동안 역사학자들 사이에서 논쟁이 이어져 온 주제입니다. 고조선의 중심지가 어디였는지에 따라 고조선의 강역과 문화, 그리고 한민족의 뿌리에 대한 해석이 달라질 수 있기 때문이거든요. 현재까지 고조선의 중심지에 대해서는 크게 세 가지 학설이 대표적으로 존재합니다. 바로 요동요령 중심설, 대동강평양 중심설, 그리고 중심지 이동설입니다.

먼저 요동 중심설은 고조선의 초기 중심지가 지금의 중국 랴오닝성 일대, 즉 요동 지역에 있었다고 보는 견해입니다. 이 주장은 조선 후기 실학자들이 시작해서 신채호, 정인보, 최남선 등 근대 민족주의 사학자들에게 계승되었고, 한때는 북한 학계에서 주요 학설로 삼기도 했습니다. 요동 중심설을 뒷받침하는 근거로는 고조선의 대표적 유물인 비파형 동검, 미송리형 토기, 탁자식 고인돌 등이 요동과 만주 지역, 그리고 한반도 서북부에서 주로 발견된다는 점을 들 수 있답니다.

게다가 요령식 동검과 같은 중국 동북쪽의 청동기들이 시작된 지점이 요동 지역이라는 고고학적 연구 결과가 있는데 이러한 연구 결과가 요동 중심설의 중요한 근거가 되고 있습니다. 또한, 중국 고대 문헌에 등장하는 지명 예: 패수, 왕검성 등 이 요동 일대와 관련되어 있다는 점도 이 설을 뒷받침합니다. 그러나 요동 중심설은 요동 일대에서 고조선의 것으로 보이는 대규모 도시 유적, 왕성 등이 충분히 발견되지 않았다는 반박을 듣고 있습니다.

대동강평양 중심설은 고조선의 중심지가 한반도 평양, 특히 대동강 유역에 있었다고 보는 견해입니다. 이 설은《삼국유사》, 《동국통감》,《동국여지승람》 등 한국의 전통 역사 서적과 정약용, 한치윤 등 실학자들에 의해서 주로 주장되었습니다. 평양 일대에 퍼진 고조선 관련 설화, 그리고 일제강점기와 해방 이후 이루어진 평양 지역의 고고학적 발굴 결과가 이 설을 지지하는 주요 근거로 제시되었습니다.

또한 고조선의 도읍지로 알려진 왕검성이 평양에 있었다는 점, 한나라가 고조선을 멸망시킨 후 평양에 낙랑군을 설치했다는 중국 역사 서적들의 기록 등도 평양 중심설의 주요 근거입니다. 최근에는 북한에서 단군릉을 공식적으로 평양 인근에 조성·공표하면서 대동강 중심설이 다시 주목받고 있습니다. 북한 학계에서 고조선의 중심지에 대한 주요 학설을 요동 → 대동강으로 바꿨다는 걸 보여주는 사례입니다. 다만 한사군의 설치한 지역이 반드시 고조선 중심지로 볼 수 없다는 반박도 있습니다.

세 번째 학설은 중심지 이동설입니다. 이 학설은 고조선의 초기 중심지가 요동 또는 요서 지역에 있었다가 대동강 일대로 이동했다는 내용입니다. 이 학설의 내용을 조금 더 상세하게 살펴보면, 중국 연나라 장군 진개의 침공기원전 4~3세기 과 같은 외부 세력의 공격에 주목합니다. 이런 외부 세력의 공격 때문에 고조선의 중심지가 점차 한반도 서북부, 즉 평양 대동강 유역으로 이동했다는 주장입니다.

이 설은 요동과 평양 지역 모두에서 고조선 관련 유물이 발견된다는 점, 그리고 문헌과 고고학 자료가 모두 두 지역과 관련되어 있다는 점을 근거로 합니다. 실제로 고조선 전기의 중심지는 요동, 후기는 평양이라는 식으로 시대별로 중심지가 이동했다는 해석이 국내 학계에서는 많이 받아들여지고 있습니다. 이동설은 고조선이 오랜 기간 존속하면서 외부의 압력과 내부 변화에 따라 중심지를 옮겼을 가능성을 합리적으로 설명해 주는 이론입니다. 다만 이동설은 외부 세력의 공격이라는 것이 구체적으로 어떤 것인지에 대한 설명이 정확하지 않습니다. 여러 학자의 통일되지 않은 주장들이 계속 나오고 있을 뿐입니다. 그래서 이동설 역시도 약점이 있는 학설입니다.

함께 보았듯이 고조선의 중심지에 대한 세 가지 학설은 강점과 약점이 모두 있는 불완전한 주장들입니다. 이렇게 고조선의 중심지를 둘러싼 논쟁이 치열하고 정확하지 않은 이유는 고고학적 유물과 문헌 자료 해석의 차이에서 비롯된 측면이 큽니다. 예를 들어 비파형 동검, 미송리형 토기, 탁자식 고인돌 등은 요동과 한반도 서북부에서 모두 발견되지만, 이 유물들의 정확한 문화적 경계와 정치적 중심지를 단정하기는 어렵습니다. 또한 중국 사서에 등장하는 지명 패수, 왕검성 등이 정확히 어디를 가리키는지도 의견이 분분합니다.

고조선의 중심지에 대한 논쟁은 단순히 한 지역의 위치 문제를 넘어서 고조선의 강역, 문화, 정치 구조, 그리고 한민족의 기원 및 정체성과 관련된 중요한 문제입니다. 고조선의 중심지가 어디였는지는 아직도 확실하게 결론이 나지 않았지만, 요동-평양 이동설이 현재 국내 학계에서는 많이 받아들여지고 있습니다. 앞으로 고고학적 발굴과 문헌 연구가 계속된다면 고조선의 중심지에 대한 논의는 더욱 구체화할 것으로 기대됩니다.

나름의 정리를 해본다면 고조선의 중심지는 요동요령, 평양대동강, 그리고 중심지 이동설 등 다양한 이론이 존재하며, 각 이론은 고고학적 유물, 문헌 기록, 그리고 시대적 배경에 따라 서로 다른 해석을 내놓고 있습니다. 고조선의 중심지 문제는 우리 고대사

의 중요한 쟁점 중 하나로, 앞으로도 지속적인 연구와 논의가 필
요하다고 할 수 있습니다.

위만조선의 성립

　지금까지 고조선의 세 왕조 중에서 단군, 기자조선에 관해서는 공부를 해보았습니다. 이번에는 남은 하나인 위만조선을 공부해 보도록 하겠습니다. 고조선의 마지막 시기, 왕위를 빼앗은 인물로 유명한 사람이 바로 위만입니다. 위만은 원래 중국의 연나라燕에서 살던 사람이었습니다. 다만 위만이 중국 연나라 사람인지 단순히 그 지역에서 살기만 했는지는 아직 의견이 분분하죠.

　기원전 3세기 말B.C. 200년대, 중국은 진나라가 망하고 한나라가 세워지는 시기였습니다. 이 과정에서 중국에 있던 여러 지역과 그곳에서 살던 사람들은 혼란에 빠졌습니다. 이때 위만은 전쟁을 피해 수백 명의 무리를 이끌고 고조선으로 들어왔습니다. 당시 고조선의 왕은 준왕이었습니다. 위만은 준왕에게 자신이 국경을 잘 지키겠다고 약속하며 신임을 얻었답니다. 준왕은 위만을 믿고 나라의 서쪽 경계를 맡겼습니다.

위만은 고조선에 들어온 뒤, 중국에서 온 이주민뿐 아니라 고조선에 살던 사람들과도 잘 어울렸습니다. 위만의 이런 친화력과 통치력 덕분에 그의 주변에는 점점 더 많은 사람이 모이기 시작했습니다. 그는 모인 사람들을 이용해서 자신의 군사력을 키우고 주변 부족들과도 친하게 지내며 세력도 점차 확대해 나갔습니다. 결국 기원전 194년쯤에 위만은 자신이 이끄는 무리와 함께 고조선의 수도인 왕검성 **오늘날 평양 일대라고 추정합니다.** 으로 쳐들어가 준왕을 몰아내고 스스로 왕이 되었습니다. 쫓겨난 준왕은 남쪽으로 도망쳐 한반도 남부에 있던 진국이라는 곳으로 피신했다고 전해집니다. 이렇게 고조선은 위만이 다스리는 '위만조선' 시대로 접어들었습니다.

위만이 고조선 왕위를 차지한 사건은 단순히 한 사람이 왕이 된 것이 아니라, 동아시아 전체의 역사와도 깊은 관련이 있습니다. 당시 중국에서는 진나라가 망하고 한나라가 세워지는 등 큰 변화가 있었고, 이 과정에서 많은 사람이 동쪽으로 이동했습니다. 위만도 이런 시대적 흐름 속에서 고조선에 들어와 새로운 나라를 세운 것입니다. 위만조선이 성립된 이후, 나라는 이전보다 훨씬 더 활발하게 발전하기 시작했습니다. 위만조선은 중국에서 온 이주민과 고조선의 토착 세력을 잘 융합시켜 다민족 사회를 이루었습니다.

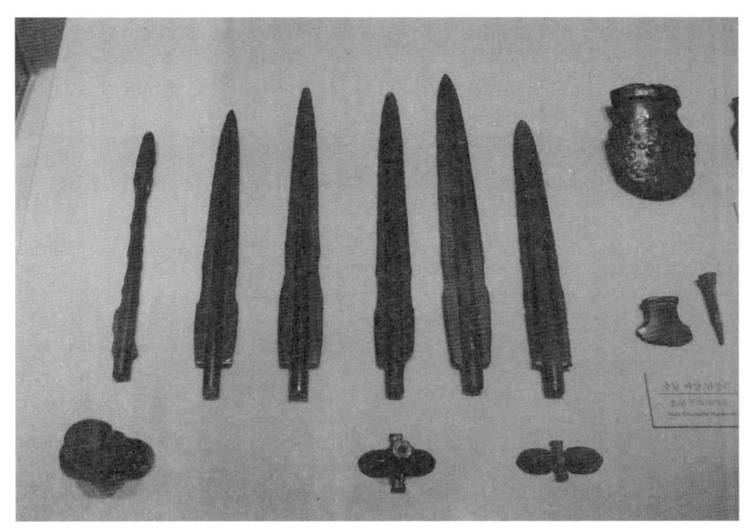

세형 동검

이 시기 위만조선은 한나라, 동방의 예, 남방의 진 등 여러 부족과의 중계 무역을 독점하며 경제적으로 크게 성장했습니다. 한나라와 동방 부족 사이의 중간에서 자신들이 무역을 중계하고 주도하는 정책을 펼쳤는데, 이러한 무역 방식 덕분에 위만조선은 막대한 이익을 얻을 수 있었습니다. 실제로 과거 위만조선이 있었던 중국의 지역들에서는 명도전, 오수전 등 중국 화폐가 다수 발견되었는데, 이는 당시 무역이 얼마나 활발했는지를 보여주는 증거입니다. 위만조선은 한나라에서 들어온 비단, 금속 제품, 농기구 등 선진 문물을 동방의 여러 부족과 남쪽의 진국 등에 팔아 경제적 번영을 이루었습니다.

이처럼 위만조선은 무역을 통해 막대한 부를 쌓았을 뿐만 아니라, 국가의 힘을 키우는 데에도 힘썼습니다. 위만과 그 후손들은 한나라의 선진 제도와 문물을 받아들이고, 철기 문화를 적극적으로 도입하여 농업과 군사력을 크게 발전시켰습니다. 철제 농기구의 사용은 농업 생산력을 높였고, 철제 무기는 군사력을 강화하는 데 중요한 역할을 했습니다. 위만조선은 다양한 민족과 집단이 어우러진 다민족 국가로 성장하면서, 중앙집권 체제를 강화하고 국가의 조직을 정비해 나갔습니다.

외교 관계에서도 위만조선은 매우 적극적인 태도를 브였습니다. 한나라와는 외신外臣 관계를 맺었는데 외신관계란 바깥의 신하가 된다는 의미입니다. 내용만 들어보면 위만조선이 한나라의 신하가 된다는 것이라서 이상하게 느껴질 수 있습니다. 그런데 이렇게 한나라 황제에게 명목상 복속하는 형태의 외교 관계를 맺으면 한나라로부터 군사적 위협을 피하고, 한나라의 책봉 체제 안에서 안정적인 지위를 확보할 수 있습니다. 이러한 외교 전략은 삼국시대, 고려, 조선 때에도 꾸준히 사용되었던 외교 전략이랍니다. 한나라와 외신 관계를 맺은 덕분에 위만조선과 한나라는 한동안 평화로운 교류를 이어갔습니다. 하지만 위만조선이 점차 세력을 넓히고 주변 소국들을 복속시키자 한나라는 이를 경계하게 되었습니다. 이에 위만조선은 한나라와 동방 부족 사이의 직접 교역을 차단하고 자신들이 무역을 독점하는 정책을 펼치면서, 경제적 이익뿐 아니라 정치적 영향력도 키웠습니다.

특히 위만조선은 흉노와도 우호적인 관계를 맺으려 했습니다.

위만의 손자인 우거왕 시기에는 흉노와 군사적으로 협력하려 했다는 기록이 남아 있습니다. 이는 한나라를 견제하기 위한 외교 전략이었습니다. 흉노와의 관계를 통해 한나라의 압박을 줄이고, 동북아시아에서 더욱 유리한 위치를 차지하려 했던 것입니다. 이런 다양한 외교 정책과 무역 활동은 위만조선이 동북아시아에서 강국으로 자리 잡는 데 큰 도움이 되었습니다.

이처럼 위만조선은 중계 무역과 다각도 외교, 그리고 국가 체제의 발전을 통해 동북아시아의 중요한 국가로 성장했습니다. 그러나 위만조선의 세력이 커지자, 한나라는 이를 위협으로 여기게 되었고, 이 흐름은 우리 고대사의 중요한 전환점으로 작용하게 됩니다.

06

위만의 국적은
무엇일까?

고조선의 세 번째 왕조인 위만조선에 대해서 같이 공부했습니다. 그런데 위만조선을 세운 위만의 국적에 대해서는 많은 논란과 논의가 있었고, 지금도 이어지고 있답니다. 어떤 이야기들을 하고 있는지 같이 알아볼까요?

위만의 출신과 정체성에 대한 해석은 역사학계에서 중요한 쟁점이 되어 왔습니다. 위만의 국적 문제는 단순히 한 인물의 출신을 넘어서 고조선과 위만조선의 성격, 그리고 우리 고대사의 주체성 논쟁과도 연결되어 있습니다. 지금까지 조사된 바에 의하면 위만에 대한 가장 오래된 기록은 중국의 역사서인 《사기》와 《한서》의 내용들입니다. 두 책에서는 위만이 '옛 연燕 나라 사람'

이라고 분명히 적혀있습니다. 연나라는 춘추전국시대라는 옛날 시대에 중국 북부에 있던 나라였습니다. 이 기록들에 의하면 위만은 연나라에서 살다가 진나라와 한나라의 교체기 혼란 속에서 수많은 유민과 함께 고조선으로 망명했다고 전해집니다. 위만은 한나라 때의 연왕 노관의 부장이었는데, 노관이 한나라에 반기를 들고 흉노로 도망가자, 위만도 화를 피해 천여 명의 무리를 이끌고 동쪽으로 이동해 고조선에 들어왔다고 합니다.

이후 위만이 왕위에 오른 뒤에도 국호를 '조선'으로 유지하고 고조선의 관직과 풍습을 일부 계승하였지만, 출신 자체는 연나라 사람이라는 점이 중국 사서에 명확히 기록되어 있습니다. 이러한 기록을 바탕으로, 위만을 중국 연나라 출신의 중국인으로 보는 견해가 오랫동안 지배적이었습니다. 조선 후기와 일제강점기에는 위만이 중국계 이주민이라는 점을 강조하는 해석이 많았습니다. 특히 일제강점기 때에 많은 일본 학자는 위만조선을 고조선과 구분하여 '중국계 식민정권'으로 보았고, 한반도가 옛날부터 식민 지배에 익숙한 나라라고 조작하기도 했습니다.

하지만 위만의 국적을 둘러싼 논쟁은 여기서 끝나지 않았습니다. 우리나라가 광복을 맞이하면서 고대사에 관한 새로운 연구들이 이루어졌습니다. 이때, 일부 학자들이 위만에 대해서 연나라에 살던 조선계_{고조선계} 유민이었을 가능성을 제시합니다. 위만이 고조선으로 올 때 "북상투를 틀고 오랑캐 옷을 입었다"라는 기록, 그리고 국호를 '조선'으로 그대로 유지한 점, 토착민을 널리 등용한 점 등을 근거로 위만이 단순한 중국인이 아니라 연나라에 거주하던 조선계 유민, 혹은 토착 세력의 후손일 수 있다는 주장이 나왔습니다. 이병도 등 일부 역사학자들은 연나라가 고조선 지역을 잠시 점령했던 역사가 있었기 때문에, 위만이 연나라에서 살았지만 실제로는 고조선계 인물일 수 있다고 해석하기도 했습니다.

또한, 위만이 고조선에 들어와 현지의 풍습을 따르고, 조선의 관직 제도와 국호를 유지한 점, 그리고 토착민과 이주민이 쉽게 융합된 점 등은 위만이 단순한 외부 침입자가 아니라 현지 사회와의 연계가 깊었던 인물임을 보여준다는 해석도 있습니다. 위만이 왕위에 오른 뒤에 조선은 중국계 이주민과 토착민이 연합해서 국가를 운영했습니다. 예를 들어, 위만조선에서는 중국에서 사용하던 화폐인 명도전이나 오수전이 유통되었고, 한편으로는 고조선식 무기나 토기 등도 계속 사용되었습니다. 이러한 문화적 혼합은 위만조선이 단순히 외부 세력에 의해 점령된 나라가 아니라, 다양한 민족과 문화가 융합된 복합국가였음을 보여줍니다. 이렇듯 조선의 전통을 계승하고, 다민족 국가를 운영했다는 점에서 위만조선을 단순한 중국계 국가로만 보기는 어렵다는 주장도 많이 있습니다.

그러나 이런 주장에 대해서는 반론도 많습니다. 위만이 망명 당시 조선의 옷차림과 풍습을 따라 한 것은 현지 사회에 적응하고 호감을 얻기 위한 정치적 선택일 뿐이고, 출신 자체가 조선인이라는 증거는 아니라는 지적이 있습니다. 위만이 연나라에서 살았고 연나라 왕의 부하였다는 점, 그리고 중국 사서에 '연나라 사람'으로 기록되어 있다는 점은 부정할 수 없는 사실입니다. 결국 위만의 국적에 대해 확실하게 단정을 짓기는 어렵지만 가장 오래된 기록과 다수의 역사서에서는 위만을 '연나라 사람', 즉 중국계 이주민으로 보고 있습니다. 다만, 위만이 고조선 사회에 깊이 융합하고 현지의 전통을 계승했다는 점, 위만조선이 다민족 국가로 발전했다는 사실은 우리가 무시하고 지나갈 것은 아닙니다. 오히려 함께 생각해서 위만과 위만조선이라는 나라를 이해하는 데 활용해야 하는 사실입니다. 오늘날 역사학계에서는 위만의 출신을 연나라계 이주민으로 보는 것이 일반적이지만, 위만조선의 성격은 단순한 외래 정권이 아니라 다양한 민족과 문화가 어우러진 복합국가였다는 점에 더욱 주목하고 있습니다.

따라서 위만의 국적은 '중국 연나라 출신'으로 보는 것이 사료상 가장 분명하지만, 그가 고조선 사회에 융합하여 새로운 국가를 세웠다는 점, 그리고 위만조선이 다양한 민족이 공존한 국가였다는 점도 함께 기억할 필요가 있습니다. 이렇듯 위만의 국적 문제는 단순히 한 사람의 출신에 대한 논의가 아니라 고대 한반도와 동아시아에서 다양한 민족과 문화가 어떻게 만났고 융합했는가를 논의할 수 있는 주제입니다. 위만조선의 사례는 우리 고대사의 복합성과 역동성을 보여주는 좋은 예라고 할 수 있습니다.

07

한의 침공과 고조선의 멸망

모든 나라들은 전성기와 멸망기를 가집니다. 우리나라 최초의 국가였던 고조선도 시간이 지나면서 멸망의 시기가 찾아옵니다. 고조선의 마지막 왕조인 위만조선은 한나라와의 치열한 전쟁 끝에 멸망했습니다. 한나라의 위만조선 침공과 멸망 과정은 우리 고대사에서 매우 중요한 전환점이었고, 이후 한반도의 역사가 크게 바뀌는 계기가 되었습니다. 그렇다면 한나라가 왜 위만조선을 침공하였고, 전쟁은 어떻게 전개되어 결국 고조선이 멸망하였는지 그 과정을 함께 살펴보겠습니다.

한나라가 위만조선을 침공한 원인을 알기 위해서 잠깐 앞의 내용을 복습하겠습니다. 위만조선은 한나라와 동방의 예, 남방의 진국 등 여러 소국 사이에서 중계 무역을 독점하며 경제적으로 크게 성장했습니다. 위만조선은 한나라와 주변 여러 나라 사이의 교역을 자신들이 중간에서 조정하며 막대한 이익을 얻었습니다. 여기까지가 우리가 앞서 배운 내용입니다. 이러한 위만조선의 성장에 대해서 한나라는 위만조선이 동방 여러 부족과 한나라 사이의 직접 교역을 막고 자신들이 무역을 독점하는 정책을 펼치는 것이 매우 불편하게 느꼈습니다. 이런 불편함 때문에 한나라와 위만조선의 관계는 외교적으로 평화로운 시기도 있었지만, 시간이 흐르면서 점점 갈등이 심해졌습니다. 특히 위만조선이 점점 강해지고 주변 소국들을 복속시키자, 한나라는 고조선의 영향력이 지나치게 커졌다고 판단합니다.

결국 한 무제는 위만조선을 견제하기 위해 침공을 결심하게 됩니다. 전쟁의 직접적인 계기는 한나라 사신 섭하涉何가 위만조선에서 피살된 사건이었습니다. 섭하는 위만조선의 왕에게 한나라에 투항할 것을 권고했으나, 당시 왕이었던 우거왕은 이를 단호히 거절했습니다. 이에 섭하는 귀국 도중 자신을 호위해 주던 위만조선의 장수를 찔러 죽인 다음 도망쳤고, 우거왕 역시 분노하여 섭하가 동부도위로 있던 요동으로 쳐들어간 뒤 그를 잡아 죽였습니다. 한 무제는 이 사건을 빌미로 대대적인 침공을 명령했습니다.

기원전 109년, 한나라는 수군과 육군을 동원해 본격적으로 위만조선을 침공했습니다. 수군은 누선장군 양복이 이끌었고, 육군은 좌장군 순체가 지휘했습니다. 한나라의 침략군은 모두 합쳐 최소 10만 명이 넘었다고 전해집니다. 한나라의 대군이 쳐들어오자, 위만조선은 왕검성 **오늘날 평양 일대** 에서 우거왕의 지휘를 받으며 강력하게 저항했습니다. 위만조선 군은 한나라 육군을 패수浿水 에서 격파했고, 발해만을 거쳐 왕검성을 포위한 한나라 수군도 무찔렀습니다. 초기 전투에서 위만조선이 연이어 승리하자 한나라 군은 당황했고, 전쟁은 길게 이어지게 되었습니다.

이후 한 무제는 위산衛山 을 사신으로 보내 우거왕과 협상을 시도했습니다. 우거왕도 태자를 보내 협상할 의사를 보였지만, 한나라가 위만조선의 일방적인 무장 해제를 요구하는 등 무리한 조건을 내밀었습니다. 결국, 조건이 맞지 않아 두 국가의 협상은 결렬되고 말았답니다. 전쟁은 다시 치열하게 이어졌고, 한나라 군은 왕검성을 포위한 채 장기전을 벌였습니다. 다른 곳의 지원을 받을 수 없었기에 왕검성 내부에서는 점차 식량이 부족해지고 장기 포위로 인해 지배층 사이에 불안과 갈등이 커졌습니다.

결국, 위만조선 내부에서 분열이 일어나기 시작했습니다. 상相 이라는 관직을 가진 노인, 한음, 참과 장군 왕겹 등이 중심이 되어서 한나라로 비밀리에 항복하기로 모의했습니다. 이들 중 한음과 왕겹은 실제로 도망쳐 한나라에 투항했고, 노인은 항복하는 과정에서 공격당해 사망했습니다. 마침내, 기원전 108년 여름에 참이 사람을 시켜 조선왕 우거를 암살하고 한나라에 항복했습니다. 하지만 왕검성이 아직 함락된 것은 아니었습니다. 우거왕의 신하인 성기가 남은 병력을 이끌고 끝까지 저항했기 때문입니다. 그러나 성기마저 우거왕의 아들 장항과 노인의 아들 최등에 의해 제거되면서 위만조선의 저항은 완전히 끝나고 말았습니다. 많은 고조선 유민은 남쪽 진국삼한 으로 이동하거나 각지로 흩어졌습니다.

한나라의 고조선 침공과 멸망은 우리 역사에서 매우 큰 의미를 갖습니다. 우선, 고조선이 한나라와 맞서 치열하게 싸웠다는 점은 우리 민족이 외세에 굴하지 않고 자주성을 지키려 했던 모습을 보여줍니다. 비록 전쟁에서 패배해 나라가 멸망했지만, 고조선의 저항 정신은 이후 고구려 등 후대 국가들에 큰 영향을 주었습니다. 또한, 한사군 설치로 인해 중국의 문화와 제도가 한반도에 전해지게 되었고, 한반도 사회의 변화와 발전에도 영향을 미쳤습니다. 이렇듯 고조선의 멸망은 한반도가 중국 중심의 국제 질서에 편입되게 했지만, 동시에 고조선 유민들이 각지로 흩어지면서 새로운 국가들이 성장할 수 있는 기반이 마련된 계기이기도 했습니다. 고조선 유민이 중심이 된 삼한, 부여, 옥저, 동예 등 여러 집단이 각자의 방식으로 성장하면서 한반도는 다시 다양한 세력이 경쟁하는 무대로 바뀌게 되었답니다.

한나라의 고조선 침공과 멸망은 단순히 고조선이 패배한 역사가 아닙니다. 우리 민족이 외세와 맞서 싸우고 새로운 시대를 열어가는 과정에서 겪었던 아픔과 도전, 이후 한반도를 변화시킨 시작점이었습니다.

<u>08</u>

고조선이
우리 역사에 남긴 유산

지금까지 고조선의 역사에 대해서 열심히 공부해 봤습니다. 최초의 국가인 단군조선, 존재 여부에 대해서 다양한 의견을 나누고 있는 기자조선, 한나라와 치열하게 경쟁한 위만조선을 주제로 공부해 보았답니다. 고조선이 우리 역사에 남긴 유산을 살펴보면서 고조선에 대해서 마무리해 보겠습니다. 고조선이 남긴 유산은 매우 다양하고 뿌리 깊이 우리 역사에 자리하고 있습니다. 고조선은 단군왕검이 세운 한반도 최초의 국가로, 우리 민족의 뿌리이자 국가의 시작을 알리는 중요한 의미를 지닙니다. 고조선은 단순히 옛날에 존재했던 나라라는 사실에 그치지 않고, 문화, 사회, 정신, 그리고 물질문명에 이르기까지 오늘날 우리에게도 큰 영향을 주고 있습니다. 고조선이 남긴 유산들에는 어떤 것들이 있을까요?

　고조선의 유산은 한반도와 만주, 요동 지방에 남아 있는 다양한 유적과 유물을 통해서 확인할 수 있습니다. 중국의 정가와자, 만발발자 유적과 남한의 청주 소로리, 사천 늑도 유적 등에서 많은 청동기 시대 유물이 발굴되었습니다. 또한, 북한 평양 일대의 순장 무덤, 돌널무덤, 고인돌 등은 고조선의 사회 구조와 장례 문화를 보여주는 중요한 자료입니다. 특히 평남 성천군 룡산리에서 발견된 순장 무덤은 중심에 큰 무덤 칸이 있고 주변에 작은 무덤 칸이 여러 개 있는 구조입니다. 이런 구조는 지배자와 피지배자의 위계가 분명했음을 알려줍니다. 고조선이 이미 복잡한 사회 구조와 계층을 갖추고 있었음을 보여주는 것입니다.

　이런 유적들에서는 다양한 고조선의 유물들도 발견되었습니다. 고조선이 남긴 고인돌과 비파형 동검, 그리고 다양한 청동기 유물은 지금도 우리 두 눈으로 볼 수 있습니다. 고인돌은 청동기 시대 사람들이 만든 무덤이자, 당시 사회의 권력, 신앙과 기술을 보여주는 대표적인 유물입니다. 한반도와 만주, 요동 지방에 걸쳐 수만 기의 고인돌이 남아 있는데 이 중 약 절반이 한반도에 집중되어 있습니다. 2000년에는 고창, 화순, 강화 지역의 고인돌이 유네스코 세계유산으로 지정될 만큼 그 역사적 가치를 인정받고 있습니다. 고인돌은 단순한 무덤이 아니라 사회를 이끌던 지배자 계층의 힘과 공동체의 협동을 보여주는 상징물입니다. 또한, 별자리 모양의 구멍이 뚫린 고인돌도 발견되어 고조선인들이 하늘의 별과 자연을 관찰하며 신앙생활을 했음도 알려주고 있습니다.

비파형 동검 역시 고조선의 대표적인 유산입니다. 비파형 동검은 요동 지방과 한반도 전역에서 발견되고 있습니다. 이 동검은 고조선의 세력 범위와 문화적 영향력을 보여주는 중요한 자료로 분석되고 있습니다. 비파형 동검은 통치자의 권력과 무력의 상징이었기에 고조선이 독자적인 청동기 문화를 발전시켰다는 증거이기도 합니다. 고조선의 청동기 문화는 중국의 청동기 문화와는 다른 독자적인 전통을 가지고 있었으며 비파형 동검이 발견되는 지역을 통해 고조선의 영역이 요하에서 만주, 한반도까지 넓게 퍼져 있었음을 알 수 있습니다.

고조선이 농경과 목축, 그리고 다양한 생산기술을 발전시켰다는 점도 유물을 통해서 알 수 있습니다. 고조선 시대의 청동기 유적들에서는 돌로 만든 홈자귀, 반달돌칼, 갈판 등 농사를 짓고 곡물을 가공하는 데 쓰인 도구들도 많이 출토되었습니다. 이러한 유물들은 고조선이 벼, 보리, 콩 등 곡식을 재배하며 농경 사회를 이루었다는 것을 알려줍니다. 이러한 발전은 고조선이 조직적이고 체계적인 국가로 성장할 수 있었던 밑바탕이 되었습니다. 고조선이 남긴 또 다른 중요한 유산은 바로 통치 체제와 사회 구조입니다. 우리는 앞에서 고조선이 제정일치祭政一致를 통해 제천행사를 통치에 사용하는 국가 체제와 팔조법금 법률을 통해 사회 질서를 유지했다는 내용을 배웠습니다. 이러한 통치 체제와 법은 이후 부여, 고구려, 삼한 등 우리 고대 국가에도 큰 영향을 주었습니다. 부여와 같은 곳은 고조선처럼 법률을 통해서 사회를 유지했으며, 고구려와 삼한 등은 제천행사를 통해 제사장의 권위를 세워주고, 백성들을 통합했습니다.

고조선의 유산으로는 물질적인 것만 있지 않습니다. 고조선의 건국 이념인 '홍익인간弘益人間'은 널리 인간세계를 이롭게 한다는 뜻으로, 우리 민족의 국가관과 자긍심의 뿌리가 되어주고 있습니다. '홍익인간' 정신은 위기 때마다 우리 민족이 단합하고, 새로운 도전을 이겨내는 힘이 되어주었습니다. 단군 신화와 고조선의 건국 이야기는 우리 역사가 매우 오래되었음을 보여주는 증거이자 민족적 자부심을 일깨워 주는 원동력이 되었습니다. 이렇듯 고조선은 정신적으로도 많은 유산을 남겼습니다.

고조선의 멸망 이후에도 그 유산은 계속 이어졌습니다. 고조선의 유민들은 남쪽으로 이동해서 해당 지역에 살고 있던 거주민들과 섞여 살게 되었습니다. 그리고 이후에 삼한, 부여, 고구려, 옥저, 동예 등 여러 나라의 성립에 중요한 역할을 했습니다. 고조선의 청동기와 철기, 국가 체제, 법과 제도, 그리고 정신적 유산은 이후 한반도와 만주 지역의 여러 나라로 전해져 우리 민족의 문화와 역사를 풍요롭게 만들고 있습니다. 고조선이 남긴 다양한 유산을 통해 우리는 우리 역사가 정말 오래되었고, 풍부하며 자랑스러운지 깨달을 수 있습니다.

09

한사군의
설치

고조선이 멸망한 후에도 한반도와 만주의 역사는 계속 흘러갔습니다. 다만, 한반도 북부와 만주 일대에는 새로운 통치 체제가 등장하게 됩니다. 바로 고조선을 멸망시킨 한나라가 설치한 한사군漢四郡입니다. 한사군의 등장은 우리 역사에서 중요한 변화의 시작이었고, 이후 한반도의 정치, 경제, 문화에 큰 영향을 주었습니다. 이번에는 한사군의 설치 과정과 역할이 우리 역사에 어떤 흔적을 남겼는지 함께 살펴보겠습니다.

기원전 108년, 한나라 무제는 위만조선을 멸망시키고 그 땅을 직접 통치하기 위해서 중국의 지방 제도를 조선 땅에 도입했습니다. 이때 설치된 것이 바로 한사군이었습니다. 한사군은 낙

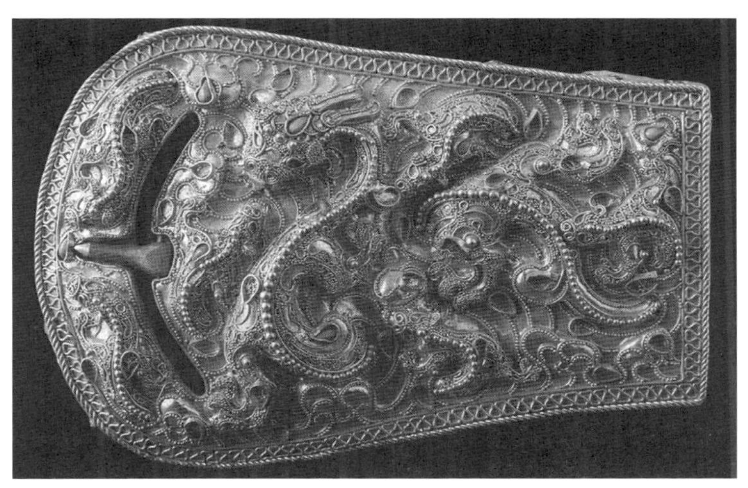

평양 석암리에서 출토된 낙랑군의 금제 띠고리(국가유산포털)

랑樂浪, 진번眞番, 임둔臨屯, 현도玄菟 네 개의 군으로 구성되었습
니다. 이 한사군의 위치와 성격, 역할에 대해서는 지금도 여러 가
지 학설과 논의가 이어지고 있습니다. 한사군이 실제 한반도 내
에 있었는지, 만주와 요동 일대에 있었는지, 그리고 한사군이 한
민족 역사에 미친 영향에 대한 다양한 해석이 나오고 있답니다.
한사군 논쟁은 고조선의 중심지만큼이나 한국 고대사에서 치열
하게 논쟁 되는 주제입니다.

　이렇게 많은 논의가 있지만 한사군의 위치에 대해서는 어느 정
도 합의를 본 내용도 존재합니다. 낙랑군은 고조선의 수도였던
왕검성을 중심으로 설치되었고, 진번군은 황해도에서 한강 유역
까지, 임둔군은 함경도와 강원도 일부, 현도군은 압록강 중류 지

역에 각각 설치되었다고 보고 있습니다. 한사군은 한나라가 동방을 직접 통치하기 위해 만든 지방 행정 조직이었기에 각 군에는 태수와 현령 등 중국 관료가 파견되어 한의 제도에 따라 통치가 이루어졌습니다.

하지만 한사군의 네 개 군이 모두 오래 존속한 것은 아니었습니다. 설치된 지 얼마 지나지 않아 진번군과 임둔군은 토착민의 저항과 행정상의 어려움으로 인해 폐지되거나 다른 군에 편입된 것으로 추정하고 있습니다. 군 설치 이외의 기록들이 낙랑이나 현도에 비해서 부족하기 때문입니다. 기원전 82년에는 진번군이 낙랑군에, 임둔군이 현도군에 각각 병합되었습니다. 그러다 현도군도 토착민의 반발로 요동 방면으로 위치를 옮기게 되었습니다. 결국 한사군 중에서 가장 오랫동안 존속한 것은 낙랑군이었는데, 고구려에 멸망하기 전까지 평안도와 황해도 지역을 중심으로 약 400년간 존속했습니다.

한사군의 설치는 한반도 북부의 정치, 경제, 사회, 문화에 큰 변화를 가져왔습니다. 먼저 정치적으로는 한나라의 군현제가 도입되면서, 기존 고조선의 지배 체제와는 전혀 다른 중국식 행정 조직이 자리 잡았고, 한반도의 토착민들이 이러한 체제를 배우게 되었습니다. 한나라에서 파견된 태수와 현령들은 군을 직접 다스렸지만, 토착 세력의 힘도 무시할 수 없었기 때문에 현지의 수장이나 유력 인물들을 관원으로 등용하기도 했습니다. 이처럼 한사군의 통치는 중국식 제도와 토착민들의 문화가 혼합된 형태로 이루어졌을 것으로 보고 있습니다.

경제적인 부분을 살펴보면 한사군을 통해 중국의 선진 철기 문화와 농업 기술, 화폐 경제가 한반도에 본격적으로 유입되었습니다. 낙랑군 지역에서는 명도전, 오수전 등 중국 화폐가 널리 쓰였고, 중국식 농기구와 생활용품, 도자기 등이 대량으로 들어왔습니다. 한사군이라는 행정체계가 들어왔기에 중국과의 교역은 더욱 활발해졌습니다. 이러한 중국과의 교류 덕분에 한반도 북부, 특히 황해도와 평안도 일대는 동북아시아 무역의 중심지로 성장하게 되었습니다.

이러한 경제적 변화는 한반도 사회의 계층 분화, 도시화와 같은 사회적 부분에서도 큰 영향을 끼쳤습니다. 이주 중국인 관료들과 가족, 토착민 중에서 관원이 된 자들, 무역 상단, 일반인 등 다양한 계층이 구분되었습니다. 또한 평안도, 황해도 일대에서 여러 고분과 유적들이 나오면서 이 지역들이 도시화 되었음을 간접적으로 알려줍니다. 문화적으로도 한사군의 영향은 매우 컸습니다. 한사군 지역에서는 한나라의 문자, 도자기, 무덤 양식, 의복, 장신구 등 다양한 중국 문화가 전파되었습니다. 낙랑군에서 출토된 무덤과 유물들은 중국 한나라의 양식과 매우 유사한데, 거기에다가 한반도 고유의 전통도 함께 남아있어서 두 문화가 서로 융합된 모습을 잘 보여줍니다. 게다가 낙랑군의 무덤들에서 발견된 다양한 유물들은 당시 한사군 사회의 국제성과 다양성을 잘 보여줍니다.

한편, 한사군의 지배에 대한 토착민들의 저항과 갈등도 끊이지 않았습니다. 한나라의 통치와 수탈에 맞서 각지에서 반란과 저항 운동이 일어났고, 이 과정에서 민족의식이 더욱 강화되는 계기가 되기도 했습니다. 결국, 시간이 흐르면서 한나라의 통치력은 점차 약해졌고, 고구려, 백제의 성장과 함께 한사군의 세력은 크게 위축되었습니다. 이 과정에서 조조가 세운 위나라가 황해도 지역에 대방군을 설치해서 낙랑, 대방이 평안도~황해도를 지배하는 식으로 한사군이 재편되기도 하였습니다.

이러한 재편의 과정을 거치고, 고구려를 역으로 공격하기도 하였지만 한사군은 점점 시대의 흐름과 국가 사이 힘의 변화를 이겨내지 못하게 되었습니다. 313년, 고구려 미천왕이 낙랑군을 먼저 점령하였습니다. 이듬해에는 대방군까지 미천왕이 멸망시키면서 한사군은 완전히 역사 속으로 사라지게 됩니다. 이후 한반도 북부는 고구려 · 백제의 세력권에 들어가게 되었고, 이 지역에는 다시 한민족의 자주적인 국가 체제가 자리 잡게 되었습니다.

한사군의 설치와 존속, 그리고 소멸의 과정은 우리 역사에 여러 가지 의미를 남겼습니다. 한사군의 지배는 외세의 침략과 통치라는 아픈 역사로 시작하였습니다. 하지만 여기에서 한사군 설치의 의의가 끝나는 것은 아닙니다. 한사군 시대를 거치며 한민족의 독립 의식과 자주성이 더욱 강해졌고, 이는 고구려, 백제, 신라 등 삼국의 성장과 통일로 이어지는 중요한 힘이 되었습니다. 또한, 한사군을 통해 중국의 선진 문화와 제도가 한반도에 전해졌으며, 이후 삼국과 통일 신라, 고려에 이르기까지 다양한 형태로 계승 · 발전되었습니다. 이처럼 한사군의 설치는 고조선

멸망 이후 한반도 북부의 정치, 경제, 문화에 큰 변화를 가져왔
고, 이후 우리 민족의 역사와 정체성 형성에 깊은 영향을 주었습
니다.

10

연맹 왕국을 이룬 부여

고조선이 멸망하고 한사군이 들어섰지만, 고조선의 강역을 모두 관리했던 것은 아닙니다. 한반도와 만주 일대에 비어있던 많은 지역이 있었고, 그곳에서 여러 정치체가 형성되었습니다. 그중에서 부여는 만주와 한반도 북부 일대에서 성장한 나라로, 우리 고대사에서 매우 중요한 역할을 했습니다. 부여는 우리 역사에서 제대로 기록으로 찾아볼 수 있는 첫 '연맹 왕국'이었습니다. 연맹 왕국이란 단일한 왕이 모든 권력을 쥐고 다스리는 중앙집권 국가가 아니라 여러 부족과 집단이 느슨하게 연합한 형태의 국가를 얘기합니다. 이 부여의 연맹 왕국 체제는 이후 고구려, 백제, 신라 등 삼국의 국가 형성과 발전에도 큰 영향을 주었고, 우리 민족의 국가 발전 과정을 이해하는 데 중요한 단서를 제공했습니다.

부여는 기원전 2세기 무렵, 오늘날의 중국 길림성 송화강 일대에서 등장했습니다. 부여의 중심지는 넓은 평야에서 나오는 풍부한 목축 자원을 바탕으로 성장할 수 있었고, 주변의 여러 부족과 집단을 포괄하는 형태로 발전했습니다. 부여의 건국 시기와 초기 역사는 정확히 알려지지 않았지만, 중국의 여러 역사서와 우리 고대 기록에 부여와 관련한 내용이 남아있습니다. 부여에는 고조선의 유민과 다양한 북방 민족이 섞여 살았으며, 점차 주변 부족들을 포괄하는 큰 세력으로 자리 잡게 되었습니다.

부여의 왕은 명목상 최고 통치자였지만, 실제로는 여러 부족장이 각자의 영역을 자치적으로 다스리면서 왕과 느슨하게 연합하는 구조였습니다. 부여의 지배층은 왕을 중심으로 마가, 우가, 저가, 구가 등 네 명의 가加로 구성되어 있었고, 이들은 각각 지방의 유력 부족을 대표하는 귀족이었습니다. 각 가는 자신의 영역에서 세금을 거두고 군사를 동원할 수 있었으며 왕은 이들을 조정하고 전체를 대표하는 역할을 했습니다. 이처럼 부여는 여러 부족이 연합하여 하나의 국가를 이루는 느슨한 연맹체였던 것입니다.

부여의 왕은 정치 지도자라는 역할 외에 다른 역할도 가지고 있었습니다. 바로 하늘에 제사를 지내는 제사장의 역할이었답니다. 부여에는 12월에 '영고'라는 큰 제천 행사가 있었습니다. 영고는 하늘에 제사를 지내고 온 나라의 귀족과 백성이 모여 잔치를 벌이면서 죄인을 사면하는 등 국가적 단합을 이끄는 행사였습니다. 영고는 부여의 연맹 왕국 체제를 유지하는 데 중요한 역할을 했습니다. 각 부족의 가와 백성들이 한자리에 모여 왕의 권위를 인정하고 공동체의 결속을 다지는 시간이었기 때문입니다.

부여의 경제는 농경과 목축이 중심이었습니다. 송화강 유역의 넓은 평야에서는 벼, 기장, 조, 콩 등 곡식이 재배되었고, 말과 소, 돼지, 개 등 가축을 많이 길렀습니다. 부여의 부족장 이름이 마가, 우가, 저가, 구가로 불린 것도 이들이 각각 말, 소, 돼지, 개 등 가축과 관련된 집단을 대표했기 때문이라는 해석이 많습니다. 부여는 농경과 목축을 바탕으로 풍요로운 생활을 누렸으며 주변 부족과의 교역도 활발했습니다.

사회적으로는 귀족과 평민, 노비 등 신분 구분이 뚜렷했습니다. 부여는 왕과 제가 같은 지배층, 호민豪民 과 하호下戶 라는 평민, 그리고 최하층인 노비로 구성된 계급 사회였습니다. 귀족 계층이 정치와 경제의 주도권을 쥐고 있었고, 평민들은 농사와 목축, 수공업에 종사했습니다. 또한, 부여에 대해서 적은 중국의 역사서인 《삼국지》에는 부여의 대가들은 많은 노비를 소유하고 있었으며, 장례 시에는 수십에서 수백 명에 이르는 사람을 순장하는 풍습이 있었다고 합니다. 이러한 순장 무덤은 부여의 권력 구조와 신분 질서를 상징적으로 보여줍니다.

부여는 법률이 매우 엄격했다고 합니다. 부여의 법률은 4가지가 상세하게 전해지고 있습니다. 첫 번째는 살인죄로 살인자는 사형에 처하고, 그 가족은 노비로 삼았다고 합니다. 두 번째는 절도죄인데 1책 12법이라고도 불립니다. 도둑질하면 12배를 배상하게 하기 때문입니다. 세 번째는 간음죄로 남녀가 음란한 짓을 하면 모두 죽인다는 내용으로 전해집니다. 마지막은 투기죄로 부인이 투기하면 죽여서 시체를 남산 위에 버린다는 무서운 내용으로 알려져 있습니다. 이처럼 부여의 법률이 엄격했던 것은 여러 부족이 연맹하여 이루어진 국가 체제의 특성상, 내부의 질서와 결속을 유지하기 위해 강력한 규율이 필요했기 때문입니다.

부여는 주변의 여러 부족과 교류하며, 때로는 갈등과 전쟁도 겪었습니다. 특히 고구려와는 깊은 관계를 맺었습니다. 고구려의 시조 주몽이 원래 부여 왕족 출신이었다는 전설이 전해졌기에 부여와 고구려는 혈연적·문화적으로 깊은 연관이 있었던 것으로 보기 때문입니다. 시간이 흐르면서 고구려가 성장하자 부여는 점차 세력이 약해졌고, 결국 5세기 초 고구려 광개토대왕의 공격을 받아 큰 타격을 입었습니다. 이후 부여는 점차 쇠퇴하여 494년 마침내 멸망하게 됩니다.

부여의 멸망 이후, 그 유민들은 고구려와 중국, 유목 국가 등으로 뿔뿔이 흩어졌습니다. 그럼에도 백제에는 왕족들이 부여계라는 전승이 남아있었으며, 6세기 이후에 자신들의 국호를 남부여로 칭하기도 했습니다. 발해 역시 부여의 전통을 계승했다고 자부했습니다. 이처럼 부여는 직접적으로는 사라졌지만, 제천의식, 신분제, 법률, 풍습 등은 이후 고구려와 백제, 발해 등 여러 나라의 국가 운영과 문화 발전에 깊은 영향을 주었습니다.

11

옥저와 동예

고조선 멸망 이후 만주에 부여가 있었다면 한반도 동북부와 동해안 일대에서는 옥저와 동예라는 소국이 있었습니다. 이 두 나라는 삼국 시대 이전, 고구려와 함께 한반도 북부의 역사를 이끈 중요한 주체였으며, 각기 독특한 문화와 사회 구조를 발전시켰습니다. 옥저와 동예의 역사는 《삼국지》, 《후한서》 등 중국의 역사서와 우리의 역사서인 《삼국사기》 등에 기록이 남아있습니다. 특히 옥저의 역사가 동예에 비해서 비교적 일찍부터 기록을 찾아볼 수가 있지요.

두 나라가 위치했던 지역을 자세히 살펴보면 약간의 차이가 있습니다. 옥저는 한반도 동북부, 그러니까 오늘날 함경도 일대, 그

옥저의 집자리 유적(국가유산포털)

리고 동해안 북쪽 지역에 자리 잡고 있었습니다. 동예는 옥저 남쪽, 즉 오늘날 강원도 북부와 동해안 일대에 있는 나라였습니다. 두 나라는 모두 산과 바다, 강이 어우러진 자연환경을 바탕으로 성장했으며 농경과 어로, 수렵 등이 모두 활성화되어 있는 경제 구조로 되어 있었습니다.

옥저에 대해서 먼저 살펴보면 고조선이 멸망한 뒤 독립적인 세력으로 성장했지만 일찍부터 고구려의 강한 압박을 받았습니다. 옥저는 자체적인 왕이 있었지만, 1~2세기를 지나면서 실질적으로는 고구려의 지배를 받는 '속국'의 위치에 머물렀습니다. 고구려는 옥저의 통치자인 대인들을 사자使者로 삼으면서 대가라는 관리도 따로 파견했습니다. 옥저는 고구려에 예속된 상태로 해마다 조공을 바치며 나라의 명맥을 이어왔습니다. 하지만 점차 직접적인 지배가 강화되었고, 5세기 초 광개토대왕 때 완전히 고구려에 편입되어 역사에서 사라지고 말았습니다.

옥저는 위치에 따라서 동옥저, 남옥저 등으로 불리었습니다. 현재의 최신 학설을 살펴보면 옥저인이 만든 것이라고 부를 수 있는 독특한 유물과 유적들이 주로 두 군데에서 발굴된다고 합니다. 바로 함경남도 함흥과 중국의 훈춘시입니다. 최신 학설들은 이 두 군데의 위치를 바탕으로 남옥저와 북옥저라는 세력으로 계통이 구분되었을 가능성이 높다고 보고 있습니다.

옥저의 사회 구조는 비교적 단순한 편이었습니다. 옥저는 여러 마을이 모여 연맹체를 이루었고, 각 마을에는 읍군邑君과 삼로三老라는 지도자가 있었습니다. 읍군은 마을의 정치적 대표자였고, 삼로는 마을의 연장자나 원로로서 공동체의 중요한 결정을 내리는 역할을 했습니다. 옥저의 경제는 농경과 어로, 수렵이 중심이었습니다. 특히 옥저는 바다에 가까워 소금과 해산물이 풍부했고, 이를 고구려에 조공으로 바쳤습니다. 옥저 사람 중에 일부는 함흥평야와 같은 지대에서도 거주했습니다. 그곳의 사람들은 벼농사와 밭농사를 지었으며, 동시에 바다에서 물고기와 해산물을 잡아 생활했습니다. 농촌과 어촌의 모습 모두 가지고 있었던 것입니다.

옥저의 풍습 중 가장 많이 알려지고 특이한 것은 '민며느리제'라는 것입니다. 민며느리제란 어린 딸을 결혼시킬 집에 미리 보내 시집살이를 시키다가 성인이 되면 정식으로 결혼하게 하는 풍습이었습니다. 이 풍습은 옥저의 가족 구조와 결혼 문화, 그리고 사회적 관습을 보여주는 중요한 자료입니다. 옥저에는 장례 때 시신을 땅에 묻었다가 일정 기간이 지나면 뼈를 다시 꺼내서 가족무덤에 합장하는 '골장제 骨葬制'라는 독특한 풍습도 있었습니다. 이러한 장례 풍습은 옥저 사람들이 조상과 가족의 결속을 중시했음을 보여줍니다.

동예는 옥저 남쪽의 동해안 일대, 지금의 양양~영덕 일대에 자리 잡은 나라로, 《삼국지》 등에 자세히 기록되어 있습니다. 동예도 여러 마을이 모여 연맹체를 이루었는데 각 마을에는 옥저와 마찬가지로 읍군과 삼로가 있었습니다. 동예는 마을 단위의 자치성이 강한 사회 구조를 가졌다고 합니다. 동예는 어로나 수렵보다는 농경이 발달했기에 벼농사와 밭농사가 모두 활발하게 이루어졌습니다. 동예의 가장 큰 경제적 특징은 단궁, 반어피, 과하마라는 특산물이 있었다는 점입니다. 단궁은 짧고 강한 활, 반어피는 물고기 무늬가 있는 가죽, 과하마는 빠르고 튼튼한 말을 얘기하는데 모두 동예만의 특색 있는 생산물이었습니다.

동예의 사회와 문화에서 가장 두드러지는 점은 '책화 柵火'라는 풍습입니다. 책화란 각 마을이 서로의 경계를 엄격히 정하고, 다른 마을 사람이 함부로 경계를 넘거나 마을의 자원을 침범하면 배상하게 하는 제도였습니다. 책화는 동예 사회가 마을 공동체의 자율성과 독립성을 매우 중시했음을 보여줍니다. 동예에는 남녀가 자유롭게 교제하는 '무천 舞天'이라는 큰 제천 행사가 있었습니다. 무천은 매년 10월에 열렸는데 온 마을 사람들이 모여 하늘에 제사를 지내면서 춤과 노래를 하는 잔치를 열었습니다.
이 행사는 마을 간 결속을 다지고 젊은 남녀가 짝을 찾는 기회이
기도 했습니다.

동예는 과거에는 한나라의 영향력 아래 있기도 했지만, 옥저와
마찬가지로 고구려가 성장하면서 점차 그 영향력 아래 들어갔습
니다. 동예도 5세기 초 광개토대왕 때 완전히 고구려에 편입되어
역사 속으로 사라진 것으로 봅니다. 다만 이 시기 《삼국사기》에
등장하는 말갈이라는 이름의 세력 중 일부가 동예였다고 보기도
합니다. 동예와 옥저는 모두 자체적인 문명과 문화를 발전시켰
지만, 강력한 중앙집권 국가로는 성장하지 못하고 고구려에 복
속되고 말았습니다.

옥저와 동예의 역사는 삼국에 비해서 짧은 편입니다. 그렇지만
이들에 대한 기록은 오늘날까지도 남아서 그들의 모습을 상상할
수 있게 해줍니다. 우선 두 나라는 삼국 이전 한반도 북부와 동해
안 일대에서 다양한 집단이 어떻게 살아가고 교류했는지를 보여
주는 중요한 예시입니다. 또한, 옥저의 민며느리제, 골장제, 동예
의 책화 등은 우리 고대 사회가 삼국만이 아닌 다른 여러 세력이
섞인 다양성과 독창성을 갖춘 사회였음을 보여주는 증거입니다.
옥저와 동예는 단순히 사라진 옛 나라가 아니라 우리 고대사의
다양성을 보여주는 중요한 존재입니다.

12

백제, 신라, 가야로 발전한 삼한

　고조선이 아직 존재하던 시기에 한반도 남부에서는 '진국辰國'
이라는 나라가 있었다고 합니다. 진국은 기록이 많지 않아 여전
히 많은 부분이 베일에 싸여 있습니다. 하지만 진국이 모태가 되
어서 나중에 등장하는 삼한三韓은 기록과 고고학 증거가 함께 나
왔기에 그 실체를 확실히 알 수 있습니다. 삼한은 고조선이 멸망
한 이후 한반도 남부에서 성장한 여러 소국의 집합체였습니다.
삼한의 소국들은 고조선의 유민들과 한반도 남부의 토착 세력이
섞이면서 형성되었거나, 토착 세력들이 부족 단위를 넘어서 점
점 정치체를 성장시키면서 형성되기도 했습니다. 삼한은 마한,
진한, 변한이라는 세 집단으로 구분하는데 각각 오늘날의 경기

마한에서 사용한 장란형 토기(국가유산포털)

도 남부~전라도마한, 경상도 동부진한, 경상도 서부와 일부 전라
도 동남부변한에 있었습니다.

삼한 중에서 가장 큰 세력은 마한이었는데 54개의 소국으로
이루어진 느슨한 연맹체였다고 합니다. 마한의 중심 국가는 목
지국이라는 나라였지만, 3세기를 지나면서 백제국으로 바뀌었
지요. 목지국의 위치에 대해서는 오늘날의 충청남도 아산, 천안
등지로 추정하고 있습니다. 마한은 한반도 남서부의 비옥한 평
야를 바탕으로 농경이 발달했기 때문에 벼농사와 밭농사가 모
두 이루어졌습니다. 게다가 서해와 가까운 곳에 있었기 때문에
마한은 중국과의 교역도 활발했습니다. 그래서 마한의 유적으
로 보이는 곳에는 중국 화폐와 청동기, 철기 유물이 많이 출토됨

니다.

진한은 오늘날의 경상도 동부, 특히 경주 · 영천 · 경산 등지에 자리 잡고 있었습니다. 진한 역시 여러 소국이 연합한 집단이었으며, 12개의 소국이 있었다고 전해집니다. 진한의 중심 국가는 사로국이었습니다. 바로 신라의 모태가 되는 소국입니다. 사로국은 점차 세력을 키워 주변 진한의 소국들을 통합하면서 신라로 발전했습니다. 진한에는 성이나 울타리**목책**를 만들어 외부의 침입에 대비했다는 기록이 있어, 사회적으로 조직화 되었고 방어 체계를 갖추고 있었음을 알 수 있습니다.

변한은 낙동강 남쪽을 따라서 김해, 창원, 함안, 고성 일대와 지리산 남서쪽의 남원, 하동 일대에 분포했었습니다. 변한도 진한과 마찬가지로 12개의 소국으로 이루어졌으며, 마한 · 진한처럼 연맹체의 형태를 띠고 있었다고 합니다. 변한의 중심지는 구야국으로 금관가야의 다른 이름입니다. 변한은 마한, 진한과는 다르게 하나의 소국이 다른 세력을 흡수하는 방식으로 성장하지 않았습니다. 6가야라고 얘기하는 6개의 소국을 중심으로 합쳐졌고, 5세기 초반까지는 금관가야, 5세기 중반 이후에는 대가야를 중심으로 연맹체를 이루었습니다. 변한은 특히 철의 산지로 유명했습니다. 변한에서 생산된 철은 일본과 중국으로 수출되었고, 이를 통해 변한은 경제적으로 큰 번영을 누릴 수 있었습니다.

삼한의 사회 구조는 대체로 비슷했습니다. 각각의 삼한은 여러 소국이 모여 연맹을 이루었고, 각 소국은 군장이 정치 · 군사 권한을 가지고 다스렸습니다. 군장은 국가의 규모에 따라서 큰 세력은 신지臣智, 상대적으로 작은 세력은 읍차邑借로 불렸습니다. 마한에서 가장 강했던 목지국의 지배자는 진왕辰王으로 불리기도 했습니다. 삼한의 각 소국은 독립적으로 운영되었지만, 외부의 위협이나 중요한 제사, 교역 등에서는 연합하여 힘을 도왔습니다. 이러한 형태는 앞에 우리가 함께 공부했던 동예, 옥저와 비슷한 모습이었습니다. 차이는 옥저나 동예는 마을 단위의 자치였다면 삼한은 국가 단위의 자치가 이루어졌답니다.

삼한의 경제는 농경과 철기 생산, 교역이 중심이었습니다. 삼한 지역은 옥저나 동예에 비해서 평야가 많았기에 오곡이라고 불리는 벼, 보리, 콩, 조, 기장 등 다양한 곡식을 모두 재배했습니다. 또한 변한의 철광이 유명했기 때문에 이를 바탕으로 철기 농기구를 사용해 생산력을 높였습니다. 앞에서 잠깐 얘기했듯이 변한의 철은 굉장히 유명했기 때문에 일본과 중국 등 외부로 수출했습니다. 철을 금괴처럼 만든 철정鐵鋌을 수출해서 중국의 옥, 유리구슬 등 다양한 무역품을 들여오기도 했습니다.

삼한은 풍습도 매우 독특했습니다. 삼한 사람들도 다른 국가들처럼 제천의식, 즉 하늘에 지내는 제사를 중요하게 여겼습니다. 삼한에서는 5월 기원제, 10월 추수 감사제를 열었는데 다른 나라들이 1년에 한 번 제천행사를 하는 것과 차이가 있었습니다. 제천행사의 주관자는 천군이라는 제사장이었으며, 제천행사를 연 곳은 소도蘇塗라는 신성한 공간이었습니다. 소도는 군장의 권력이 미치지 않는 신성불가침의 영역이었습니다.

또한, 특이한 풍습으로는 진한에서 행했던 편두編頭 풍습이 있었습니다. 편두는 아이가 태어나면 돌로 머리를 눌러 납작하게 만드는 독특한 풍습인데요. 이는 당시 사회 미의 기준이나 신분과 관련이 있었던 것으로 보고 있습니다. 삼한의 무덤 종류는 다양했다는 특징도 있습니다. 돌덧널무덤, 돌무지무덤, 움무덤 등 다양한 형태가 있었고, 무덤 속에는 토기, 철기, 청동기, 곡식, 장신구 등이 함께 묻혔습니다. 이는 삼한 사회가 조상 숭배와 내세 신앙을 중요하게 여겼음을 보여줍니다.

삼한은 삼국 시대의 기초가 되는 중요한 토대를 마련했습니다. 마한은 이후 백제로, 진한은 신라로, 변한은 가야 연맹으로 발전하게 됩니다. 이는 한반도의 국가들이 연맹 형태를 넘어 중앙집권의 고대 국가로 발전하는 모습을 보여주는 사례들이었습니다. 이렇게 삼한의 소국들은 각기 성장과 경쟁을 거치면서 점차 강력한 중앙집권국가로 발전했고, 본격적으로 삼국 시대가 시작하게 됩니다.

2장

삼국의 성립과
중앙집권
국가로의 발전

주몽이 건국한 고구려

고구려는 우리 고대사에서 가장 유명했던 삼국 시대의 가장 거대했던 나라입니다. 고구려를 건국한 사람은 주몽朱蒙이라는 사람이었다고 알려져 있습니다. 고구려의 역사는 기원전 37년, 주몽이 압록강 근처의 졸본卒本이라는 곳에 나라를 세운 것으로 시작되었습니다. 이후 고구려는 약 700년 동안 한반도와 만주 일대를 무대로 위대한 문명과 군사적 영광을 남겼습니다. 고구려는 활발한 영토 확장, 독특한 문화, 강인한 민족정신으로 오늘날까지도 많은 사람에게 자부심을 주는 나라입니다. 이런 대단한 고구려의 700년 역사를 한 번에 다 담을 수는 없겠죠? 그래서 이번 글에서는 주몽의 출생과 성장과 고구려의 건국 과정을 먼저 알아보겠습니다.

주몽의 출생과 성장 이야기는 신화와 전설이 어우러져 있는데 《삼국사기》, 《삼국유사》 등에 기록되어 있습니다. 주몽의 아버지는 하늘의 왕인 해모수이며, 어머니는 강의 신인 하백河伯의 딸 유화라고 합니다. 해모수는 유화와 하룻밤을 보냈습니다. 결혼도 하지 않고 모르는 남자와 시간을 보낸 유화에게 화가 난 하백은 유화를 집에서 쫓아냈습니다. 떠돌아다니던 유화를 구해준 것은 부여의 왕 금와왕이었답니다. 유화의 사연을 들은 금와왕은 유화가 궁에서 살게 해주었습니다. 그러던 어느 날, 유화의 방으로 햇빛이 들었는데 유화를 계속 따라다녔다고 합니다. 이후 유화는 임신했는데 나중에 낳고 보니 아기가 아닌 알이었다고 합니다. 이러한 설화를 난생 설화라고 합니다. 주몽의 특별함을 알려주는 대표적인 설화입니다.

주몽은 이 알을 깨고 태어났습니다. 그는 어려서부터 활쏘기와 무예에 뛰어났고, 총명함과 용기를 갖추고 있었습니다. 주몽이라는 이름도 '활을 잘 쏘는 사람'이라는 뜻에서 비롯되었습니다. 하지만 부여 왕자들에게 아버지가 불분명하지만, 뛰어난 주몽의 존재는 점차 위협이 되었습니다. 결국 금와왕의 아들들과 신하들은 주몽을 시기하여 그를 해치려 했답니다. 이에 주몽은 목숨을 구하기 위해 어머니와 이별하고 충성스러운 신하인 오이, 마리, 협보 세 명과 함께 부여를 떠나 남쪽으로 내려가게 됩니다.

주몽은 부여군의 추격을 받지만, 외할아버지인 하백의 도움을 받아서 적을 따돌릴 수 있었습니다. 그렇게 그는 졸본에 도착했습니다. 이미 그곳에는 소규모의 부족 연맹체가 있었는데 주몽은 탁월한 지도력과 무예를 바탕으로 빠르게 사람들의 신임을 얻었습니다. 특히 졸본의 왕은 주몽의 특별함을 알아보고 자기 딸인 소서노와 혼인시켰습니다. 소서노와 혼인하여 세력이 강해진 주몽은 기원전 37년에 고구려를 건국하게 됩니다. 국호 '고구려'의 의미에 대해서는 여러 견해가 있습니다. 현재는 성을 뜻하는 고구려의 고유어 구루溝漊 와 크다는 뜻의 고高 가 합쳐져서 큰 성을 뜻한다고 보거나, 구려라는 부족이 고씨를 칭해서 고구려가 되었다는 두 가지 설이 유력합니다.

고구려가 주몽에 의해 건국된 이후, 주몽은 나라의 기틀을 다지고 고구려를 안정시키는 데 온 힘을 쏟았습니다. 주몽은 오늘날의 오녀산성이라고 불리는 곳에 터를 잡았습니다. 그리고 행인국과 북옥저를 점령해서 고구려의 세력을 확장했습니다. 또한, 부여에 남아있던 주몽의 어머니 유화부인이 사망하고 금와왕이 장례를 치러주자, 부여에 사신을 보내서 관계를 개선하려고 하기도 했습니다.

주몽의 치세 말기에는 새로운 사건이 발생했습니다. 주몽이 부여에서 떠날 때, 데려오지 못했던 예씨 부인과 아이가 있었습니다. 이 아이가 성장해서 어머니와 함께 고구려로 도망쳐 왔는데, 그가 바로 유리類利 왕자였습니다. 유리가 고구려에 도착하자 주몽은 크게 기뻐하며 그를 후계자로 삼았습니다. 주몽이 이후 사망하면서 유리 왕자는 고구려의 2대 왕으로 즉위하였습니다. 그는 부여와 경쟁하면서도 주변 소국들을 점령하면서 고구려의 영토를 계속 확장했습니다. 또한, 태자를 자기 아들로 임명하면서 주몽->유리->유리의 아들이라는 구조로 왕위가 계승될 수 있게 하였습니다. 이러한 왕위 계승 방식을 부자 상속이라고 합니다. 유리왕은 부자 상속 원칙을 세움으로써, 하나의 직계 혈통이 왕위를 이어서 왕권이 분리되는 일을 막으려고 했습니다.

유리왕은 또 한 가지 중요한 일도 하였습니다. 바로 국내성이라는 새로운 지역으로 수도를 천도해서 고구려가 앞으로 더욱 발전할 수 있는 기틀을 마련했다는 것입니다. 국내성은 이후 400년대에 장수왕이 평양으로 수도를 옮기기 전까지 약 500년 동안 고구려의 수도였습니다. 국내성은 지금의 중국 집안시인데 이곳은 북쪽으로는 만주로 진출할 수 있고, 남쪽으로는 지금의 평안도와 함경도로 진출할 수 있었습니다. 또한 오녀산성에 비해서 평야 지대가 넓어서 수도를 발전시키기에도 유리했습니다. 이처럼 주몽의 뒤를 이어서 다양한 방법으로 고구려를 발전시킨 유리왕 덕분에 고구려는 압록강과 만주 일대에서 강국으로 성장할 기반을 다질 수 있었습니다.

02

비류와 온조가 건국한 백제

삼국 중 두 번째로 건국 과정을 알아볼 나라는 백제입니다. 백제의 건국 설화는 고구려나 신라의 건국 설화와는 달리 비류와 온조라는 형제의 이야기입니다. 또한 고구려와 깊은 인연을 가지고 있다는 특징이 있습니다. 이번 글에서는 이런 특징을 가진 백제 건국 설화를 중심으로 백제의 건국 과정에 대해서 알아보겠습니다.

주몽이 고구려를 세우고 왕이 된 뒤에 주몽의 아들 유리가 부여에서 고구려로 내려와서 후계자가 되었습니다. 당시 고구려에는 이미 소서노의 두 아들, 비류와 온조가 있었습니다. 결국, 후계자가 되지 못한 비류와 온조는 자신들의 세력을 이끌고 새로운 터전을 찾아 떠나기로 결심합니다. 비류, 온조를 비롯한 여러 신하와 백성들은 졸본을 떠나 남쪽으로 긴 여정을 시작했습니다. 비류와 온조는 한반도 중서부 지역에 도착해 새로운 나라를 세울 곳을 찾았습니다. 두 형제는 각자 다른 장소를 선택합니다. 비류는 미추홀 오늘날 인천 일대 추정 을, 온조는 한강 남쪽의 위례성 오늘날 서울 송파 일대 을 택했습니다. 온조가 위례성을 선택한 이유에 대해서는 정확하게 기록으로 남아 있습니다. 비류와 온조가 부아악이라는 산에 올라서 위례성 지역을 보자 신하들이 애기했습니다.

"생각건대, 이 강 남쪽의 땅은 북쪽으로는 한수를 띠처럼 두르고 있고, 동쪽으로는 높은 산을 의지하였으며, 남쪽으로는 비옥한 벌판을 바라보고, 서쪽으로는 큰 바다에 막혀 있습니다. 이렇게 하늘이 내려준 험준함과 지세의 이점은 얻기 어려운 형세이니, 이곳에 도읍을 세우는 것이 좋지 않겠습니까?"

비류는 신하들의 말을 듣지 않고 바닷가의 생산력과 다른 나라와의 교류를 위해 미추홀로 도읍을 정했습니다. 반면에, 온조는 신하들의 애기를 따라서 넓은 강과 비옥한 토지를 가진 위례성 일대를 도읍으로 정하고 나라 이름을 십제十濟 라고 지었으니, 기원전 18년의 일이었습니다. 온조가 자리 잡은 위례성 일대는 한강과 가까워 교통과 농경에 유리했고, 주변 부족과의 교류도 활발히 이루어질 수 있었습니다. 온조는 이곳에서 백성들을 잘 다스리며 점차 세력을 키워나갔습니다.

　그렇지만 비류가 도읍을 정한 미추홀은 땅이 습하고 염분이 많아 농사와 생활이 어려웠습니다. 이 때문에 백성들은 식수와 식량 부족에 시달렸고, 비류 역시 큰 시련을 겪게 됩니다. 비류는 많은 어려움을 겪으면서 결국에는 자신이 선택한 땅에서 나라를 세우는 것이 힘들다는 사실을 받아들이게 됩니다. 비류와 그의 무리를 따라온 백성들 역시 점점 온조가 다스리는 위례성으로 이동하게 되었고, 비류도 결국 온조를 찾아가게 됩니다. 하지만 비류는 자신의 선택이 실패로 돌아간 것에 큰 실망과 자책을 느꼈고, 끝내 병을 얻어 세상을 떠나게 됩니다. 비류의 백성들은 온조에게 귀속되어 온조의 나라가 더욱 강해졌고, 나라가 커지자, 온조는 국호를 백제百濟로 고쳤습니다.

　백제의 건국 과정에서 중요한 점은 온조와 비류가 각기 다른 선택을 했지만, 결국 온조가 중심이 되어 여러 세력을 통합했다는 점입니다. 실제 역사학자들도 초기의 백제는 고구려 유이민과 한강 유역 마한 소국의 거주민들이 함께 어우러져 만들어진 나라로 보고 있습니다. 온조는 이런 다양한 사람들을 융합시키기 위해서 동명왕 사당을 지어서 왕실의 권위를 높이고 국가의 정체성을 세웠습니다. 또한 낙랑과 말갈의 공격을 막아내고, 백성들에게 농경과 치수, 방어 체계를 정비하였습니다. 이러한 온조왕의 통치 덕분에 백제는 안정과 번영의 기틀을 마련하고, 마한의 소국 중에서 두각을 나타낼 수 있었습니다.

　온조의 뒤를 이어서 즉위한 맏아들 다루왕도 온조의 뜻을 이어

받았습니다. 아버지가 했던 것처럼 동명왕 사당에서 제사를 지냈고, 말갈의 공격을 막아서 백성들을 안전하게 하였습니다. 또한 다루왕 때는 신라와 처음으로 접촉하고 전쟁을 벌였습니다. 다만 전쟁을 벌인 장소인 와산성과 구양성 등이 지금의 충북 보은, 괴산으로 추정되는 곳이어서 역사학자들은 이 내용들이 잘못 전해 내려왔을 가능성이 높다고 보고 있습니다. 다루왕의 뒤를 이은 기루왕, 개루왕, 초고왕 등도 말갈, 신라 등과 대결하면서 영토를 넓히고, 백성들을 돌보면서 나라의 체제를 완비해 나갔습니다. 결국, 백제는 마한 연맹체의 유력한 나라로 성장하게 됩니다.

백제의 건국 과정과 초기 성장에 관한 얘기를 끝내기 전에 한 가지 더 여러분이 알아야 할 내용이 있습니다. 바로 백제 건국 설화에 대한 또 다른 버전인 '우태 아버지설'입니다. 이 설화에 따르면, 비류와 온조는 고구려 시조 주몽의 아들이 아니라, 소서노와 우태라는 인물 사이에서 태어난 아들들이라고 전해집니다. 우태는 소서노의 첫 남편으로 북부여 왕 해부루의 아들이라고 합니다. 그 후에 우태가 죽고 과부로 있던 소서노는 주몽이 졸본으로 오면서 그와 혼인하게 되었습니다. 이후의 내용은 기존의 건국 설화와 동일합니다.

'우태 아버지설'은 백제의 왕가가 고구려와 혈연적으로 완전히 일치하지 않으며 부여와도 연관성이 있다는 것을 보여줍니다. 즉 백제는 고구려와 같은 뿌리를 공유하면서도 그들만의 독자적인 정체성을 가졌다는 것입니다. 이런 다양한 건국 설화가 전해

질만큼 백제는 여러 집단과 문화가 융합되어 만들어진 복합적인
국가였다는 사실을 알 수가 있습니다.

03

박혁거세가 건국한 신라

　삼국 중 마지막으로 건국 과정을 알아볼 나라는 신라입니다. 신라는 한반도 남동부, 오늘날 경상도 지역에서 성장한 고대 국가입니다. 신라의 시작도 고구려, 백제와 마찬가지로 신비롭고 상징적인 설화와 함께하고 있습니다. 바로 신라의 건국 시조인 박혁거세朴赫居世 설화입니다. 박혁거세 설화와 신라의 건국 과정은 설화와 사실이 서로 어우러지면서 《삼국사기》, 《삼국유사》 등 옛 문헌을 통해서 전해 내려왔습니다. 우리도 이 박혁거세 설화를 중심으로 신라라는 나라가 어떤 방식으로 세워졌는지 알아보겠습니다.

박혁거세가 태어났다고 전해지는 경주 나정

기원전 시기, 진한 일대에는 양산, 고허, 진지, 대수, 가리, 고
야촌이라는 6개의 촌이 있었습니다. 6촌에는 각각 촌장들이 있
었는데 오랜 세월 동안 이들이 각각의 촌을 다스리며 살아왔습
니다. 어느 날, 6촌의 촌장들이 양산 알천의 언덕에서 왕을 세우
기 위해 회의를 하고 있었습니다. 그러다가 고허촌의 촌장인 소
벌공蘇伐公이 알천 가까이에 있는 나정이라는 우물가를 바라봤
는데, 갑자기 신비한 빛이 나고 말 한 마리가 무릎을 꿇고 울부짖
고 있었습니다. 촌장들이 그 자리에 다가가 보니 커다란 알이 하
나 남아있었습니다. 촌장들이 알을 깨뜨렸더니 그 속에서 한 사
내아이가 나왔다고 합니다. 이 아이의 모습을 보니 얼굴은 빛처
럼 환했으며, 몸에는 향기로운 빛이 감돌았다고 전해집니다. 여

섯 촌장과 백성들은 모두 신기하게 여기며 이 아이를 데려다 기르게 되었고, 이 아이가 바로 훗날 신라의 첫 임금이 되는 박혁거세입니다.

　박혁거세라는 이름의 의미는 매우 상징적입니다. 진한 사람들은 표주박을 '박'이라고 했는데 처음에 나온 큰 알이 표주박처럼 생겨서 혁거세의 성을 '박朴'으로 삼았다고 합니다. 즉 혁거세의 성은 그가 알卵에서 나왔다는 탄생의 신비로움을 담고 있는 것입니다. '혁거세'는 불구내弗矩內라고도 하는데 '광명으로 세상을 다스린다'라는 뜻을 가집니다. 알에서 태어난 혁거세는 자라면서 총명하고 덕이 높아 여섯 촌의 백성들이 모두 그를 따르게 되었습니다. 혁거세가 성장하자 6촌의 촌장들과 백성들은 회의를 거쳐 그를 최고 지도자로 추대합니다. 이 과정에서 여섯 촌이 처음으로 하나로 뭉치고, 백성들은 모두 혁거세를 군주로 모시기로 뜻을 모읍니다. 기원전 57년, 혁거세가 나이가 13세가 되는 해에 혁거세는 왕으로 옹립되었고 나라 이름을 '서라벌徐羅伐' 또는 '사로국斯盧國'이라 했습니다. 이 사로국이 바로 뒤에 신라로 발전하게 됩니다.

　박혁거세 설화 속에는 알영閼英이라는 신비한 소녀의 탄생 설화도 전해집니다. 알영 설화는 《삼국사기》와 《삼국유사》의 전해지는 내용에 약간의 차이가 있습니다. 두 역사서 모두 알영정이라는 우물가에서 용이 여자아이를 낳았고, 이를 길렀더니 덕행과 용모가 빼어나서 혁거세의 왕비로 삼았다는 대략적인 줄거리는 같습니다. 그런데 《삼국사기》에서는 박혁거세가 왕이 되고 5

년이 지난 기원전 53년 1월에 알영이 태어났다고 합니다. 반면에 《삼국유사》에서는 박혁거세가 태어난 날에 알영도 태어났다고 합니다. 또한 알영의 입술이 닭 부리 같아서 북천에서 씻겼더니 부리가 떨어졌다는 얘기도 있습니다. 혁거세와 알영이 부부가 되려면 둘이 비슷한 나이여야 하니깐 《삼국유사》에 나오는 내용이 좀 더 맞지 않을까 생각합니다. 혁거세와 알영이 혼인함으로써 신라의 왕실과 왕비 가문이 모두 신성하게 시작되었음을 강조하고 있습니다.

박혁거세 설화와 신라의 건국 과정이 주는 역사적 의미는 매우 큽니다. 하늘에서 알이 내려와 탄생했다는 이야기는 신라 왕실이 신성한 존재이고, 백성과 하늘의 뜻을 이은 지도자라는 점을 강조하기 위한 설화적 장치였습니다. 6촌의 촌장이 하나로 통합되어 혁거세를 왕으로 세우고 새로운 국가를 이루는 과정은 신라 사회가 촌에서 국가로 점점 결합하게 되는 과정을 상징적으로 보여줍니다.

박혁거세는 왕으로 즉위한 뒤 신라의 기틀을 마련하는 데 헌신했습니다. 우선 금성을 지어서 수도로 삼고, 그 안에 궁을 지었습니다. 또한 왜, 낙랑의 침입을 방어해서 사로국 사람들을 안전하게 해주었습니다. 혁거세는 61년 동안 왕위에 있으면서 신라의 기초를 다졌고 백성들의 존경을 받았습니다. 박혁거세는 죽고 나서도 특이한 설화를 남겼습니다. 그가 죽고 나서 하늘로 올라갔는데 7일 뒤에 유해가 흩어진 상태로 땅에 떨어졌다고 합니다. 그때 알영 왕후도 죽었다고 전해집니다. 사로국 사람들이 왕을 묻어서 장례를 치르려고 했는데 큰 뱀이 방해하기에 결국 5개의 유해를 5개의 능에 각각 장사 지냈다고 합니다. 이것이 지금 경주에 있는 오릉五陵 입니다.

박혁거세의 뒤를 이어서 그의 아들인 남해南解가 왕이 되었습니다. 그는 '차차웅次次雄'이라고 불렸는데 '차차웅'은 제사장을 의미한다고 합니다. 즉 남해차차웅은 정치적 권한과 종교적 권한을 모두 가졌던 것입니다. 남해차차웅이 죽고 나서는 아들인 유리儒理가 왕이 되었습니다. 유리는 '이사금尼師今'이라고 불렸는데 '이사금'은 연장자 또는 후계자를 뜻한다고 합니다. 유리 이후로 18대 실성實聖까지 신라의 왕은 이사금으로 불리게 되었습니다. 유리이사금은 나라를 순행하고 힘든 자들을 구호하여 주었으며, 죄인을 사면해서 백성들의 민심을 다스렸습니다. 또한 낙랑과 화려華麗 같은 외부 세력을 막아서 사로국이 더욱 성장할 수 있게 했습니다.

신라의 건국 과정은 현실 역사와 신화가 어우러진 독특한 방식으로 국가의 뿌리를 신성하게 만들고, 구성원들이 공동체 의식을 키우는 데 큰 역할을 했습니다. 이후 박혁거세~유리이사금으로 이어지는 신라 초기 왕들의 재위는 사로국이 진한의 맹주가 되는 기반을 마련하는 기간이 되었습니다.

김수로와 형제들이 건국한 가야

　가야는 고대 한반도 남부에 존재했던 연맹 국가로 삼국에 포함되지는 않지만 삼국 시대의 한 축을 담당했던 나라입니다. 가야의 건국 신화는 주로 초기 가야 연맹을 이끌었던 금관가야의 시조인 김수로왕의 이야기를 중심으로 펼쳐지지만, 대가야 또는 주변 여러 가야국에 전해지는 신화와 전승도 함께 존재합니다. 이 글에서는 대표적인 가야 건국 신화들의 상징성, 역사적 의미를 살펴보겠습니다.

　금관가야의 시조 김수로왕 신화는 《삼국유사》〈가락국기〉에 기록되어 있습니다. 이 신화의 무대는 오늘날 경남 김해의 구지봉으로 '구지가龜旨歌'라는 고대의 노래와 함께 전해집니다. 옛날

김해 구지봉(국가유산포털)

김해 지방에는 아홉 마을의 우두머리인 구간九干들이 각자의 백성을 거느리고 살았으나, 나라의 중심이 없어 모두가 새 임금을 기다리고 있었습니다. 그런데 어느 날, 하늘에서 신령스러운 목소리가 들려왔습니다.

"너희가 진심으로 새 임금을 맞이하고 싶다면 구지봉에 모여 노래를 부르고 춤을 춰라."

구간과 백성들은 하늘의 계시대로 구지봉에 모인 다음 구지가를 부르며 하늘에 제사를 지냈습니다.

"거북아, 거북아, 머리를 내어라, 그렇지 않으면 너를 잡아서 구워 먹으리라."

그러자 하늘에서 황금빛 상자가 내려왔고, 그 안에는 여섯 개의 황금알이 있었습니다. 일정한 시간이 흐르자, 그 알에서 여섯 명의 사내아이가 태어났고, 가장 먼저 깨어난 아이가 바로 수로였습니다.

수로는 태어날 때부터 남달랐기에 곧 아홉 촌장의 백성으로부터 추대를 받아 가야의 첫 임금이 되었습니다. 수로왕은 국가의 기틀을 세운 뒤, 자신이 태어난 곳의 나라 이름을 가락국가야이라 짓고 수도를 김해로 삼았습니다. 나머지 다섯 알에서 태어난 아이들도 각각의 마을로 흩어져 다른 가야국의 왕이 되었다고 전해집니다. 이 신화는 곧 가야가 단일 국가가 아닌 여러 가야국의 연맹체로 시작되었음을 상징적으로 보여줍니다.

김수로왕 신화에서 하늘의 신탁, 구지가가 담은 종교적 내용, 알에서 태어난 시조 등은 고대 한반도에 널리 퍼진 건국 신화의 기본 구조와 같은 맥락입니다. 하늘에서 임금이 내려오고 주민들이 공손히 맞이하며 동물거북이과 알생명의 이미지가 어우러지는 점은 계통 및 혈통의 신성함, 자연과 인간, 그리고 신을 연결고리로 삼는 한국 고대의 무속적 세계관을 잘 나타냅니다. 특히 구지봉에서 하늘의 계시를 받고 노래와 춤으로 새 임금을 맞이하는 장면은 우리 민족 고유의 '신맞이' 굿과도 연결됩니다. 신화 속의 집단적 노래와 춤은 오늘날의 무속 굿과 유사하며, 국가의 신원을 신성한 의례로 시작함으로써 국가와 왕권의 신성성을 강조하고 있습니다.

금관가야의 김수로왕 설화와 더불어 대가야와 금관가야의 시조를 모두 아우르는 정견모주 설화도 가야 건국 신화의 한 종류입니다. 이 설화는 신라의 최치원이 쓴 〈석이정전〉이란 책에 실려 있습니다. 가야산 신령 정견모주와 하늘신 이비가의 결합으로부터 두 아들이 태어나는데, 형 뇌질주일은 대가야의 시조 이진아시왕이 되고, 동생 뇌질청예는 금관가야의 수로왕이 되었다는 내용이 정견모주 설화입니다. 이 설화는 가야가 하늘천손과 산토착의 결합임을 이야기하고, 가야 각 왕조가 혈연적으로도 이어져 있음을 상징합니다. 대가야 신화는 불교적 색채, 중국 고대 전승 요소 등이 뒤섞여 있습니다. 한국의 무속적 색채가 눈에 띄는 김수로왕 설화와는 차이가 있답니다. 또한 지역적 특성을 더 강조한다는 점에서 가야 국가들이 중앙 집권적 통일체가 아닌 각기 독립적이었음을 보여줍니다.

가야 건국 설화에서 빼놓을 수 없는 또 하나의 이야기는 수로왕과 허황옥許黃玉 왕후의 결혼 신화입니다. 허황옥은 멀리 인도의 아유타국 공주로, 하늘의 계시를 받고 배를 타고 김해까지 와서 수로왕과 혼인했다고 전해집니다. 허황옥이 실제로 인도인이냐 아니냐에 대해서는 지금도 많은 논란이 있습니다. 다만 현재는 허황옥이 인도인이 아닐 것이라는 주장이 힘을 얻고 있습니다. 허황옥이 살아있을 당시에 인도 아유타국이 없다는 점과 가야인의 해골들에서 나온 DNA를 검사한 결과, 인도인 DNA 대신에 다른 남방 지역 인종의 DNA가 많이 나오기 때문입니다. 그렇지만 이 이야기는 가야가 바다를 통한 국제 교류가 활발했으며, 나라의 문을 열고 다양한 문명을 받아들였다는 상징적 의미를 담고 있습니다.

가야의 건국 신화는 거대한 하나의 국가와 세력이 아닌, 여러 세력·문화를 포용하며 다양한 민족과 집단이 세운 다양성이 강조된 나라라는데 의의가 있습니다. 다양한 민족과 세력들은 연합과 융합을 바탕으로 성장했고, 이는 가야 건국 신화가 다양한 내용으로 혼재하는 모습을 통해서 알 수 있습니다. 또한 김수로왕 설화에서 가장 먼저 알에서 깨어난 수로가 가락국금관가야의 시조가 되고, 나머지 다섯이 다른 가야국의 왕이 되었다는 설정은 연맹 국가 구조를 보여주는 상징이라고 할 수 있습니다. 이처럼 가야의 건국 신화들은 불교, 무속적 색채, 가야의 다양성, 해양성과 연맹 국가라는 특수성을 모두 담고 있는 중요한 설화들입니다.

05

부여와의 전쟁에서 승리한 대무신왕

고구려 제3대 왕인 대무신왕大武神王은 고구려 건국 초기, 국가의 생존을 넘어 팽창의 시대를 연 강력한 정복 군주였습니다. 대무신왕은 본명이 무휼無恤이며, 유리왕의 셋째 아들이었습니다. 유리왕의 첫째 아들인 도절이 일찍 죽고, 둘째 왕자인 해명이 자결하면서 무휼은 유리왕의 뒤를 이어서 왕이 되었습니다. '위대한 무예의 신'이라는 시호에서 알 수 있듯이 그의 통치 동안 고구려는 많은 전쟁에서 승리하였습니다. 이 시기에 고구려는 숙적이었던 부여를 굴복시키고 주변의 여러 세력을 복속시켜 국가의 영토를 크게 확장하며 중앙 집권적 통치 체제의 기틀을 다졌습니다.

대무신왕은 즉위 이전인 태자 시절부터 군사적 재능을 드러냈습니다. 《삼국사기》에 따르면 유리왕 32년13년, 부여가 침공해 왔을 때 10대 소년이었던 무휼은 직접 군사를 이끌고 복병 작전을 구사하여 부여군을 격퇴하는 전과를 올렸습니다. 이 공으로 무휼은 2달 뒤에 태자에 오르게 되었습니다. 왕위에 오른 뒤 대무신왕은 사면령을 내려서 민심을 잡고, 동명왕묘를 세워서 고구려 왕가의 정통성을 세웠습니다. 그의 이러한 행적은 모두 대외 원정을 위한 내부 안정책이었습니다.

마침내 대무신왕의 칼끝은 고구려의 가장 큰 위협이었던 부여를 향했습니다. 고구려와 부여의 대결은 단순한 영토 확장을 넘어서는 것이었습니다. 두 국가의 대결은 동명성왕주몽 시절부터 이어진 질긴 악연과 생존의 위협을 끝내기 위한 숙명적인 싸움이었습니다. 고구려의 건국자인 주몽이 부여에 있던 시절에 그를 괴롭혔던 금와왕의 아들 대소는 왕위에 오르면서 고구려에 끊임없는 위협을 가했습니다. 2대 유리왕 시절에는 부여가 고구려에 볼모를 요구하며 굴복을 강요했고, 대규모 군사 침공을 감행하기도 했습니다. 이처럼 부여는 고구려의 성장을 가로막는 가장 큰 장애물이었습니다.

대무신왕 3년20년, 대소왕은 '머리는 하나인데 몸이 둘인 붉은 까마귀'를 고구려에 보내며 이는 두 나라를 아우를 징조, 즉 고구려를 병합하겠다는 상징물이라며 압박했습니다. 그러나 대무신왕은 "검은색은 북방의 색인데 변하여 남방의 색이 되었다. 붉은 까마귀는 상서로운 징표인데 왕이 그걸 얻었으되 갖지 않고 우

수렵도

리에게 보냈으니, 두 나라의 존망은 아직 알 수 없다"라고 응수하며 팽팽한 기개로 맞섰습니다.

마침내 대무신왕 4년21년 12월에 대무신왕은 부여 정벌을 위한 군사를 일으켰습니다. 특히 부여로 진군하면서 괴유怪由, 마로麻盧라는 용맹한 장수들도 얻었습니다. 이듬해인 22년 2월에 고구려군은 진흙 수렁에 빠지는 등 어려운 상황 속에서도 진군을 계속했고 부여군과 마주하였습니다. 괴유의 활약에 힘입어 고구려군은 마침내 부여군을 격파하고 대소왕의 목을 베는 데 성공했습니다. 수십 년간 이어진 부여와의 악연을 끊고 마침내 부여와의 전쟁에서 승리한 것입니다. 고구려는 건국 이래 최대의 위협을 제거하고 만주 지역의 새로운 강자로 부상할 발판을 마련할 수 있었습니다.

비록 대소왕 사후에도 부여 세력이 곧바로 와해하지는 않았지만, 왕을 잃은 부여는 급격히 분열되고 쇠락의 길을 걸었습니다. 반면 고구려는 오랜 위협을 제거하고 자신감을 얻었으며, 만주 일대에서 본격적인 팽창 정책을 추진할 수 있는 동력을 확보했습니다. 대무신왕의 대부여전 승리는 고구려가 건국 초기의 불안정한 상태를 극복하고 강력한 고대 국가로 나아가는 결정적인 전환점이 된 역사적 사건이었습니다.

부여 정벌 이후에도 대무신왕의 정복 전쟁은 멈추지 않았습니다. 서기 26년에는 압록강 유역의 소국인 개마국蓋馬國 을 공격하여 복속시키고 그 땅을 군현으로 삼았으며, 곧이어 구다국句茶國의 항복을 받아냈습니다. 이는 고구려가 주변 소국들을 병합하며 영역 국가로 성장하는 중요한 과정이었습니다. 또한 내부적으로는 좌보左輔와 우보右輔 제도를 두어 국정 운영의 효율성을 높이고, 탐학한 관리들을 내쫓는 등 왕권을 강화하고 국가의 기강을 바로 세우려 노력했습니다.

고구려를 확장해 가던 대무신왕은 서쪽의 한나라와도 충돌했습니다. 서기 28년, 후한 요동군의 태수가 고구려를 공격했습니다. 대무신왕은 여러 신하를 모아 싸우고 지키는 계책을 물었습니다. 이에 을두지乙豆智가 "지금 한의 병력은 멀리서 와 싸우고 있는데, 그 날카로운 기세를 당해낼 수 없습니다. 대왕께서는 성을 닫고 스스로 굳게 지키다 그 군사들이 약해지기를 기다려 나가 공격하면 됩니다."라고 하였습니다. 이 말을 따른 대무신왕은 수십일을 버티다가 한의 장수를 좋은 말로 설득해서 돌아가게 했습니다. 이렇게 고구려는 한나라와의 전쟁도 지혜롭게 해결했습니다.

이후 대무신왕은 32년에 낙랑국樂浪國을 정벌하였습니다. 낙랑국을 정벌하는 과정에서 대무신왕의 아들 호동 왕자가 낙랑국왕 최리의 딸과 혼인하고, 이를 이용해서 낙랑국을 점령하는 데 공을 세웠습니다. 하지만 나라를 빼앗기는 데 도움을 줘버린 낙랑공주는 최리에게 죽임을 당하고 맙니다. 호동 왕자 역시 이후에 고구려에서 모략을 당해서 자결해 버리고 맙니다. 결국 둘의 사랑 이야기는 비극으로 끝나고 말았습니다. 이때, 대무신왕이 점령한 낙랑국에 대해서는 많은 학설이 있는데, 현재는 낙랑군과는 다른 나라이며 한반도의 서북부에 있었다고 보고 연구자들이 많습니다. 낙랑국을 정벌함으로써 고구려는 한반도 서북부로 진출할 수 있는 교두보를 마련하였습니다. 이처럼 대무신왕의 대외 정복은 한 왕의 전공戰功에 그치지 않고, 고구려가 강대한 군사력을 바탕으로 만주 지역의 강대국으로 성장할 수 있는 역사적 '전환점'이었습니다.

06

태조왕의 왕호에 담긴 수수께끼

　고구려의 제6대 왕인 태조왕太祖王 은 고구려 역사에서 매우 중요한 분기점을 이룬 군주였습니다. 그의 통치기는 단순히 한 시대를 이끌었던 것을 넘어서 국가의 근본적인 체계를 재편하고 이후 수백 년간 이어질 강력한 왕조를 확립한 시기였습니다. 게다가 시조가 아님에도 불구하고 나라의 '위대한 시조'를 의미하는 '태조太祖'라는 왕호를 받았다는 사실은 그의 통치가 갖는 역사적 무게감을 상징적으로 보여주고 있습니다.

　태조왕이 즉위하기 이전의 초창기 고구려는 완전한 중앙집권 국가라기보다는 5개의 강력한 부족 또는 씨족5부 이 연합한 연맹 왕국의 성격이 강했습니다. 당시 왕은 절대 군주라기보다 유력 귀족 회의를 대표하는 '족장 중의 으뜸'에 가까웠으며, 왕위 계승 역시 부자 상속의 원칙이 확립되지 않아 매우 불안정했습니다. 1~3대인 주몽~대무신왕까지는 《삼국사기》의 기록에서는 부자 상속이 되었습니다. 하지만 4대 민중왕은 대무신왕의 동생으로 형제 상속이 되었고, 5대 모본왕은 조카가 작은아버지의 자리를 이어받은 사례였습니다.

이처럼 고구려 초기에는 형제 상속이나 방계 승계가 종종 이루어졌고, 이는 왕위를 둘러싼 귀족 세력 간의 갈등이 끊이지 않았음을 의미합니다. 특히 포악한 성정으로 원성이 자자했던 모본왕이 신하인 두로杜魯에게 시해당하는 사건은 당시 왕권이 얼마나 취약했는지를 극적으로 보여주는 사례였습니다. 이러한 극심한 혼란 속에서 7세의 어린 나이로 왕위에 오른 이가 바로 태조왕이었습니다. 그의 본명은 궁宮이며, 유리왕의 아들인 재사再思의 아들로, 모본왕의 조카뻘이었습니다. 국가적인 위기 상황에서 어린 왕을 대신해 그의 어머니는 재위 초에 섭정하며 국정을 이끌었습니다.

태조왕의 치세가 갖는 첫 번째 역사적 의미는 바로 특정 성씨인 계루부桂婁部 고씨의 왕위 독점 세습 체제를 확립했다는 점입니다. 이와 관련된 것이 '태조'라는 왕호입니다. 본래 '태조'는 나라를 처음 세운 시조에게 바쳐지는 묘호廟號입니다. 묘호는 임금이 죽은 뒤에 생전의 공덕을 기리어 붙이는 이름이랍니다. '태조'는 고려의 왕건이나 조선의 이성계처럼 왕조의 창업주에게만 허락되는 영예로운 묘호입니다. 고구려의 시조는 명백히 동명성왕주몽인데 6대 왕에게 이 칭호가 붙은 것은 매우 이례적인 일입니다. 게다가 태조왕은《삼국사기》에서는 국조왕國祖王이라고 불리기도 한다고 적혀있습니다.

학계에서는 이 수수께끼를 풀기 위해 다양한 해석을 내놓고 있습니다. 현재 유력한 학설은 비록 주몽이 고구려라는 나라를 '건국'했지만, 태조왕은 이전의 불안정한 연맹 체제를 종식하고 강력한 왕권을 중심으로 한 '왕조 국가 체제'를 실질적으로 재창건했기 때문이라고 설명합니다. 즉, 그는 고구려라는 국가의 '제2의 시조' 또는 '왕조의 실질적인 창업 군주'로 후대에 인식되었다는 것입니다. 또 다른 학설로는《삼국유사》에서 유리왕, 대무신왕, 민중왕의 성을 해씨라고 했다는 점, 모본왕의 이름이 해우解憂, 주몽 아버지의 이름이 해모수解慕漱라는 기록을 바탕으로 태조왕 이전의 고구려 왕들이 해解 씨였다가 태조왕부터 고高 씨로 바뀌었다는 '해씨 고구려설'도 있습니다. 태조왕이라는 이름을 부여받은 정확한 원인을 지금으로서는 알 수 없습니다. 그렇지만 모본왕까지의 고구려 왕들이 5부 연맹의 대표자 성격이 강했다면, 태조왕 대에 이르러 비로소 한 씨족이 왕위를 독점하는 진정한 의미의 왕조 국가가 시작되었음을 '태조'라는 칭호가 보여주고 있음은 확실합니다.

태조왕과 관련해서 또 하나 재밌는 사실은《삼국사기》에 기록된 그의 재위 기간이 93년이고, 119세로 사망하였다는 믿기 어려운 기록이 남아있다는 점입니다. 생물학적으로 태조왕의 수명은 믿기 어려워서, 일부에서는 '태조왕'이라는 이름 아래 그의 아우

안악 3호분의 묘주도

인 차대왕, 신대왕까지 여러 왕의 업적이 통합되었을 가능성을 제기하기도 합니다. 이러한 학설은 그만큼 태조왕의 시대가 고구려 역사에서 거대한 전환기였음을 간접적으로 알려주는 것입니다. 우리가 태조왕의 재위 기간과 수명을 자세하게 분석하기는 어려우니,《삼국사기》의 기록을 믿으면서 그의 업적을 더 살펴보겠습니다.

태조왕은 90년이 넘는 긴 재위 동안 활발한 정복 활동을 통해 왕권을 비약적으로 강화했습니다. 즉위 4년째인 56년에는 동쪽의 옥저沃沮를 정벌하여 공물을 바치게 했고, 이후 동예東濊 지역에까지 영향력을 확대하여 동해안의 풍부한 해산물과 소금 등 귀한 자원을 확보했습니다. 이는 고구려의 경제력을 크게 향상한 결과를 가져왔습니다. 또한 이 자원들이 5부 귀족들에게 분배되는 것이 아니라 왕실에 직접 귀속됨으로써 왕의 독자적인 경제 기반을 마련해 주었습니다.

재위 53년105에는 한나라의 요동군을 공격하였고, 이후 현도군도 여러 차례 공격하였습니다. 또한 때로는 선비족 같은 북방 민족과 연합하여 한나라를 공격하는 등 능숙한 외교술과 군사적 압박을 병행했습니다. 이러한 끊임없는 정복 전쟁의 성공은 왕에게 군사 지휘권을 집중시켰고, 왕실의 경제적, 군사적 기반을 다른 귀족 세력이 감히 넘볼 수 없는 수준으로 올려놓았습니다. 다만 이 과정에서 태조왕의 동생인 수성遂成이 많은 전공을 세웠고, 점점 태조왕은 수성에게 군사와 나랏일을 맡겼습니다. 결국, 이러한 선택으로 인해서 수성은 노골적으로 왕위를 노리게 되었습니다. 이미 노쇠한 태조왕은 수성에게 왕위를 넘기고 말았습니다. 이후 무시무시한 숙청의 시대인 차대왕次大王의 재위가 시작됩니다.

태조왕은 어린 나이에 즉위하여 숱한 도전을 극복하고, 활발한 정복 사업을 통해 왕권을 강화했습니다. 이를 바탕으로 계루부 고씨의 왕위 세습을 확립하여 고구려를 강력한 고대 국가의 반열에 올려놓았습니다. 말년에는 왕위 계승을 둘러싸고 동생인 차대왕과의 갈등 속에서 왕좌에서 물러나는 비극을 겪기도 했지만, 그가 닦아놓은 국가의 초석은 흔들리지 않았습니다. 그가 받은 '태조'라는 칭호는 단순한 이름이 아니라 고구려가 연맹 왕국의 단계를 벗어나 중앙집권적 영토 국가로 새롭게 태어났음을 알리는 역사적인 선언이었습니다.

진대법을 시행한 고국천왕

고구려 제9대 왕인 고국천왕故國川王은 고구려의 내적 기틀을 반석 위에 올려놓은 위대한 개혁 군주로 평가받고 있습니다. 그의 시대는 활발한 정복 전쟁보다는 국가 시스템을 정비하고 백성의 삶을 안정시키는 데 집중했던 시기였습니다. 특히 한국사 최초의 사회 복지 제도로 알려진 진대법賑貸法의 시행은 그의 통치가 지향했던 바를 명확히 보여주는 핵심적인 업적이며, 고구려가 강력한 중앙집권국가로 나아가는 결정적인 계기를 마련했습니다.

고국천왕이 즉위할 무렵 고구려는 중대한 전환기에 놓여 있었습니다. 태조왕의 업적 덕분에 고구려는 중앙집권국가로 성장

쌍영총의 공양도

했지만, 다음 왕인 차대왕의 폭정으로 인해 국가가 매우 혼란스러운 상황이었습니다. 다행히 태조왕의 또 다른 동생 신대왕이 국상 명림답부明臨荅夫의 도움을 받아서 형인 차대왕을 몰아내고 왕위에 올랐습니다. 이후 신대왕과 명림답부는 고구려를 안정시키고, 한나라의 공격을 막아내면서 국가의 성장을 도모했습니다.

신대왕의 뒤를 이어서 왕이 된 고국천왕은 즉위한 지 약 9개월 만에, 고구려의 첫 수도였던 졸본을 직접 찾았습니다. 그곳에서 그는 시조 동명성왕의 사당에 제사를 지냈습니다. 이 행차는 단순히 조상에게 제사를 지내는 것을 넘어서 자신이 시조의 정통성을 계승한 왕임을 널리 알리는 중요한 정치적 행위였습니다. 특히 당시는 부자 상속과 형제 상속이 난립하던 시기였기에 귀족 세력을 누르고 왕실의 권위를 세우려는 강력한 의지를 상징적으로 보여준 것입니다. 이후 고국천왕은 한나라가 공격해 오자, 직접 출전해서 물리치는 성과를 냈습니다. 권위와 전공을 세운 고국천왕의 왕권은 더욱 강해지게 됩니다.

그런데 이런 고국천왕의 왕권에 도전한 이들이 있었습니다. 바로 고국천왕의 왕후 우씨의 친정 세력이자 전통 귀족인 연나부의 어비류於畀留, 좌가려左可慮 등이었습니다. 그들은 왕후의 친척이라는 명분으로 권력을 남용했고, 이에 고국천왕이 그들을 벌하려고 하자 반란을 일으켰습니다. 고국천왕은 어비류, 좌가려 등이 주도한 이 반란을 단호하게 진압했습니다. 또한, 고국천왕은 기존의 부족적 성격이 강했던 5부 체제를 행정적 성격의 5부로 개편했습니다. 이전의 5부가 각 부족의 자치적인 영역을 기반으로 했다면, 새로운 5부는 동부, 서부, 남부, 북부, 중부와 같이 방위를 기준으로 한 행정 구역으로 재편되었습니다. 이는 부족장 중심의 지방 통치 구조를 해체하고, 국왕이 파견한 관리가 직접 지방을 다스리는 중앙집권적 지방 통치 제도를 확립했음을 의미합니다.

왕권 안정화에 성공한 고국천왕은 곧이어 국가의 바탕인 백성을 구제하기 위한 획기적인 정책을 추진했습니다. 이것이 바로 그의 가장 위대한 업적인 진대법입니다. 이 제도의 시행에는 국상 을파소乙巴素의 역할이 결정적이었습니다. 고국천왕은 나부를 개편한 후에 인재 천거를 받았습니다. 그는 신분이나 출신에 얽매이지 않고 인재를 등용하고자 했습니다. 이때 동부의 안류晏留라는 인물이 을파소를 천거하였습니다. 왕은 농사도 짓지 않고 벼슬도 하지 않으며 숨어 지내던 을파소의 현명함을 알아보았습니다. 그리고 그를 국상國相이라는 최고 관직에 임명했습니다. 을파소의 등용은 '훌륭한 임금은 어진 사람을 등용하면서 방법을 가리지 않고, 그를 등용하면 의심하지 않는다'라는 성군의 사례를 그대로 시행한 것이었습니다.

을파소는 왕의 절대적인 신임 아래에서 굶주리는 백성을 구제하고 나라의 근본을 바로 세울 방안으로 진대법을 제안했습니다. 진대법은 춘궁기인 매년 3월부터 7월까지 관청의 곡식을 백성에게 빌려주고, 가을 수확기인 10월에 갚게 하는 제도였습니다. 이는 단순히 굶주린 백성을 구호하는 차원을 넘어, 고리대로 백성을 착취하던 귀족들의 경제적 기반을 약화하고 백성을 국가의 통제 아래 두려는 고도의 정치적 계산이 담긴 정책이었습니다. 당시 고구려는 5부의 확립 등으로 이전의 나부체제가 점차 해체되던 시기였습니다. 이에 따라 각 나부를 구성하는 읍락의 공동체 성격이 약화하고, 경제적으로 빈곤한 하층민들은 공동체의 보호를 받기 힘들어지는 상황이었습니다. 이때 고국천왕은 하층민들이 노비 등 지배 세력의 예속민으로 전락하는 것을 방지하기 위해 진대법이라는 빈민 구제책을 시행한 것입니다.

이 제도를 통해 백성들은 귀족에게 예속되지 않고 안정적으로 생업에 종사할 수 있게 되었으며, 국가는 안정적인 조세 수입원과 군역 자원을 확보하게 되었습니다. 백성의 지지를 얻은 왕권은 더욱 강화되었고, 귀족 세력은 자연스럽게 위축될 수밖에 없었습니다. 이처럼 진대법은 단순한 구호 정책이 아니라, 백성을

국가의 품으로 끌어안아 왕권을 강화하고 국가 통합을 이룬 고
도의 통치술이었으며, 시대를 앞서간 사회 정책의 모범이었습
니다.

08

산상왕의 즉위와 형사취수혼

　197년, 고구려의 기틀을 다졌던 고국천왕이 후사 없이 세상을 떠나자, 고구려 왕실은 거대한 폭풍의 눈 속에 놓이게 되었습니다. 왕위를 이을 적통 아들이 없는 상황에서 다음 왕위는 고국천왕의 동생 중 한 명에게 돌아가야 했습니다. 당시 고국천왕에게는 발기發岐, 연우延優, 계수罽須라는 세 명의 동생이 있었습니다. 규칙대로라면 첫째 동생인 발기가 왕위를 계승하는 것이 순리였습니다. 하지만 역사는 이대로 흐르지 않았습니다. 고국천왕의 죽음 직후 벌어진 하룻밤의 은밀한 사건은 왕위 계승의 물줄기를 완전히 다른 곳으로 돌려놓았습니다. 그 중심에는 왕후 우씨于氏와 그녀가 선택한 남자, 연우가 있었습니다. 이들의 결합은 고구려 고유의 혼인 풍습인 '형사취수혼兄死娶嫂婚'을 매개로 이루어졌지만, 그 이면에는 치밀한 정치적 계산과 생존을 위한 권력 투쟁이 숨겨져 있었습니다.

사건의 발단은 왕후 우씨의 대담한 행보에서 시작되었습니다. 고국천왕이 죽자, 우씨는 왕의 죽음을 비밀에 부치고 한밤중에 은밀히 궁을 빠져나와 시동생인 발기의 집을 찾아갔습니다. 그녀는 발기에게 "왕에게 후손이 없으니, 당신이 마땅히 뒤를 이어야 합니다."라고 말했습니다. 자신을 아내로 받아들이고 왕위에 오르라는 정치적 제안을 하는 것이었습니다. 하지만 발기는 왕이 죽었다는 것을 알지 못했고 순리대로 해도 자신이 왕이 될 것이기에 우씨의 제안을 거절했습니다. 그는 "하물며 부인이 밤에 돌아다니는 것이 어찌 예의라 하겠습니까?"라며 우씨에 면박을 주기까지 했습니다.

우씨는 수치심을 느끼면 즉시 발길을 돌려 둘째 시동생인 연우의 집으로 향했습니다. 연우의 태도는 발기와는 정반대였습니다. 그는 의관을 갖추고 우씨를 정중하게 맞이했으며, 술자리를 베풀어 극진히 대접했습니다. 심지어 고기를 썰다가 손가락을 베어 우씨의 동정심을 유발하기도 했습니다. 우씨는 자신의 치마끈을 풀어 연우의 상처를 감싸주고, 마침내 본심을 드러냈습니다. "밤이 깊어서 예기치 못한 일이 있을까 염려되니, 그대가 나를 궁까지 바래다주시오."라고 말입니다. 이는 연우를 다음 왕으로 선택하겠다는 선언이었습니다. 연우는 그날 밤 우씨를 궁으로 데려갔고, 다음 날 우씨는 선왕의 왕명으로 속여 연우를

쌍영총의 부부도

왕으로 옹립했습니다. 그가 바로 고구려 제10대 산상왕山上王 입니다.

이 왕위 계승 과정에서 가장 주목해야 할 점은 바로 '형사취수혼'의 정치적 기능입니다. 형사취수혼은 형이 죽으면 동생이 형수를 아내로 맞이하는 북방 유목 민족의 풍습으로 본래는 과부가 된 형수와 그 재산을 보호하고 노동력을 보존하기 위한 경제적 목적이 강했습니다. 하지만 산상왕의 즉위 과정에서 이 풍습은 왕위 계승의 정당성을 확보하고 정치 세력을 결집하는 핵심 도구로 기능했습니다.

우씨가 굳이 형사취수혼을 고집한 이유는 그녀의 친정인 연나부 세력의 권력 유지 때문이었습니다. 연나부는 고구려 건국 초기부터 왕비를 배출해 온 강력한 귀족 집단이었습니다. 만약 발기가 다른 가문의 여인과 혼인하여 왕이 된다면 연나부의 외척 지위는 상실될 위기에 처합니다. 따라서 우씨는 자신이 계속 왕후의 자리를 지킴으로써 가문의 권력을 유지하려 했고, 이를 위해 형사취수혼이라는 관습을 이용하여 차기 왕을 선택할 권한을 행사한 것입니다. 연우 역시 왕위 계승 서열에서 밀려나 있었지만, 강력한 연나부 세력의 지지를 얻기 위해 우씨와의 결합을 선택했습니다. 즉, 산상왕의 즉위는 연우의 개인적 야망과 우씨 가문의 정치적 이해관계가 맞아떨어진 '정치적 거래'의 산물이었습니다.

발기의 반발은 당연한 순서였습니다. 왕위를 빼앗긴 발기는 "형이 죽으면 아우가 계승하는 것이 예법이거늘, 너연우 는 차례를 어기고 왕위에 올랐다!"라고 비난하며 군사를 일으켰습니다. 하지만 그를 따르는 사람이 없었습니다. 결국, 발기는 분노를 이기지 못하고 요동의 군벌 공손탁公孫度에게 군사를 빌려 조국을 공격하는 최악의 선택을 하고 말았습니다. 하지만 발기의 군대는 고국천왕의 세 번째 아우인 계수가 이끄는 고구려군에게 패하였습니다. 발기는 "연우 형님께서 나라를 양보하지 않은 것은 비록 의롭지 못한 일이지만 형님마저 한때의 분노로 우리의 나라를 멸망시키려 하니 이는 무슨 뜻입니까?"라는 계수의 말에 부끄러움을 느끼고 자결했습니다.

산상왕의 즉위는 고구려 왕위 계승 원칙에 중대한 변화를 가져왔습니다. 이전까지 고구려는 형제 상속과 부자 상속이 섞여서 이루어졌으나, 산상왕 이후부터는 부자 상속이 확고하게 자리 잡기 시작했습니다. 이는 산상왕이 형제 상속의 분쟁을 직접 겪으며 왕권 안정의 필요성을 절감했기 때문일 것입니다. 또한, 우씨와의 사이에서 아들을 얻지 못한 산상왕이 두 번째 부인인 소후小后를 통해 아들동천왕을 얻고 그를 태자로 책봉한 과정은 왕위 계승에서 모계의 영향력보다 부계 혈통의 정통성이 더욱 중요해졌음을 보여줍니다.

산상왕의 즉위와 형사취수혼은 고구려 고대사에서 가장 극적이면서도 정치적인 사건 중 하나였습니다. 이들의 결합은 옛날의 관습과 새로운 정치 질서가 충돌하고 타협하는 과정이었습니다. 형사취수혼은 산상왕 대를 거치며 점차 사라지거나 변형되었지만, 이 사건은 고구려가 강력한 중앙집권국가로 나아가는 과정에서 겪어야 했던 치열한 권력 투쟁의 단면을 생생하게 보여주었습니다.

09

위나라와 맞서 싸운 동천왕

고구려 제11대 왕인 동천왕東川王의 시대에는 고구려 역사상 가장 치명적인 국가적 위기 중 한 사건이 발생했습니다. 동천왕은 중국에 새롭게 등장한 강대국 위魏나라의 대대적인 침공에 맞서 국가의 존망을 걸고 싸워야 했습니다. 비록 수도가 함락되고 왕이 쫓기는 수모를 겪었지만, 절체절명의 위기 속에서도 절대 굴복하지 않고 나라를 지켜낸 그의 투쟁은 고구려의 강인한 저력을 보여주는 상징적인 역사로 남아 있습니다.

동천왕이 즉위할 무렵에 중국은 후한이 멸망하고 위, 촉, 오 세 나라가 패권을 다투고 있었습니다. 유비, 관우, 장비가 등장하는 삼국지의 시대가 이 시기였습니다. 당시 고구려는 요동 지역에

덕화리 고분군의 천정 벽화

서 독자적인 세력을 구축하고 있던 공손씨公孫氏 정권을 견제하기 위해서 위와 우호적인 관계를 맺는 외교 정책을 펼치고 있었습니다. 하지만 238년, 위의 사마의司馬懿가 이끄는 대군이 요동을 정벌하고 공손씨 세력을 멸망시키면서 상황은 급변했습니다. 공손씨라는 완충 지대가 사라지고 고구려가 중국 최강국인 위와 직접 국경을 맞대게 된 것입니다. 팽팽한 긴장감 속에서 양국의 충돌은 피할 수 없는 운명이 되었습니다. 전쟁의 서막은 고구려가 먼저 열었습니다. 242년, 동천왕은 위의 영토인 서안평西安

西을 선제공격했습니다. 서안평은 지금의 중국 단둥시 일대로 추정하고 있습니다. 이러한 동천왕의 전략은 요동 지역의 혼란을 틈타 세력을 확장하려는 의도였습니다. 하지만 결과적으로 위의 침공에 결정적인 명분을 제공하고 말았죠.

244년, 위나라의 유주자사幽州刺史 관구검毌丘儉이 대군을 이끌고 고구려를 침공하였습니다.《삼국사기》에 따르면 동천왕은 직접 보병과 기병 2만 명을 이끌고 비류수沸流水 강가에서 위군을 맞아 싸워 3천여 명을 죽인 대승을 거두었습니다. 또한 양맥곡梁貊谷에서 다시 싸워서 또 3천여 명을 죽였다고 합니다. 이 두 번의 승리에 고무된 동천왕은 "위의 대병력이 도리어 우리의 적은 병력보다 못하고, 관구검이란 자는 위의 명장이지만 오늘은 목숨이 내 손안에 있구나"라며 자만심을 드러냈습니다.

결국, 이러한 동천왕의 태도가 패배의 씨앗이 되었습니다. 동천왕은 철기병 5천 명을 이끌고 관구검군을 추격했습니다. 전열을 가다듬은 관구검은 방진을 짜서 고구려 기병에 대응했습니다. 양맥곡에서 벌어진 3차 전투에서 관구검군은 고구려군을 상대로 압도적인 승리를 거두었고, 이 전투에서 고구려는 1만 8천여 명의 병사를 잃는 참패를 당했습니다. 동천왕은 기병 1천여 기만을 거느리고 압록원으로 도망갈 수밖에 없었습니다.

승기를 잡은 위군은 파죽지세로 고구려의 수도인 환도성丸都城까지 진격했습니다. 변변한 저항조차 하지 못하고 수도가 함락되는 치욕 속에서 동천왕은 남옥저南沃沮 지역으로 필사적인 피난길에 올랐습니다. 동천왕이 남옥저로 도망치던 동안에 군사들은 거의 흩어졌고, 동부의 밀우密友 만이 홀로 옆을 지키고 있었습니다. 밀우는 남아있는 군사들을 모아서 위나라 군과 싸웠고, 동천왕은 이 틈을 타 샛길로 달아나서 군사를 재정비할 수 있었습니다. 다행히 밀우는 남부의 유옥구劉屋句 가 구출해 오는 데 성공하였습니다.

한편, 관구검은 주인 없는 환도성을 철저히 파괴하고 자신의 공적을 기록한 비석인 〈관구검기공비〉를 세웠습니다. 그리고 위나라의 공격은 여기서 끝나지 않았습니다. 이듬해인 245년, 위는 다시 장수 왕기王頎 를 보내 도망친 동천왕을 끝까지 추격하게 했습니다. 당시 동천왕이 있던 남옥저 지역은 지금의 북한 함흥 일대로 추정하고 있습니다. 위나라군이 개마고원을 뚫고 환도성->남옥저까지 추격해 왔던 것입니다.

위군이 남옥저까지 쫓아오자, 동천왕은 계책이 다하고, 기세가 꺾여서 대응하지 못하는 상황이었습니다. 이때 동부의 유유紐由 가 나섰습니다. 그는 죽음을 각오하고 거짓으로 위군에 항복한 뒤, 음식을 대접하는 척하며 접근해 적장을 암살하고 자신도 그 자리에서 전사했습니다. 유유의 희생으로 위군은 혼란에 빠졌고, 동천왕은 군대를 세 길로 나눠서 공격해 가까스로 위기를 모면할 수 있었습니다.《삼국사기》에서 위군의 침략은 이렇게 종료됩니다. 다만《삼국지》에서는 동천왕이 치구루置溝婁 라고 불리는 북옥저北沃沮 로 다시 도망갔다고 합니다. 두 책의 내용을 합쳐보면 동천왕이 남옥저 지역에서 유유의 계책으로 위군의 추격을 뿌리치고, 북옥저로 도망가면서 살아남았다고 생각해 볼 수 있겠네요.

두 차례에 걸친 위나라와의 전쟁으로 고구려는 건국 이래 가장 큰 피해를 보았습니다. 수도는 잿더미가 되었고 수많은 백성이 목숨을 잃거나 포로로 끌려갔습니다. 국가의 기반이 송두리째 흔들리는 위기 속에서 동천왕은 247년, 폐허가 된 방어성 환도성을 버리고 평지성인 국내성 國內城 으로 거처를 옮겨 국가 재건에 착수했습니다. 비록 동천왕의 시대는 패배와 시련으로 가득했지만, 그의 역사는 결코 실패로만 기록되지 않습니다. 당대 최강국의 침략 앞에서 수도를 잃고 쫓기는 신세가 되었음에도 끝까지 항전하여 나라의 명맥을 지켜냈기 때문입니다. 유유와 밀우, 유옥구 같은 충신들의 희생과 백성들의 끈질긴 저항은 고구려라는 국가 공동체의 강한 결속력과 불굴의 정신을 보여주었습니다.

10

백제의 기틀을 마련한 고이왕

　백제의 제8대 왕인 고이왕古爾王은 국가의 운명을 바꾼 위대한 설계자였습니다. 그가 왕위에 오르기 전까지 백제는 아직 마한의 여러 소국 중 하나에 머물러 있었으며, 완전한 고대 국가의 체계를 갖추지 못한 연맹 왕국 단계에 있었습니다. 하지만 고이왕은 50년이 넘는 긴 재위 동안 강력한 개혁을 통해 백제를 중앙 집권 체제의 고대 국가로 만들었습니다.

　고이왕 즉위 이전의 백제는 매우 혼란스러운 상황이었습니다. 고이왕 이전의 왕은 사반왕沙伴王으로 고이왕의 조카였습니다. 《삼국사기》에서는 사반왕이 왕위를 계승했지만, 나이가 너무 어려서 정치를 할 수 없었다고 합니다. 이 때문에 사반왕의 큰아버지인 고이왕이 왕위에 올랐다고 설명합니다. 그런데《삼국유사》에서는 사반왕이 폐위되었다고 얘기하고 있습니다. 이 내용을 바탕으로 고이왕이 반란을 일으켜 왕위에 앉았다고 주장하는 연구자들도 있습니다.

더 나아가서 고이왕 때에 백제의 왕족 계통이 바뀌었다고 분석하기도 합니다. 5대 초고왕계에서 고이왕 이후 책계왕, 분서왕, 계왕에 이르기까지 약 70년간 왕위를 차지하는 고이왕의 후손들이 방계로서 왕위에 오른 것입니다. 이후 11대 비류왕, 그의 아들인 13대 근초고왕이 즉위하면서 초고왕계가 왕실의 정통성을 완전히 회복했다는 해석이랍니다. 이렇듯 고이왕이 왕위에 오른 과정과 결과에 대한 해석은 다양하여서 정확한 사실을 지금까지는 밝힐 수 없습니다. 어쨌든 확실한 것은 당시 백제 왕실이 매우 불안정했다는 점입니다. 이러한 상황에서 고이왕은 국가의 근본적인 체질 개선이 시급하다고 판단했습니다. 이에 왕권을 중심으로 국가의 모든 역량을 결집하기 위한 대대적인 개혁 작업에 착수했습니다.

그의 개혁 중 가장 핵심적인 것은 바로 관등제와 관직 체계의 정비였습니다. 고이왕은 국가의 행정 조직을 체계화하기 위해 16등급으로 이루어진 관등제를 제정했습니다. 이는 신하들을 능력과 공로에 따라 16개의 등급으로 나누어 서열을 정한 것으로, 기존의 부족장 중심의 불분명한 권력 구조를 국왕 중심의 명확한 위계질서로 재편한 것이었습니다. 또한, 국정을 총괄하는 6개의 핵심 부서인 6좌평六佐平 제도를 설치했습니다. 내신좌평內臣

佐平은 왕명의 출납을, 내두좌평 內頭佐平은 재정을, 내법좌평 內法佐平은 법률을, 위사좌평 衛士佐平은 왕실 경호를, 조정좌평 調整佐平은 의례를, 병관좌평 兵官佐平은 군사를 각각 담당하게 하여 국정 업무를 전문화하고 효율성을 높였습니다.

이러한 조치에 더해서 고이왕은 관리들의 공식 복장에 대한 색깔을 제정하는 공복제를 시행해서 시각적으로도 국가의 위계질서를 확립했습니다. 6품 이상의 고위 관리는 자주색 옷을, 11품 이상은 비취색, 그리고 16품 이상의 하위 관리는 청색 옷을 입도록 규정했습니다. 이는 단순히 옷의 색깔을 정한 것을 넘어, 관리들 사이의 서열을 명확히 하고, 국왕을 정점으로 하는 지배 체제를 백성들에게 시각적으로 각인시키는 효과를 가져왔습니다.

두 번째로, 고이왕은 국가 통치의 기준이 되는 율령 律令을 반포했습니다. 그는 뇌물을 받거나 남의 물건을 훔친 관리는 훔친 물건의 3배를 배상하게 하고 평생 관직에 오르지 못하게 하는 엄격한 법을 만들어 국가의 기강을 바로 세웠습니다. 이러한 율령의 제정은 모든 백성과 관리가 국왕이 정한 같은 법의 적용을 받게 한 것입니다. 부족 또는 가문 별로 다르던 관습법을 대체하고 국가의 통치 질서를 통일하는 데 결정적인 역할을 했습니다. 법률의 반포는 백제라는 국가가 왕의 명령과 법률에 따라 움직이는 중앙집권국가임을 선포하는 것과 같은 의미를 지녔습니다.

다만 이러한 고이왕의 개혁에 대해서 후대에 이루어진 것들을 고이왕대로 시대를 앞당겨서 기록했다고 보는 학설도 많습니다. 500~600년대 중국 사서인 북사와 당서에서 백제를 소개한 동이 열전에 이 시기 백제의 관등이 구성되었다는 내용이 있기 때문입니다. 공복 제도는 관등제가 완성되어야 나올 수 있는 제도이기 때문에 먼 훗날 사비로 천도한 시기가 와서야 공복제가 시행되었을 거라고 보기도 합니다. 실제로 관등제, 공복제 등이 고이왕 대에 완성되었는지는 알 수 없습니다. 다만 이러한 제도의 시초를 고이왕이 시도했기에 이 기록들이 고이왕 대에 남은 게 아닐까 하고 연구자들은 생각하고 있습니다.

여러 내정 개혁과 더불어 고이왕은 군사적으로도 활발한 활동을 펼쳤습니다. 그는 말갈의 침입을 여러 차례 격퇴하고, 한나라가 설치했던 낙랑군, 대방군과 때로는 대립하고 때로는 화친하며 한강 유역의 지배권을 공고히 했습니다. 특히 246년에는 위나라와 통교하던 낙랑군의 변경 지역을 공격하여 중국 세력의 남하를 견제하고 백제의 독자적인 세력권을 확보하려는 노력을 기울였습니다. 246년은 우리가 바로 앞에서 다루었던 위나라 관구검의 고구려 침략이 있던 해였습니다. 고구려 남쪽에 있던 낙랑이 관구검의 침략에 호응해서 군대를 고구려로 보내자, 이 틈을 타서 고이왕이 낙랑을 공격했던 것입니다.

결론적으로 고이왕은 백제의 '재창업 군주'라 할 수 있습니다. 비록 온조왕이 나라를 세웠지만, 백제를 진정한 의미의 고대 국가로 완성한 인물은 바로 고이왕이었습니다. 그가 마련한 관등제, 공복제, 율령 등은 이후 백제가 멸망할 때까지 국가 운영의 근간이 되었습니다. 또한 그의 시기에 백제는 마한의 여러 나라들을 통합하고, 한나라의 군들과도 경쟁하면서 성장하였습니다.

고이왕의 시대는 묵묵히 국가의 내실을 다지고 대외전쟁도 활발히 펼친 내외 정치를 모두 성공한 시대였습니다. 그가 세운 튼튼한 기틀은 이후 백제가 400년의 역사를 더 쌓아가는 데 중요한 역할을 하였습니다.

11

낙랑군과 대결한 책계왕, 분서왕 부자

고이왕의 뒤를 이어 백제의 제9대 왕이 된 책계왕責稽王과 그의 아들인 제10대 분서왕汾西王은 나라의 운명을 걸고 낙랑군과 겨룬 비장한 투쟁의 역사로 기록되어 있습니다. 이들 부자父子 왕은 낙랑군의 위협에 맞서 국가의 존립을 위해 모든 것을 걸고 싸웠습니다.

고이왕 대 내부를 정비한 백제는 대외 확장 정책을 강력하게 추진하였습니다. 이러한 백제의 성장은 필연적으로 한강 이북의 맹주였던 낙랑군과의 충돌을 초래했습니다. 200년대 후반의 낙랑군은 단순히 한나라가 남긴 변방의 행정 구역이 아니었습니다. 그들은 수백 년간 선진 철기 문화와 강력한 군사력을 바탕으로 한반도 서북부 지역을 지배하는 강력한 정치 세력으로 변화한 상태였습니다. 백제가 한강 유역을 넘어 북쪽으로 세력을 확장하려 하자 낙랑군은 이를 자신들의 영향력에 대한 심각한 도전으로 받아들였습니다. 양국 사이에는 팽팽한 긴장감이 흘렀고, 한강 유역의 패권을 둘러싼 무력 충돌은 피할 수 없는 순서가 되었습니다.

책계왕은 이러한 국제 정세를 명확히 인식하고 있었습니다. 그는 즉위와 함께 낙랑군의 군사적 위협에 대비하기 위한 실질적인 조치에 착수했습니다. 먼저 수도인 위례성을 견고하게 수리하여 방어 태세를 강화했습니다. 위례성은 현재 서울 송파구에 있는 풍납토성과 몽촌토성으로 파악하고 있는데, 고고학 발굴 성과에 따르면 풍납토성을 처음 세운 것이 294년을 기준으로 위아래 50년 차이, 한 번 더 보수한 것이 328년을 기준으로 위아래 30년 차이라고 합니다. 즉, 책계왕 대 위례성을 보수했다는 기록이 고고학 발굴 성과와 어느 정도 맞아떨어진다고 볼 수 있습니다.

책계왕은 군사적 대비와 함께 외교적 노력도 병행했습니다. 그는 낙랑군의 남쪽에 있는 또 다른 군현인 대방군帶方郡과 혼인 동맹을 맺었습니다. 이는 대방군과 연합하여 낙랑군을 고립시키고 견제하려는 고도의 외교 전략이었습니다. 그런데 이러한 전략으로 백제는 새로운 적을 맞이하게 되었습니다. 바로 대방군을 공격한 고구려였죠. 286년 고구려가 대방군으로 쳐들어오자, 장인이 된 대방 태수를 구하기 위해 책계왕은 구원군을 보냈고, 고구

3세기 말에 축조되어 4세기 초에 완공되었다고 여겨지는 풍납토성(국가유산포털)

려는 대방군 공격에 실패할 수밖에 없었습니다. 고구려의 원망을 산 책계왕은 그들의 침입에 대비해 쌓았던 아차산성과 사성蛇城을 보수하여 낙랑군의 남하를 저지할 방어선을 구축했습니다.

그런데 책계왕의 적극적인 방어 체계 정비와 외교 활동은 오히려 낙랑군을 자극하는 결과를 낳았습니다. 백제의 성장에 위협을 느낀 낙랑군은 298년에 맥貊의 군대와 연합하여 백제를 침공했습니다. 맥은 현재 강원도 지역의 말갈로 추정하고 있답니다. 국가의 존망이 걸린 위기 앞에서 책계왕은 직접 군대를 이끌고 전장으로 나아갔습니다. 그는 용맹하게 싸웠으나, 적의 군사들에게 공격당해 전사하는 비극적인 최후를 맞이했습니다. 국왕이 직접 전선에 나아가 목숨을 잃을 만큼 이 전쟁은 백제에게 절체절명의 위기였으며, 나라를 구한 그의 죽음은 백제인들의 가슴에 깊은 원한과 복수심을 새겨 넣었습니다.

아버지의 갑작스러운 죽음으로 왕위에 오른 분서왕은 슬픔에 잠길 겨를도 없이 전쟁의 한복판에서 나라를 이끌어야 했습니다. 다행히 분서왕은 어린 나이에도 불구하고 총명하고 어질었다고 전해집니다. 그는 아버지의 원수를 갚고 국가를 위기에서 구하기 위해 반격에 나섰습니다. 분서왕은 즉위 6년째인 304년, 마침내 복수를 실행에 옮겼습니다. 그는 군대를 이끌고 몰래 낙랑군의 서쪽 현을 공격하여 점령하는 데 성공했습니다. 이는 아버지의 죽음에 대한 통쾌한 복수이자, 낙랑군을 직접 타격한 의미 있는 군사적 승리였습니다.

그러나 이 승리는 또 다른 비극의 시작이었습니다. 백제의 기습에 큰 타격을 입고 자존심을 구긴 낙랑 태수는 분서왕을 제거하기 위해 자객을 보냈습니다. 결국 분서왕은 낙랑이 보낸 자객의 손에 암살당하며 짧은 생을 마감했습니다. 아버지에 이어 아들까지, 2대에 걸친 왕이 모두 낙랑군과의 대결 과정에서 목숨을 잃은 것입니다. 비록 두 왕 모두 전장에서 혹은 암살자에 의해 비극적인 최후를 맞이했지만, 그들의 희생은 백제가 마한의 소국에서 벗어나 진정한 독립 국가로 나아가는 과정에서 반드시 거쳐야 할 값비싼 대가이자 성장의 동력이 되었습니다. 두 왕이 낙랑군과 대결하면서 백제의 세력을 확장한 덕분에 분서왕 이후에 즉위하는 비류왕이 백제를 오랫동안 다스리면서 국가를 다시 정비할 수 있었습니다.

책계왕과 분서왕 부자의 시대는 비극으로 점철되었지만, 그들의 희생은 절대 헛되지 않았습니다. 그들은 당대 최강 세력 중 하나였던 낙랑군에 맞서 한 치의 물러섬도 없이 싸웠고, 그 과정에서 백제의 자주성과 강인한 국가 정체성을 확립했습니다. 비록 두 왕은 적의 손에 쓰러졌지만, 그들의 피와 눈물은 백제인들을 하나로 뭉치게 하는 강력한 구심점이 되었습니다. 이 처절했던 항쟁을 통해 백제는 한강 유역의 지배권을 차지했으며, 훗날 4세기에 이르러 한반도의 강국으로 비상할 수 있는 소중한 발판을 마련했습니다. 책계왕과 분서왕의 투쟁은 백제 초기에 외부의 거대한 위협에 맞서 나라를 지키기 위해 모든 것을 바쳤던 두 왕의 장대한 서사시로 역사에 깊이 새겨져 있습니다.

12

석탈해와 김알지의 등장

신라의 초기 역사는 박朴, 석昔, 김金 세 성씨가 번갈아 왕위를 계승하며 이끌어 왔다는 매우 독특한 특징을 가지고 있습니다. 하나의 성씨가 왕위를 계승해 온 것처럼 기록된 백제, 고구려와는 전혀 다른 모습이랍니다. 박씨가 신라 건국 세력의 중심이었다면, 석씨와 김씨는 신라의 역사에 새롭게 등장하여 왕조의 한 축을 담당한 세력이었습니다. 박씨의 시조인 박혁거세처럼 석씨의 시조인 석탈해昔脫解와 김씨의 시조인 김알지金閼智의 탄생 설화는 신비로운 상징으로 가득 차 있습니다. 이번 글에서는 석탈해와 김알지의 탄생 설화를 배워보고, 신라 초기 사회의 정치적 변화상도 같이 살펴보겠습니다.

김알지의 탄생을 묘사한 금궤도

석탈해의 이야기는 바다에서 시작합니다. 《삼국사기》와 《삼국유사》에 따르면, 금관가야의 바닷가에 신비한 궤짝 하나가 떠내려왔는데 그 안에서 한 아이가 나왔다고 합니다. 이 아이가 바로 탈해였습니다. 그의 출신에 대해서 《삼국사기》에서는 다파나국多婆那國, 《삼국유사》에서는 왜에서 동북쪽으로 천 리 떨어진 용성국龍城國이라는 곳의 왕자였다고 전합니다. 알에서 태어난 그가 불길하다 하여 왕이 궤짝에 담겨 바다에 버렸고, 붉은 용의 호위를 받으며 바다를 떠돌다 진한의 아진포 해변에 닿았다는 것입니다. 탈해의 성씨인 석昔은 까치 작鵲자에서 유래했다고 합니다. 처음 탈해가 담긴 궤짝을 열었을 때, 까치들이 그를 따랐기 때문에 '작鵲'의 글자를 줄여서 '석昔'으로 성씨를 삼았다고 합니다. 또한 탈해脫解라는 이름도 궤짝을 열고 나온 것에서 유래했다고 전해집니다.

탈해의 등장 설화가 상징하는 바는 매우 명확합니다. 그의 등장은 바다를 통해 유입된 새로운 외부 세력의 등장을 의미합니다. '다파나국' 또는 '용성국'이 정확히 어디인지는 오늘날까지도 논쟁거리이지만, 왜의 동북쪽에 있었던 나라인 것에서 바다와 밀접한 관련이 있던 나라였음을 유추할 수 있습니다. 이는 그가 선진 해상 기술을 보유한 집단의 일원이었음을 시사합니다.

탈해가 출생한 다음 그의 행적으로 적힌 내용은 그가 지략을 발휘하여 토착 세력인 호공瓠公의 집을 빼앗았다는 내용입니다. 여기서 탈해가 호공의 집에 몰래 숯과 숫돌을 묻고, "우리는 본래 대장장이였는데 얼마 전 이웃 고을에 간 사이에 그 집을 다른 사람이 빼앗아 살고 있으니 청컨대 땅을 파서 조사하게 해 주십시오."라고 얘기했다는 것도 큰 의미가 있습니다. 이는 탈해 집단이 당시 최첨단이었던 철기 제작 기술을 보유하고 신라 사회에 등장했음을 암시하는 대목입니다. 이후에 남해차차웅은 탈해가 지혜롭다는 얘기를 듣고, 첫째 공주를 탈해에게 시집보내서 사위로 삼습니다. 이러한 탈해의 행동과 사위가 되는 과정은 선진 기술과 문물을 가진 이주민 세력이 기존 세력과의 결합 및 경쟁을 통해 신라 사회의 지배층으로 편입되는 과정을 상징적으로 보여주고 있습니다. 그의 등장은 신라가 외부의 선진 문물을 적극적으로 수용하며 국가 체제를 발전시켜 나갔음을 의미하는 중요한 사건이었습니다.

탈해가 4대 이사금으로 즉위한 이후에 신라의 역사를 또 한 번

바꿀 새로운 인물이 등장합니다. 바로 김씨 왕조의 시조인 김알지입니다. 탈해이사금 9년65, 왕이 밤에 금성金城 서쪽의 시림始林에서 닭 우는 소리를 들었다고 합니다. 날이 밝아 신하를 보내 살펴보게 하니, 나뭇가지에 금빛 궤짝이 걸려 있고 그 아래에서 흰 닭이 울고 있었습니다. 신하가 이 사실을 보고하자 탈해는 궤짝을 가져오게 해서 직접 열어보았습니다. 그 안에는 용모가 비범한 사내아이가 누워 있었는데, 왕은 하늘이 내려 주신 아들이라고 기뻐하며 아이를 거두어 길렀습니다. 금궤에서 나왔다고 하여 성을 김金씨라 하고, 아이의 이름을 알지閼智라 하였습니다. 또한 닭이 울었던 숲의 이름을 계림鷄林이라 부르고, 이를 나라 이름으로 삼기로 했습니다.

김알지의 탄생 설화 역시 깊은 상징성을 담고 있습니다. 알지의 성인 금金은 그의 이름에서 유래했습니다. 연구자들은 알지의 '알閼: Ar'이 당시 신라에서 금을 '알' 또는 '아르'라고 부른 것을 의미한다고 얘기합니다. 즉 '금=김'이라는 성씨는 알지의 이름에서 왔다고 볼 수 있습니다. 금궤는 그가 신성한 혈통임을 증명하는 장치입니다. 새벽을 알리는 닭은 새로운 시대의 시작을 알리는 상서로운 동물로, 그의 등장이 신라에 새로운 시대를 열 것임을 예고하는 것입니다.

흥미로운 점은 김알지가 곧바로 왕위에 오르지 않았다는 사실입니다. 탈해이사금은 김알지를 발견하여 태자로 삼았지만, 왕위가 김씨에게 계승되지는 않았습니다. 이후의 왕위는 건국 세력인 박씨인 유리이사금의 아들 파사婆娑가 계승하였습니다. 이는 탈해이사금 대에 외부 세력인 석씨와 김씨가 결합을 하였지만, 아직은 건국 세력인 박씨의 권력이 강했음을 의미합니다. 이후 8대 아달라阿達羅 이사금까지 100년 동안은 박씨가 신라의 왕위를 계승하였습니다. 그러다 탈해이사금의 손자인 벌휴伐休 가 9대 이사금이 되면서 석씨는 16대 흘해이사금까지 13대 미추이사금 제외 약 170년 동안 안정적으로 왕위를 계승했습니다.

김씨 세력은 더욱 오랫동안 신라 사회에 깊숙이 뿌리를 내렸습니다. 김알지가 발견된 후 7대손인 미추味鄒 가 13대 이사금에 오르면서야, 비로소 김씨 최초의 왕이 탄생할 수 있었습니다. 물론 이마저도 일시적인 현상일 뿐이었으며, 김씨가 신라의 왕위를 완전히 차지하는 것은 시간이 더 지나서였습니다. 즉 김씨 세력은 단번에 권력을 장악한 것이 아니라, 오랜 기간에 걸쳐 신라 사회에 깊숙이 뿌리내리고 기존 세력과 융합하며 점진적으로 성장했습니다. 이처럼 신라의 왕위 계승은 단번에 한 세력이 다른 세력을 대체하는 방식이 아니라, 오랜 시간에 걸쳐 서로의 존재를 인정하고 때로는 협력하며 권력을 나누는 점진적 과정을 거쳤습니다.

13

포상팔국의 도전을 이겨낸 신라

　벌휴이사금 이후, 연속해서 신라의 왕권을 잡은 석씨는 신라를 외부로 더욱 확장하려고 하였는데 이 과정에서 다양한 세력과 전쟁을 펼치고 위기를 맞이하기도 하였습니다. 특히 3세기 초에 발생한 포상팔국과의 전쟁은 신라가 국가의 명운을 걸고 주변의 강력한 해상 세력 연합과 맞서 싸운 중대한 전쟁이었습니다.

　3세기 초의 한반도 동남부는 신라, 가야 연맹이라는 두 세력을 주축으로 여러 소국이 각축을 벌이는 무대였습니다. 신라가 금성을 중심으로 점차 세력을 확장하고 있었지만, 삼한의 변한 지역, 특히 낙동강 하류 지역을 중심으로 성장한 여러 가야 소국의 힘도 여전히 막강했습니다. 이들은 풍부한 철 생산과 해상 교역을 통해 축적한 부와 군사력을 바탕으로 독자적인 연맹체를 형성하며 신라, 백제와 어깨를 나란히 했습니다. '포상팔국'은 바로 이 가야 연맹에 속하거나 그 영향권 아래에 있던 세력들의 연합체를 지칭하는 이름입니다. 《삼국사기》, 《삼국유사》에 따르면 보라국保羅國, 고자국古自國, 사물국史勿國, 골포국骨浦國, 칠포국柒浦國이라는 5국의 이름이 전해집니다. 이들은 주로 오늘날 경상남도 해안 지역인 창원, 사천, 고성 등에 있었으며, 해상 활동에 매우 능숙한 세력이었습니다. 나머지 3국은 이름도 알 수 없기에 정확한 위치를 알 수 없지만, 경상남도 해안가에 있었을 것이라고 연구자들은 추측하고 있습니다.

　당시 신라는 점차 남쪽으로 영향력을 확대하면서 내륙을 넘어 남해안으로 진출하려 했으므로 기존의 해상 교역로와 세력권에 위협을 느낀 이들 해상 국가와의 충돌은 필연적이었습니다. 마침내 나해이사금 14년209 에 포상팔국 연합군은 대규모 군사를 동원하여 아라국阿羅國 을 공격했습니다. 아라국은 아라가야로 경상남도 함안에 자리 잡고 있었습니다. 포상팔국이 이들을 공격한 원인은 정확히 알 수 없습니다. 다만 나해이사금은 즉시 아들인 태자 석우로昔于老 와 또 다른 왕자 이음利音, 또는 나음柰音 에게 6부의 군사를 주어 아라국을 구원하도록 했습니다. 아라국과 신라가 군사 동맹 또는 그와 비슷한 수준의 관계였다고 생각할 수 있습니다. 석우로와 이음이 이끄는 군대는 포상팔국의 장군들을 죽이고, 그들의 포로로 잡혀있던 가야인 6,000명을 되찾아서 가야로 돌려보냈습니다.

　　그러나 포상팔국의 저항은 여기서 끝나지 않았습니다. 1차 침공의 패배를 설욕하기 위해 3년 뒤인 212년, 골포, 칠포, 고사포국을 중심으로 한 포상팔국 연합군은 다시 군사를 일으켜 신라의 갈화성葛火城, 현 울산 을 공격했습니다. 이번에는 나해이사금이 직접 대군을 이끌고 출정해서 적들을 물리쳤습니다. 이 결정적인 승리로 포상팔국의 군사적 역량은 크게 약화하였고, 신라는 경상남도 남해안 지역으로의 진출에 더욱 박차를 가할 수 있었습니다.

　　그런데 이 포상팔국과의 전쟁을 치르는 과정에서 신라에는 비운의 영웅이 등장하였습니다. 바로 물계자勿稽子 라는 사람이었습니다. 그는 포상팔국과의 1, 2차 전쟁에 모두 참전하였습니다. 1차에서는 큰 공을 세웠으며, 2차 전쟁에서도 수십 명의 목을 베었다고 합니다. 하지만 그의 뛰어난 공적에도 불구하고, 왕손 이음의 미움을 받았기에 제대로 된 포상을 받지 못했다고 합니다. 자신의 공이 인정받지 못하는 현실에 깊이 절망한 물계자는 자기 부인에게 "목숨을 바치고 자신을 돌보지 않았음을 사람들에게 알릴 수 없게 되었으니, 장차 무슨 면목으로 시장과 조정에 나가겠는가?"라는 말을 남겼습니다. 그리고 사체산師彘山 이라는 곳에 들어가 속세를 떠났다고 합니다. 나라를 구한 영웅이었지만, 권력자에게 버림받은 그의 이야기는 인간 세상의 씁쓸한 단면을 보여주고 있습니다.

　　물계자와는 달리 포상팔국을 제압한 나해이사금은 이후에 백제가 공격해 오자 백제와도 전쟁을 벌입니다. 3세기 초에 백제와

신라의 왕들이 거처했던 경주 월성(국가유산포털)

전쟁을 정말로 신라가 벌였는지는 많은 논란이 있지만, 신라가 백제의 공격을 여러 차례 막아냈다는 기록은 남아있습니다. 또한, 이 전쟁에서 활약했던 석우로는 다음 왕인 조분助賁 이사금 때에 왜와의 전쟁에서 크게 활약하면서, 신라의 군사를 담당하는 인물에 오르기도 합니다.

포상팔국과의 전쟁에서 신라가 승리한 것은 한반도 남부의 세력 판도를 바꾸어 놓은 중대한 분기점이었습니다. 이 전쟁을 통해 신라는 가야 세력의 동쪽 진출을 성공적으로 저지하고, 낙동강 남동쪽 지역에 대한 영향력을 더욱 확대하고 굳건히 다졌습니다. 반면, 연합의 중심이었던 해안 지역의 가야 소국들은 심각한 타격을 입고 세력이 위축되었습니다. 이후 가야 연맹의 주도

권은 김해의 금관가야에 넘어가게 되었으며, 이러한 주도권은 5
세기 초까지 이어지게 되었습니다.

14

소금 장수였던
미천왕

고구려 제15대 왕인 미천왕美川王의 삶은 한 편의 극적인 서사
시와 같습니다. 그는 왕족으로 태어났지만, 정치적 박해를 피해
신분을 숨기고 소금 장수와 머슴으로 떠돌아야 했던 비운의 인
물이었습니다. 그러나 온갖 고난과 역경을 딛고 왕위에 오른 그
는 고구려의 숙적이었던 낙랑군과 대방군을 한반도에서 완전히
몰아내고, 서북한 지역을 완전히 차지하는 위대한 업적을 달성
했습니다. 그의 파란만장했던 삶과 눈부신 업적은 고구려가 동
아시아의 강대국으로 비상하는 중요한 발판이 되었습니다.

미천왕의 본명은 을불乙弗이며, 13대 서천왕西川王의 아들인 고
추가古鄒加 돌고咄固의 아들이었습니다. 그의 불행은 숙부였던

14대 봉상왕烽上王이 왕위에 오르면서 시작되었습니다. 봉상왕은 어려서부터 오만하고 방자하며 의심과 시기가 많았다고 합니다. 봉상왕은 자기 친척들이 왕위를 위협할 것을 두려워하여 무자비한 숙청을 시작했습니다. 그는 먼저 서천왕의 동생이자 전쟁 영웅인 안국군 달가安國君 達賈를 죽였습니다. 그러고는 자기 동생 돌고를 역모 혐의를 씌워 죽였습니다. 이런 봉상왕의 행동 때문에 어린 을불은 생명의 위협을 느끼고 궁궐에서 탈출해 기나긴 도피 생활을 시작해야 했습니다.

왕손이었던 그의 삶은 하루아침에 밑바닥으로 추락했습니다. 그는 신분을 숨기고 고구려 각지를 떠돌았습니다. 이후 그는 수실촌의 음모陰牟라는 사람의 집에 머슴으로 들어가 온갖 궂은일을 도맡아 했습니다. 집 옆의 연못에 개구리가 울면 밤에 기와나 돌을 던져 그 소리를 못 내게 하고, 낮에는 그를 독촉하여 땔나무를 해오게 하여 잠시도 쉬지 못하게 하였죠. 결국 그는 고난을 이기지 못하고 1년 만에 그 집을 떠나, 동촌 사람 재모再牟와 함께 소금 장사를 하였습니다.

이후 을불은 소금 장수가 되어 압록강을 오르내리며 소금을 팔아 생계를 유지했습니다. 이 과정에서 하루는 사수촌에서 머물게 되었습니다. 그런데 그 집의 할멈이 소금을 달라고 하므로 한 말 정도를 주었는데, 재차 달라고 하였기에 주지 않은 일이 있었습니다. 문제는 그 할멈이 앙심을 품고 소금 속에 몰래 신발을 넣어 두었던 것입니다. 을불은 알지 못하고 짐을 지고 길을 떠났는데, 할멈이 쫓아와 신을 찾아내고는 신을 숨겼다고 꾸며서 고발하였습니다. 결국 을불은 신발값으로 소금을 빼앗기고 태형도 맞고 말았습니다. 이렇듯 그는 왕족으로서는 상상할 수 없는 온갖 설움과 고난을 겪었습니다.

한편, 봉상왕의 폭정은 날이 갈수록 심해졌고 백성들의 원성은 하늘을 찔렀습니다. 마침내 국상國相 창조리倉助利 를 중심으로 한 신하들이 힘을 합쳐 봉상왕을 폐위시키고자 했습니다. 이를 위해서는 새로운 왕으로 추대할 왕족이 필요했습니다. 이런 상황에서 창조리는 북부의 조불祖弗 과 동부의 소우蕭友 등을 보내 숨어 지내던 을불을 찾도록 하였습니다. 신하들은 수소문 끝에 비류하 가에서 초라한 행색으로 소금을 운반하던 그를 발견할 수 있었답니다. 을불은 처음에 의심해서 "나는 야인이지 왕손이 아닙니다. 다시 자세히 살펴보십시오."라고 하였습니다. 신하들이 재차 설득해서 을불을 다시 데리고 갈 수 있었습니다. 이후 창조리 등은 사냥을 나간 봉상왕을 따라가서 폐위시켰습니다. 그리고 을불을 모셔다가 옥새와 인수를 바치어 왕위에 오르게 하였습니다. 소금 장수에서 하루아침에 한 나라의 군주가 된 것입니다.

왕위에 오른 미천왕은 자신의 고단했던 시절을 잊지 않았습니다. 그는 백성들의 어려움을 헤아리는 어진 정치를 펼치는 한편, 고구려의 영토를 확장하고 국가의 위상을 높이는 데 모든 역량을 집중했습니다. 그의 가장 위대한 업적은 바로 수백 년간 한반도 북부에 자리하며 고구려의 성장을 가로막았던 낙랑군樂浪郡과 대방군帶方郡 을 완전히 축출한 것이었습니다. 당시 중국은 위,

측, 오를 통일한 서진이 심각한 내부 혼란에 빠져 있었습니다. 미천왕은 이 절호의 기회를 놓치지 않았습니다.

그는 먼저 302년, 현도군을 공격하여 8천 명을 포로로 잡는 큰 성과를 거두며 영토 확장의 서막을 열었습니다. 이후 311년에는 장수들을 보내 요동의 서안평을 점령했습니다. 과거 동천왕이 장악하고자 하였다가 관구검의 공격을 받았던 그 서안평을 장악한 것입니다. 이곳을 장악함으로써 고구려는 낙랑군과 대방군을 고립시키고 중국의 지원을 차단하는 데 성공했습니다. 마침내 313년, 미천왕은 총공세를 펼쳐 낙랑군을 점령했으며, 이듬해인 314년에는 대방군마저 병합했습니다. 이로써 기원전 108년 고조선 멸망 이후 약 400년간 한반도에 남아있던 한나라의 군현은 완전히 소멸하였습니다.

이후 미천왕은 서쪽으로도 영토를 넓히고자 했습니다. 미천왕 20년319 요동과 요서 지역을 관할했던 평주자사平州刺史 최비崔毖가 고구려로 도망쳐 왔습니다. 최비는 선비족이라는 북방 민족을 다스리려다가 모용씨慕容氏의 모용외慕容廆에게 쫓겨서 고구려로 도망을 왔습니다. 미천왕은 처음에는 모용외에게 밀렸지만, 선비족이 있던 요동을 계속 공격하면서 세력을 확장해 나갔습니다. 미천왕의 업적은 고구려 역사에 거대한 전환점을 마련했습니다. 그는 개인적인 시련을 극복하고 위대한 군주로 성장했으며, 그의 통치 아래 고구려는 만주와 한반도 북부를 아우르는 강력한 영토 국가로 발돋움했습니다.

15

고국원왕 치세 고구려의 위기

　고구려 제16대 왕인 고국원왕故國原王의 시대는 역사상 가장 혹독하고 처절했던 시련기로 기록되어 있습니다. 그의 아버지인 미천왕이 낙랑군과 대방군을 축출하고 서북한 지역을 차지한 업적을 이루었기에, 고국원왕은 위대한 아버지의 뒤를 이어받아야 한다는 부담감이 있었습니다. 즉위 초, 그는 졸본의 시조묘에서 제사를 지내고, 순행하면서 백성들을 도와주었습니다. 또한 환도성을 보수하고 신성·국내성을 축조했습니다. 동천왕 대에 파괴되었던 도읍을 재건하고 국경의 방어체계도 강화한 것입니다. 이렇듯 즉위 초반의 고국원왕은 아버지의 뜻을 이어서 선정을 펼쳤습니다.

그러나 문제는 내부가 아니라 외부에 있었습니다. 고국원왕이 즉위할 무렵에 고구려를 둘러싼 국제 정세는 급격하게 변화하고 있었습니다. 앞서 미천왕이 요동 지역으로 활발하게 세력을 확장하면서, 선비족인 모용씨와 여러 차례 대결했다고 했습니다. 요서 지역에서 세력을 확장한 모용씨는 고국원왕 재위 7년인 337년에 '전연前燕'이라는 국가를 세우며 중국 북방의 새로운 패자로 떠올랐습니다. 또한 야심가였던 군주 모용황慕容皝은 고구려를 가장 큰 경쟁 상대로 여기고 있었습니다. 모용황은 339년 군대를 이끌고 신성에 이르면서 고구려 침공에 대한 야심을 본격적으로 내비칩니다. 다행히 당시에는 고국원왕이 화해를 요청하고 세자를 파견하면서 전쟁으로 이어지지는 않았습니다.

하지만 2년 후인 342년에 고구려 역사상 두 번째 대규모 국난인 전연의 침공이 시작되었습니다. 모용황이 직접 이끈 전연의 대군은 파죽지세로 고구려의 수도인 환도성을 향해 진격했습니다. 당시 고구려의 주요 교통로는 평평하고 넓은 북도와 험하고 좁은 남도가 있었습니다. 당시 전연의 군대를 이끌었던 모용한慕容翰은 "오랑캐는 통상적인 생각으로 헤아려 반드시 대군이 북도를 경유할 것으로 생각하여 당연히 북도를 중시하고 남도를 가벼이 여길 것입니다. 왕께서 마땅히 정예 병력을 거느리고 남도를 따라 고구려를 공격하여 불의에 나아가신다면 환도는 족히 차지할 것입니다."라고 건의했습니다.

모용한의 예상대로 고국원왕은 주력 부대를 자신의 동생인 고무高武에게 맡겨서 북도를 막게 하고, 본인은 약한 군대를 거느리고 남도를 방어했습니다. 결국 모용황의 전략에 당한 고국원왕은 참패당했고, 수도를 버리고 단신으로 도망쳐야 하는 치욕을 겪었습니다. 적에게 점령당한 환도성은 철저히 파괴되었고, 궁궐은 불탔으며 수많은 백성이 포로로 끌려갔습니다. 그러나 이보다 더 끔찍한 굴욕이 있었습니다. 전연군은 미천왕의 무덤을 파헤쳐 그 시신을 탈취해 갔으며, 고국원왕의 어머니인 왕태후 주씨와 왕비마저 인질로 사로잡아 갔습니다. 선대왕의 시신과 국모를 적에게 빼앗긴 것은 한 국가가 겪을 수 있는 최악의 모욕이었으며, 고구려의 자존심은 송두리째 짓밟혔습니다.

이후 고국원왕은 전연에 신하의 예를 갖추고 막대한 공물을 바치며 굴욕적인 외교를 펼쳐야 했습니다. 왕의 동생 고무가 직접 전연으로 넘어가서 다행히 아버지 미천왕의 시신은 다음 해에 돌려받았지만, 어머니 주태후는 13년을 전연에서 포로 생활을 했습니다. 그리고 왕비는 끝내 고향 땅으로 돌아오지 못하고 적국에서 생을 마감했습니다. 이 사건은 고구려에는 씻을 수 없는 상처로 남았으며, 북방의 위협에 대한 뼈저린 경각심을 일깨워 주었습니다.

북쪽의 위협에 고구려가 정신없이 시달리는 동안, 남쪽에서는 또 다른 위협이 무섭게 성장하고 있었습니다. 바로 백제가 최전성기를 구가하고 있었던 것입니다. 371년 고구려의 평양에서 백제와 치른 국가의 존망이 걸린 전투 앞에 고국원왕은 물러서지 않았습니다. 그는 직접 갑옷을 입고 군대를 지휘하며 최전선에서 백제군과 용맹하게 싸웠습니다. 하지만 거센 전투 속에서 날아온 적의 화살에 맞아 전장에서 쓰러지고 말았습니다. 국왕이 적국과의 전투에서 직접 싸우다 목숨을 잃은 것은 고구려 역사상 전무후무한 사건이었습니다.

고국원왕의 삶은 패배와 굴욕, 그리고 비극적인 죽음으로 점철되었습니다. 그의 40년 재위 기간은 북쪽의 신흥 강국 전연과 남쪽에서 비상하던 백제의 협공 속에서 국가의 존립 자체가 위협받았던 시기였으며, 결국 국왕 자신이 전장에서 목숨을 잃는 비극으로 막을 내렸습니다. 국왕의 전사와 수도의 위협이라는 최악의 국난은 고구려인들에게 깊은 충격을 주었고 모든 게 바뀌어야 한다는 생각을 안겨주었습니다.

3장

삼국의 전성기와
삼국 간의 대결

백제의 전성기를 이룩한 근초고왕

백제 역사상 가장 찬란하게 빛나는 시대를 꼽으라면 단연 4세기 후반, 제13대 근초고왕近肖古王의 통치기를 들 수 있습니다. 그는 백제를 한강 유역의 한정된 세력에서 벗어나 한반도 중남부와 해상에까지 막강한 영향력을 행사하는 동아시아의 강대국으로 비상시킨 위대한 정복 군주였습니다. 그의 시대에 백제는 남으로는 마한의 잔여 세력을 완전히 병합하고 북으로는 고구려의 심장부를 위협했으며, 바다 건너 중국 및 왜와 활발히 교류하는 해상 강국의 위용을 떨쳤습니다.

근초고왕이 즉위하기 전의 백제는 고이왕이 닦아놓은 중앙집권국가의 기틀 위에서 꾸준히 성장하고 있었지만, 여전히 왕위 계승이 불안정했습니다. 분서왕의 뒤를 이어 즉위한 11대 비류왕比流王은 《삼국사기》 기록상에서 분서왕과 5촌 관계였다고 합니다. 그런데 비류왕의 뒤를 이어 즉위한 12대 계왕契王은 분서왕의 아들이었으며, 계왕의 뒤를 이어서 즉위한 근초고왕은 비류왕의 아들이었습니다. 이렇듯 분서왕에서 근초고왕까지의 왕위 계승은 부자 관계가 아닌 친척인 방계들이 계속해서 왕위를 잇는 상황이었습니다. 근초고왕은 이러한 상황을 종식하고 강력한 왕권을 확립하기 위해서 아들인 근구수近仇首를 태자로 삼았습니다. 이것은 왕위가 아버지에게서 아들로 이어지는 부자 상속제를 확고하게 만든 것입니다. 또한 왕실의 정통성을 강화하고 귀족 세력의 개입을 차단하여 국가의 모든 역량을 국왕에게 집중시키는 결정적인 조치였습니다. 이후 안정된 왕권을 바탕으로 근초고왕은 대대적인 정복 사업에 착수할 수 있었습니다.

그의 칼끝이 가장 먼저 향한 곳은 남쪽의 마한이었습니다. 당시 한반도 남부, 특히 전라도 지역에는 아직 백제의 통치권에 완전히 복속되지 않은 마한의 여러 소국이 남아있었습니다. 기록상에는 온조왕 때 마한을 정복했다고 하지만, 실제로 고고학 자료들을 살펴보면 근초고왕 대에 백제가 이들을 완전히 굴복시킨 것으로 보입니다. 마한은 백제의 남쪽 배후를 위협하는 잠재적인 불안 요소이자, 풍요로운 곡창지대와 인구를 품고 있는 성장의 발판이었습니다. 근초고왕은 대대적인 남정南征을 단행하여 마한의 남은 세력을 완전히 병합하는 데 성공했습니다. 이로써 백제는 한반도 서남부 해안에 이르는 광대한 영토를 확보하게 되었습니다. 남쪽의 위협을 완전히 제거한 그는 비로소 모든 국력을 북쪽으로 집중할 수 있게 되었습니다.

당시 백제의 북쪽에는 전연의 공격으로 기세가 한 번 꺾인 고구려가 자리 잡고 있었습니다. 한반도의 패권을 둘러싼 두 강대국의 충돌은 피할 수 없는 운명이었습니다. 선제공격은 고구려였습니다. 369년 고구려의 고국원왕이 직접 보병과 기병 20,000명을 이끌고 백제의 치양성을 공격하였습니다. 그러자 백제의 태자 근구수가 직접 반격해서 고구려군을 패배시켰습니다. 이 전쟁에서 백제는 5천여 명을 사로잡거나 목을 베는 큰 승리를 거두며 기선을 제압했습니다. 그리고 371년, 백제 역사상 가장 빛나는 순간이 찾아왔습니다. 근초고왕은 태자 근구수와 함께 정예병 3만 명을 직접 이끌고 고구려의 남쪽 핵심 거점인 평양을 대대적으로 공격해서 고국원왕을 전사시킵니다. 한 나라의 국왕을 적국의 영토에서 전사시킨 이 사건은 백제가 명실상부한 한반도의 최강자임을 만천하에 증명한 역사적인 대승리였습니다.

근초고왕의 위업은 정복에만 머무르지 않았습니다. 그는 활발하게 해로를 개척하여 서해와 남해를 장악하고 활발한 해상 활동을 펼쳤습니다. 특히 바닷길을 통해 중국의 동진東晉과 공식적인 외교관계를 수립하고 선진 문물을 적극적으로 수용했습니다. 이로써 근초고왕 대를 기점으로 백제는 중국에 사신을 보내고 책봉을 받게 되었습니다. 근초고왕의 시대는 왜와의 관계도 매우 긴밀했습니다. 이러한 관계를 알 수 있는 유물이 일본 나라현의 이소노카미 신궁石上神宮에 보관된 칠지도七支刀입니다. 이 검

석촌동 제3,4호분(국가유산포털)

은 당시 백제의 위상과 선진 기술력을 보여주는 상징적인 유물입니다. 칠지도에 새겨진 명문에는 백제의 왕이 왜의 왕에게 하사한 것이라고 명확히 적혀있습니다. 즉 백제가 왜에게 강력한 정치적, 문화적 영향력을 행사했음을 보여주고 있습니다.

이러한 군사적, 외교적 성공을 바탕으로 근초고왕은 문화적으로도 큰 업적을 남겼습니다. 그는 박사 고흥高興에게 명하여 백제 최초의 공식 역사서인 《서기書記》를 편찬하게 했습니다. 역사서의 편찬은 국가의 정통성을 확립하고 민족적 자부심을 고취하려는 강력한 문화적 자신감의 표현이었습니다. 아쉬운 것은 현재 《서기》가 전해지고 있지 않아서 당대 백제 사람이 기록한 백제의 모습에 대해서 알 수 없다는 것입니다. 이처럼 근초고왕은 정치, 군사, 외교, 문화 모든 면에서 백제를 최전성기로 이끈 위대한 군주였으며, 그가 닦아놓은 튼튼한 기반 위에서 백제는 이후 전라도에서 황해도까지 이르는 한반도의 중서부를 장악한 강대국으로 성장할 수 있었습니다.

02

율령을 반포하고 불교를 공인한 소수림왕

고국원왕이 전사한 이후, 고구려에서는 태자 구부丘夫 가 즉위하였습니다. 그가 바로 고구려 제17대 왕인 소수림왕小獸林王 이었습니다. 소수림왕이 왕위에 올랐을 때, 고구려는 최악의 국난을 겪은 직후였기에 그야말로 총체적 난국이었습니다. 대외적으로는 국가의 자존심이 땅에 떨어졌고, 대내적으로는 귀족 세력의 동요와 백성들의 불안이 극에 달했습니다. 이러한 절체절명의 위기 속에서 그는 무리한 군사적 복수보다는 국가 시스템을 근본부터 다시 세우는 것이 급선무라고 판단했습니다. 소수림왕은 무너진 국가를 재건하고 미래의 도약을 준비하기 위한 근본적인 개혁을 단행했습니다. 율령律令 반포, 불교佛敎 공인, 태학

太學 설립으로 대표되는 그의 개혁은 고구려를 이전과는 완전히 다른 차원의 중앙집권적 고대 국가로 변모시켰습니다.

소수림왕은 즉위 2년째인 372년부터 본격적인 국가 개혁을 시작합니다. 그의 개혁 중 가장 먼저 단행된 것은 바로 국립 교육 기관인 태학의 설립이었습니다. 태학은 귀족 자제들에게 유교 경전과 학문을 가르쳐 국가에 필요한 인재를 양성하는 기관이었습니다. 이는 국가 운영에 필요한 관료를 체계적으로 길러내겠다는 의지의 표현이었습니다. 이전까지는 각 부족이나 가문이 자체적으로 인재를 키워 중앙 정치에 참여했지만, 태학의 설립으로 국왕은 자신에게 충성하고 통일된 국가 이념을 공유하는 새로운 엘리트 관료층을 확보할 수 있게 되었습니다.

두 번째 개혁은 율령의 반포였습니다. 태학을 세운 다음 해, 소수림왕은 국가 통치의 근간이 되는 성문법 체계인 율령을 제정하여 온 나라에 공포했습니다. 이전까지 고구려는 각 부족의 관습법에 의존하거나 왕의 명령이 임시적인 법의 역할을 하는 단계에 머물러 있었습니다. 이는 귀족 세력이 자신들의 기득권을 유지하며 왕권을 견제할 수 있는 빌미를 제공했습니다. 하지만 율령의 반포는 모든 백성과 관리가 국왕을 정점으로 하는 통일된 법체계 아래 놓이게 되었음을 의미했습니다.

고구려의 율령이 어떤 내용을 담고 있는지는 현재 전해지고 있지 않습니다. 그렇지만 형벌, 조세, 신분제, 행정 조직 등 국가 운영의 다양한 영역에서 율령을 통한 명확한 기준이 세워졌을 것입니다. 덕분에 왕은 더 이상 귀족들의 자의적인 영향력에 휘둘리지 않고 법에 근거하여 국가를 통치할 수 있게 되었습니다. 이는 왕권을 비약적으로 강화하고 중앙 집권 체제를 확립하는 가장 핵심적인 조치였습니다. 태학의 설립을 통해 엘리트 관료라는 인적 자원을 확보하고 율령 반포를 통해 그들이 운영할 시스템을 구축한 것입니다.

태학 설립, 율령 반포와 함께 소수림왕은 또 하나의 중대한 개혁을 단행했습니다. 바로 불교를 국가적으로 공인한 것입니다. 태학을 설립했던 372년 6월, 당시 중국 북방의 강대국이었던 전진前秦에서 사신과 함께 승려 순도順道가 불상과 경문을 가지고 고구려를 방문했습니다. 소수림왕은 이를 공식적으로 받아들였습니다. 이것이 삼국에 처음으로 불교가 수용된 순간입니다. 2년 뒤에는 아도阿道라는 승려가 고구려로 들어왔습니다. 불상, 경문, 승려가 확보된 고구려는 이제 이들을 모실 절이 필요했습니다. 이에 소수림왕은 375년, 초문사肖門寺와 이불란사伊弗蘭寺라는 사찰을 창건하여 이들을 머물게 했습니다.

불교의 수용은 단순히 새로운 종교를 받아들이는 차원을 넘어서 고도의 정치적 의미를 담고 있었습니다. 불교를 받아들임으로써 모든 백성을 부처의 가르침 아래 하나로 통합하는 강력한 이념적 구심점을 만들 수 있기 때문입니다. 각기 다른 토착 신앙을 가지고 있던 고구려의 백성들을 아우르고, 전쟁의 패배로 상처 입은 사람들의 마음을 위로해서 국가적 통합을 이루는 데 불교는 더없이 효과적인 사상적 기반이 되었습니다. 소수림왕의 개혁은 율령법치 시스템, 불교사상적 통합, 태학인재 양성이라는 세 개의 축이 유기적으로 결합한 종합적인 국가 재건 프로젝트였습니다.

이렇게 고구려에 새로운 시스템을 입힌 소수림왕은 드디어 아버지의 비극적인 죽음을 복수하기 위해 백제를 향한 칼을 빼 들었습니다. 375년 백제의 수곡성을 공격했고, 함락시키는 성과를 거두었습니다. 기세를 이어서 소수림왕은 376년 11월에는 백제의 북쪽 변경도 침범하였습니다. 그러나 소수림왕의 백제 공격은 섣부른 행동이었습니다. 377년 10월, 고구려 민간에 전염병이 도는 상황을 놓치지 않은 백제의 근구수왕이 3만 명이라는 대군을 이끌고 평양을 침공한 것입니다. 소수림왕은 이 공격을 방어하고, 반격까지 나섰지만, 뚜렷한 성과를 얻지는 못했습니다. 게다가 다음 해에는 가뭄과 거란의 공격이라는 악재가 발생합니다. 결국 소수림왕의 복수는 수곡성 함락에서 종료되었습니다.

이렇듯 소수림왕의 개혁 정책은 당대에는 눈에 띄는 성과를 보이거나, 백제에 대한 복수에 큰 역할을 하지는 못했습니다. 그러나 그가 닦아놓은 튼튼한 기반이 있었기에 고구려는 역사상 가장 위대한 정복 군주를 맞이할 준비가 된 것입니다. 소수림왕은 위기의 시대를 극복하고 영광의 시대를 준비한 위대한 설계자였습니다.

광개토왕의 즉위와 영토를 넓히는 고구려

고구려 제19대 왕인 광개토왕廣開土王의 시대는 고구려 역사상 가장 역동적이고 광활했던 정복의 시대로 기록되고 있습니다. 그의 이름 '광개토廣開土' 자체가 '널리 영토를 개척한 왕'이라는 뜻을 담고 있습니다. 22년이라는 비교적 짧은 재위 동안 그는 쉼 없이 정복 전쟁을 벌였습니다. 그는 아버지 고국양왕의 뒤를 이어 18세의 젊은 나이에 즉위했습니다. 당시 고구려는 소수림왕의 내정 개혁을 통해 중앙 집권 국가의 기틀을 튼튼히 다진 상태였습니다. 안정된 국가 내부 상황을 기반으로 광개토왕은 즉위와 동시에 고구려의 모든 역량을 영토 확장에 쏟아부으며 동아시아의 판도를 뒤흔들었습니다.

광개토왕의 정복 활동은 즉위 첫해부터 거침없이 시작되었습니다. 그의 첫 번째 목표는 남쪽의 오랜 숙적, 백제였습니다. 당시 백제는 근구수왕의 둘째 아들 진사왕辰斯王이 재위하던 상황이었습니다. 392년에 광개토왕은 대군을 동원하여 백제의 서해안을 공격하고 석현성 등 10여 개의 성을 함락시키며 백제의 방어선을 뒤흔들었습니다. 이후에도 공세를 늦추지 않고 백제의 천혜 요새라는 관미성도 함락했습니다. 진사왕은 광개토왕이 군사를 잘 지휘한다는 말에 겁을 먹고 방어하러 나서지 못했습니다.

진사왕의 뒤를 이어서 즉위한 아신왕阿莘王은 빼앗긴 영토를 되찾기 위해 여러 차례 고구려를 공격했습니다. 광개토왕은 백제의 공격을 모두 막아내면서 다시 백제를 공격할 준비를 하였습니다. 그리고 396년, 백제의 58개 성을 함락시키고 한강을 넘어 백제의 수도인 위례성을 대대적으로 포위 공격했습니다. 그의 압도적인 군사력 앞에 백제의 아신왕은 결국 무릎을 꿇었고, 남녀 노비 1천 명과 비단 1천 필을 바치며 영원히 고구려의 신하가 되겠다고 맹세해야 했습니다. 이 승리로 고구려는 한강 이북 지역을 완전히 장악하게 되었고, 백제를 철저히 굴복시켜 한반도의 패권을 확고히 장악했습니다.

백제를 제압한 광개토왕의 정복 활동은 서쪽으로 뻗어 나갔습니다. 당시 고구려의 서쪽에는 소수림왕 대부터 고구려를 괴롭히던 북방 유목 민족인 거란이 있었습니다. 거란은 요하遼河 상류 일대에 자리 잡고 고구려의 서쪽 변경을 약탈하며 안정적인 성장을 방해하는 골칫거리였습니다. 광개토왕은 395년에 직접 군대를 이끌고 거란 정벌에 나서, 이들 중 3개의 부족을 크게 격파했습니다. 그리고 500명의 포로와 수많은 가축을 확보했고, 지금까지 거란으로 끌려간 고구려 백성 10,000명을 구출해 왔습니다.

광개토왕이 거란을 정복하는 동안 백제의 아신왕은 가야, 왜와 교류하며 고구려에 복수할 준비를 하였습니다. 그리고 400년, 왜가 한반도 남쪽 바다를 건너서 신라를 침공합니다. 왜의 대규모 침략으로 신라는 국가 존망의 갈림길에 처했습니다. 신라의 나물마립간은 당시 평양으로 순행하러 와 있던 광개토왕에게 사신을 보내 절박하게 구원을 요청했습니다. 이에 광개토대왕은 보병과 기병 5만 명이라는 대군을 즉시 파견했습니다. 고구려의 강력한 기병 부대가 남하하자 왜군은 변변한 저항도 하지 못하고 패퇴를 거듭했습니다.

이 사건은 단순히 신라를 구원한 것을 넘어, 고구려의 군사적 영향력이 한반도 남단에까지 미치게 되었음을 의미했습니다. 이후 신라는 사실상 고구려의 보호국과 같은 위치에 놓이게 되었습니다. 백제는 고구려가 왜를 공격하는 동안 고구려를 공격하고자 군사와 말을 크게 징발했습니다. 그런데 오랫동안 전쟁에 시달렸던 백제의 많은 백성이 신라로 도망쳤습니다. 결국 민심을 잃은 아신왕은 더 이상 고구려를 공격하지 못하게 됩니다.

한편 광개토왕이 왜를 토벌하고 신라를 구원하는 사이, 당시 고구려와 만주 지역의 패권을 다투던 강적 후연後燕이 고구려의

광개토대왕릉비의 비문

신성과 남소성을 빼앗았습니다. 남쪽을 완전히 안정화한 광개토왕은 후연을 두고 보지 않았습니다. 402년, 두 국가의 대결이 본격적으로 시작되었습니다. 광개토왕은 후연의 핵심 방어 거점인 숙군성宿軍城을 함락시키고, 404년에는 후연의 연군 지역을 공격하는 대담한 군사 작전을 펼쳤습니다. 후연도 반격에 나서 405년 요동성遼東城, 406년 목저성木底城을 공격했지만, 고구려가 모두 막아냈습니다. 수년간 이어진 전쟁 끝에 결국 후연이 407년 멸망하면서 고구려가 마침내 요하 동쪽의 요동 지역을 완전히 차지하는 데 성공했습니다.

광개토왕은 동쪽으로도 영토를 넓혀서 숙신肅愼과 동부여東夫餘를 복속시켜 만주 동부 일대를 완전히 장악했습니다. 특히 동부여는 고구려 건국 초기부터 오랜 경쟁자 관계를 유지해 온 국가였으나, 광개토왕의 공격 앞에 마침내 완전히 복속되어 고구려의 보호국으로 편입되었습니다. 이로써 광개토왕의 시대에 고구려는 서쪽으로는 요하, 북쪽으로는 송화강, 동쪽으로는 연해주, 남쪽으로는 한강 유역을 아우르는 거대한 제국을 건설하게

되었습니다. 광개토왕의 정복 활동은 동아시아의 국제 질서를
고구려 중심으로 재편하고, 우리 역사상 가장 광대한 영토를 개
척한 사건이었습니다.

04

동북아시아를 호령한 고구려의 천하관

고대 국가의 힘은 단순히 영토의 크기나 군사력만으로 측정되지 않았습니다. 그 나라가 자신을 스스로 국제 사회에서 어떤 위치로 인식했으며, 어떤 세계관을 가졌는지도 중요했습니다. 즉, 독자적인 '천하관天下觀'을 가졌는지가 그 나라의 위상과 자신감을 보여주는 중요한 척도였습니다. 이러한 관점에서 고구려는 동아시아 역사상 가장 뚜렷하고 강력한 주체 의식을 가졌던 국가였습니다. 고구려는 자신을 동북아시아의 중심, 즉 '천하天下'로 인식하고 주변 세계를 경영했던 독립적인 왕국이었습니다. 이러한 고구려의 독자적 천하관은 왕의 칭호, 연호의 사용, 그리고 금석문과 고분벽화 등 다양한 유물 속에 뚜렷하게 각인되어 오늘날까지 그 기상을 전하고 있습니다.

고구려 천하관의 가장 근본적인 바탕은 건국 신화에서부터 비롯되었습니다. 시조인 동명성왕추모왕, 주몽 을 '천제의 아들'이자 '하백의 외손자'로 설정한 것은 고구려 국왕의 혈통이 하늘에 닿아 있음을 선언한 것이었습니다. 이러한 건국 신화는 여러 금석문에도 담겨 있어서 고구려인들 자신도 인식했던 내용이었습니다. 중국 황제가 '천자天子'를 자처하며 하늘의 명을 받아 세계를 다스린다고 주장했듯이, 고구려 역시 자국의 군주가 하늘의 직계 후손임을 내세웠습니다. 이는 왕권의 신성성과 정통성을 확보하는 가장 강력한 이념적 장치였습니다. 또한 중국과는 별개의 독자적인 신성성을 가진 지배자임을 천명한 것이었죠.

이러한 자신감은 국왕을 부르는 칭호에서 구체적으로 드러났습니다. 고구려는 자국의 최고 통치자를 단순히 '왕王'이라 칭하지 않고 '태왕太王'이라는 특별한 존호를 사용했습니다. '태왕'은 '위대한 왕'이라는 의미로, 주변국의 일반적인 왕들과는 격이 다른 존재임을 과시하는 칭호였습니다. 광개토왕의 아들이자 또 한 명의 위대한 정복 군주였던 장수왕이 세운 광개토대왕릉비에는 '국강상광개토경평안호태왕 國岡上廣開土境平安好太王'이라는 장엄한 시호가 새겨져 있으며, 중국에서 발굴된 고구려인 모두루의 묘지석에는 호태성왕好太聖王 이라는 글이 적혀있습니다. 이는 '태왕'이 일시적인 칭호가 아니라 고구려의 공식적인 군주호였으며, 그들의 천하관이 반영된 핵심적인 상징이었음을 증명합니다.

고구려의 독자적 천하관을 가장 명백하게 보여주는 증거는 바로 '영락永樂'이라는 연호의 사용입니다. 고대 동아시아에서 연호는 시간의 흐름을 지배하는 황제만이 사용할 수 있는 고유한 권한으로 인식되었습니다. 주변국이 중국의 연호를 그대로 가져다 쓰는 것은 중국 중심의 세계 질서에 편입되었음을 인정하는 행위였습니다. 그러나 광개토대왕은 즉위하자마자 '영원한 즐거움'이라는 뜻의 '영락'을 독자적인 연호로 제정하여 사용했습니다. 이는 고구려 태왕이 다스리는 독자적인 시간과 공간이 존재함을 만천하에 선포한 것입니다.

고구려의 천하관과 세계관은 특히 광개토대왕릉비의 비문 내용에 집약적으로 표현되어 있습니다. 비문은 고구려의 건국 신화로 시작하여, 광개토왕이 주변의 여러 세력을 정복하고 복속시키는 과정을 영웅적인 서사로 묘사하고 있습니다. 특히 추모왕의 혈통을 이어받아 황천皇天과 사해四海까지 광개토왕의 은택과 무위가 미쳤다고 서술했습니다. 이는 고구려를 중심으로 한 세계의 하늘인 황천과 지상인 사해를 광개토왕이 모두 차지했다는 것을 의미합니다.

또한 백제와 신라, 왜, 부여 등을 부를 때에 이들을 고구려의 통치와 교화의 대상으로 서술하며 고구려를 중심으로 한 위계적인 국제 질서도 명확히 보여줍니다. 백제는 '백잔百殘', 즉 잔악한 무리로 헐뜯으며 응징의 대상으로 삼았고, 신라는 왜의 침략으로부터 구원해 주는 보호의 대상으로 그렸습니다. 또한 정복지의 백성들을 '수묘인守墓人'으로 삼아 선대왕의 무덤을 지키게

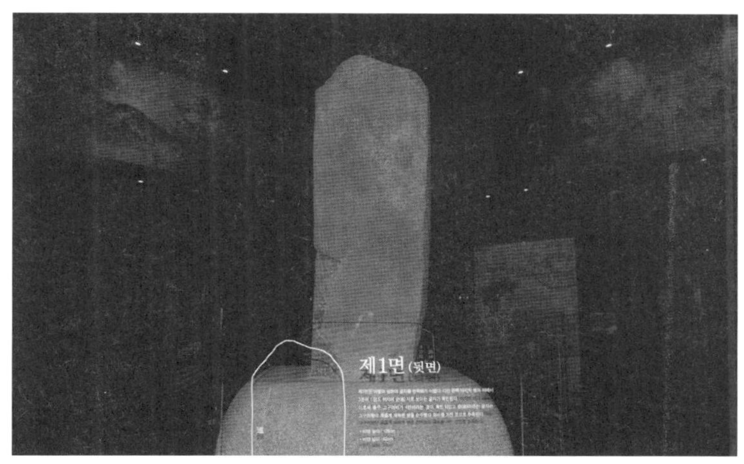

고구려의 남진 사실을 보여주는 충주 고구려비(국가유산포털)

했다는 기록은 고구려의 천하관이 단순히 관념적인 것을 넘어, 피정복민을 직접 지배하고 관리하는 실질적인 제도에까지 미쳤음을 보여줍니다.

고분벽화 역시 고구려의 천하관을 시각적으로 보여주는 중요한 자료입니다. 안악 3호분이나 덕흥리 고분벽화 등에 그려진 무덤 주인의 행렬도와 생활 모습은 그 자체로 하나의 완결된 세계를 보여줍니다. 무덤 주인은 중앙에 당당하게 앉아 신하들의 보고를 받고 있으며, 문관, 무관, 시종, 악단, 그리고 거대한 군사 행렬이 그를 둘러싸고 있습니다. 이는 무덤 주인이 생전에 누렸던 권위와 그가 지배했던 세계를 사후 세계에 그대로 재현한 것입니다. 고구려의 지배자가 곧 하늘의 대리인이자 세계의 중심이라는 천하관을 시각 예술로 웅변하는 것입니다.

고구려는 동아시아의 패자로 군림하며 강력하고 독자적인 천하관을 구축했습니다. 고구려의 천하관은 단순히 자국 중심의 오만한 생각이 아니라, 치열한 국제 정세 속에서 국가의 자주성과 정체성을 지키고 동북아시아의 질서를 주도하려 했던 고구려인들의 위대한 정신적 유산이었습니다.

05

금관가야의
쇠퇴

　광개토왕의 영토 확장으로 한반도 남부에서 큰 영향을 받은 나라는 백제뿐만이 아니었습니다. 당시 가야 연맹을 대표했던 금관가야 역시 큰 변화를 맞이하게 됩니다. 한반도 남부의 비옥한 김해평야에 자리 잡았던 금관가야는 가야 연맹의 첫 번째 맹주였습니다. 풍부한 철 생산과 낙동강 수운을 이용한 활발한 해상 교역을 통해 이른 시기부터 강력한 국력을 형성하며 가야 연맹을 이끌었지요. 그들의 무덤에서 출토되는 화려한 금동관과 정교한 철제 무기, 그리고 중국과 일본 등지에서 건너온 다양한 외래계 유물들은 당시 금관가야가 누렸던 국제적인 위상과 번영을 생생하게 증언합니다. 하지만 4세기 후반을 기점으로 이처럼 찬란했던 금관가야의 영광은 점차 빛을 잃기 시작했습니다.

금관가야 쇠퇴의 결정적인 계기는 외부의 군사적 충격에서 비롯되었습니다. 바로 400년에 있었던 고구려 광개토대왕의 남정南征이었습니다. 당시 한반도는 고구려, 백제, 신라 삼국의 각축전이 치열하게 전개되고 있었습니다. 특히 백제는 남쪽의 가야, 그리고 바다 건너 왜와 연합하여 동쪽의 신라를 강하게 압박하는 전략을 구사하고 있었습니다. 당시 신라는 국가 존망의 갈림길에 처해 있었습니다. 백제-가야-왜로 이어지는 남방 동맹의 파상 공세, 특히 바다를 건너온 왜군의 끊임없는 침략과 약탈로 수도인 금성金城까지 위협받는 절체절명의 상황이었습니다. 이때, 우리가 앞서 배웠던 대로 신라가 고구려로 구원을 요청한 것입니다.

신라의 구원 요청을 받은 광개토왕은 왜군을 격파했습니다. 여기서 광개토왕은 단순히 왜군을 신라 땅에서 몰아내는 것에 만족하지 않았습니다. 그는 적의 근거지를 완전히 파괴하여 위협의 뿌리를 뽑고자 했습니다. 고구려군은 도망치는 왜군을 맹렬하게 추격하여 남쪽으로 향했습니다. 그리고 그 추격전의 종착지는 바로 왜군의 배후 기지이자 동맹 세력의 핵심이었던 임나가라任那加羅의 종발성從拔城이었습니다. 역사학계에서는 이 임나가라를 당시 가야 연맹의 맹주였던 금관가야로 보고 있습니다. 금관가야는 낙동강 하류의 지정학적 이점을 활용해 긴 시간 동안 왜와 긴밀한 교류 관계를 맺고 있었죠.

이 전쟁은 금관가야에 돌이킬 수 없는 치명타를 안겼습니다.

비록 전쟁의 직접적인 목표는 왜군이었지만, 그들에게 거점을 제공하고 동맹 관계에 있었던 금관가야는 전쟁의 참화를 고스란히 뒤집어쓸 수밖에 없었습니다. 고구려군에 의해 정치·군사적 기반은 물론이고 해상 교역의 중심지로서의 경제 기반까지 무너졌습니다. 단순한 한 번의 전쟁 패배를 넘어서 금관가야가 가야 연맹의 맹주로서 누렸던 모든 권위와 힘을 잃어버리는 결정적인 사건이 된 것입니다.

　주변의 다른 가야 소국들은 더 이상 금관가야가 자신들을 보호해 줄 수 없음을 깨달았습니다. 이후, 가야 연맹의 주도권은 전쟁의 피해를 상대적으로 덜 입었던 대가야大伽倻, 아라가야阿羅伽倻로 넘어가게 되었습니다. 이러한 금관가야의 정치·군사적 몰락은 고고학적 증거를 통해서도 명확히 확인됩니다. 금관가야가 존재했던 김해에는 거대한 무덤들이 몰려 있는 대성동 고분군이 있습니다. 이곳은 금관가야 지배층들의 무덤이 있던 곳인데 400년을 기점으로 무덤의 규모가 급격히 축소되고, 화려했던 사치품들이 거의 사라지는 모습을 보입니다.

　반면에, 대가야와 아라가야를 대표하는 무덤들이 있던 고령 지산동 고분군, 함안 말이산 고분군은 400년대 초를 기점으로 규모가 폭발적으로 거대해집니다. 이전 시기와는 비교할 수 없을 정도로 큰 봉토를 가진 무덤들이 집중적으로 축조되기 시작하는데, 이는 대가야, 아라가야에 강력한 권력을 가진 왕이 등장했음을 의미합니다. 또한 대가야 지배층의 무덤에서는 순금으로 제작된 금관과 금귀걸이 등 화려한 장신구가 나오기 시작했고, 아

금관가야 왕족들의 무덤으로 여겨지는 김해 대성동 고분군(국가유산포털)

라가야 지배층의 무덤들에서는 독특한 디자인의 불꽃무늬 그릇 받침, 수레바퀴 모양 토기 등이 발굴됩니다. 이처럼 땅속에 잠들어 있던 유물들을 통해 금관가야의 쇠퇴와 대가야·아라가야의 성장이 맞물렸음을 알 수 있습니다.

금관가야는 광개토왕의 남정으로 바로 멸망하지는 않았습니다. 이후 100여 년간 명맥을 계속 유지해 나갑니다. 하지만 더 이상 주변국에 영향력을 행사하지 못하는 작은 지방 세력으로 전락하고 말았습니다. 게다가 6세기 초에는 낙동강 하류 지역으로 진출하려는 신라의 위협을 받는 처지에 놓이고 맙니다. 한반도 국가들 사이 힘의 균형이 급격하게 재편되는 격동의 시기에 남해안의 해상 왕국 금관가야는 쇠락이라는 거스를 수 없는 운명을 맞이하고 말았습니다.

06

김씨의 왕위 독점을 이룩한 나물마립간

우리는 2장에서 신라의 왕위는 박, 석, 김씨가 돌아가면서 계승했다고 배웠습니다. 신라의 이러한 상황은 300년대까지 이어졌습니다. 그러다 중반에 들어서 이 오랜 전통을 깨고 역사의 흐름을 완전히 새로운 방향으로 이끈 결정적인 인물이 등장했습니다. 바로 신라 제17대 왕인 나물마립간奈勿麻立干이었습니다. 그는 40년이 넘는 긴 통치 동안 김알지의 후예인 김씨의 왕위 독점 세습 체제를 확립하고, '이사금'이라는 칭호를 '마립간麻立干'으로 바꾸어 왕의 권위를 격상시켰습니다.

나물마립간은 미추이사금의 동생인 말구末仇의 아들로, 김씨 중에서 가장 강력한 혈통적 정통성을 가지고 있었다고 합니다.

다만 미추이사금의 사망 시기와 나물마립간의 즉위 시기가 72년이나 차이가 나서 가계도가 정확한지는 여러 논의가 이루어지는 중입니다. 나물마립간이 즉위하면서 신라는 더 이상 다른 씨족에게 왕위를 넘겨주지 않고, 오직 김씨만이 독점적으로 왕위를 계승하게 되었습니다. 다른 성씨가 왕이 되는 것은 약 560년이 지나서였습니다. 이로써 신라는 안정적인 왕위 계승을 이루게 되었으며, 강력한 국가로 성장하기 위한 가장 기본적인 전제 조건을 마련하였습니다.

왕권 강화를 위한 나물마립간의 의지는 새로운 왕의 칭호에서도 명확하게 드러납니다. 그는 이전까지 사용되던 '이사금'이라는 칭호를 폐지하고 '마립간'이라는 새로운 칭호를 사용하기 시작했습니다. 마립간의 사용 시작에 대해서는 《삼국사기》와 《삼국유사》의 내용이 다르지만, 오늘날에는 역사학자들의 연구를 따라서 대체로 나물마립간부터 사용했다고 보고 있습니다. 신라인 김대문金大問 이란 학자의 설명에 따르면 '마립'은 '갈뚝'을 의미하는 옛말로, 여러 신하가 계급에 따라 각자의 말뚝橛 에 앉을 때 왕은 가장 높은 으뜸 말뚝에 앉았다는 데서 유래했다고 합니다. 또한 국어학자들에 따르면 '마립'은 '으뜸'의 의미가 있다고 합니다. 즉 마립간은 여러 간 중에 으뜸가는 간, 곧 대수장大首長의 의미를 담고 있는 칭호였습니다. 이 칭호의 변경은 신라의 정치 체제가 귀족 연합체에서 왕을 정점으로 하는 중앙 집권 체제로 변화하고 있음을 상징적으로 보여주는 매우 중요한 사건이었습니다.

금관가야 왕족들의 무덤으로 여겨지는 김해
대성동 고분군(국가유산포털)

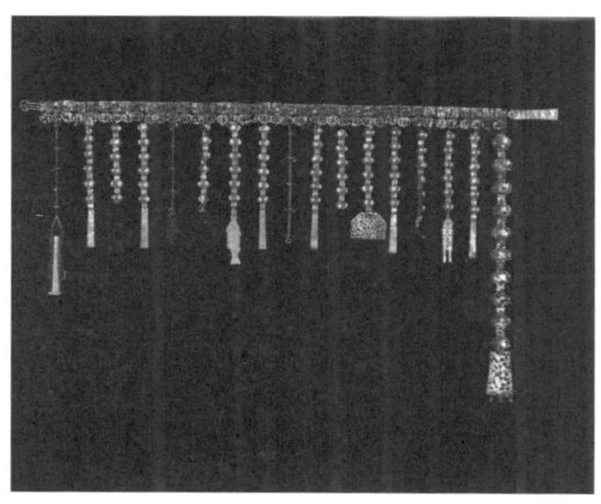

금관가야 왕족들의 무덤으로 여겨지는 김해
대성동 고분군(국가유산포털)

나물마립간의 통치기는 내적으로는 왕권을 강화하는 시기였지만, 외적으로는 그 어느 때보다 혹독한 시련의 시기였습니다. 당시 서쪽에서는 근초고왕의 지휘 아래 최전성기를 맞이한 백제가 화친과 위협을 반복하며 신라를 압박했습니다. 동남쪽에서는 바다 건너 왜倭, 북쪽에서는 말갈이 수시로 국경을 침범하고 백성을 살육하면서 재물을 약탈했습니다. 이러한 상황을 타개하기 위해 나물마립간은 국제 외교에 적극적으로 뛰어들었습니다. 그는 고구려의 도움을 받아서 당시 중국의 강국이었던 전진前秦에 사신을 보냈습니다. 이는 신라가 중국으로 보낸 최초의 사신이었습니다. 또한, 고구려에도 계속해서 사신을 보내면서 관계를 돈독하게 유지했습니다.

나물마립간의 이러한 외교 전략은 국가적 대위기 상황에서 마침내 빛을 보게 되었습니다. 우리가 앞서 알아보았듯이 400년에 왜가 백제, 가야와 연합하여 대규모 공세를 펼쳐왔고, 신라의 수도인 금성까지 포위하는 절체절명의 위기가 발생했습니다. 이러한 국가적 위기 상황에서 나물마립간은 고구려의 광개토왕에게 구원을 요청하는 과감한 외교적 승부수를 띄웠습니다. 그는 신라의 자주성을 일정 부분 희생하더라도 당장 눈앞의 위기를 극복하고 국가의 생존을 보장하는 것이 더 중요하다고 판단했습니다. 고구려의 도움을 통해 신라는 왜의 위협에서 벗어나 한숨을 돌릴 수 있었지만, 세상에 공짜는 없는 법입니다. 특히나 약육강식의 논리가 현재보다 강했던 삼국시대에는 더욱 당연하였습니다. 신라는 고구려의 군사적 보호를 받는 대가로 이후 상당 기간 고구려의 강력한 내정 간섭을 받게 되었습니다. 고구려는 신라토내당주新羅土內幢主 라는 직책을 신설하고 군대를 신라 영토 내에 주둔시켰습니다. 신라는 사실상 고구려의 보호국 처지에 놓이게 되었습니다.

하지만 이러한 상황은 역설적으로 신라에 새로운 발전의 기회를 제공하기도 했습니다. 고구려라는 강력한 우방의 존재는 백제와 가야, 왜의 침략을 억제하는 방패막이 역할을 해주었고, 비교적 안정된 환경 속에서 내정 개혁에 집중할 수 있었습니다. 또한, 고구려를 통해 당시 선진 문물이었던 중국의 문화를 간접적으로 수용하며 국가 체제를 정비해 나갈 수 있었습니다.

이처럼 나물마립간은 김씨의 왕위 세습을 확립하고 '마립간'이라는 새로운 칭호를 통해 왕권을 드높였습니다. 또한 급변하는 국제 정세 속에서 과감한 외교 정책을 통해 국가의 생존을 도모했습니다. 그의 통치는 신라가 연맹 왕국의 껍데기를 깨고, 고대 중앙 집권 국가로 나아가는 견고한 초석을 마련한 위대한 시대였습니다. 비록 고구려의 간섭이라는 그림자도 있었지만, 그가 이룩한 안정과 개혁의 기반 위에서 훗날 신라는 고구려, 백제와 당당히 서는 국가로 성장하는 저력을 키워나갈 수 있었습니다.

조카의 왕위를 빼앗은 실성마립간

　안정적인 왕권을 확보한 나물마립간이었기에 그가 세상을 떠난 뒤, 그의 장남인 눌지訥祗 가 왕위를 계승하는 것은 너무나도 당연한 순서처럼 보였습니다. 하지만 역사는 예상치 못한 방향으로 흘러갔습니다. 나물마립간의 뒤를 이은 인물은 아들 눌지가 아닌, 사촌 동생 혹은 이복동생이라는 설도 있습니다. 이었던 실성實聖 이었습니다. 정당한 계승자였던 어린 조카를 밀어내고 왕좌를 차지한 것입니다. 다만 실성마립간은 개인적인 원한에 휩싸여 나라를 망가뜨리지는 않았습니다. 그는 자신의 개인적 원한과 정치적 야심을 외교관계로 풀어가는 통치 방식을 택했습니다.

　실성마립간의 삶은 즉위하기 전부터 순탄치 않았습니다. 그는 나물마립간 재위기인 392년, 당시 신라를 강하게 압박하던 북쪽의 강대국 고구려에 볼모로 보내지는 아픔을 겪었습니다. 이는 신라가 고구려의 군사적 지원을 받는 대가로 치러야 했던 외교적 희생이었습니다. 하지만 실성 개인에게는 이국땅에서 언제 죽을지 모르는 불안과 굴욕 속에서 청년기를 보내야 했던 깊은 상처로 남았을 것입니다. 이후 약 10년 만인 401년에 귀국했지만, 고구려에서의 볼모 생활은 그의 가치관과 정치적 행보에 지대한 영향을 미쳤습니다. 그는 고구려의 막강한 국력을 직접 보며 국제 관계의 냉혹함을 뼈저리게 느꼈습니다. 또한, 자신을 볼모로 보낸 나물마립간과 그의 가문에 대한 깊은 원망을 품게 되었을 가능성이 큽니다.

402년, 나물마립간이 승하하자 실성은 이 원한을 현실 정치에서 풀어내기 시작했습니다. 당시 선왕의 장남인 눌지는 아직 나이가 어려 국정을 이끌기에는 무리가 있다는 명분이 있었습니다. 실성은 자신이 나물마립간의 사촌이자 고구려에서 외교적 경험을 쌓은 연장자임을 내세워 귀족 세력의 지지를 얻고 왕위에 올랐습니다. 표면적으로는 안정적인 국정 운영을 위한 선택처럼 보였지만, 신라의 왕위 계승 질서를 다시 한번 혼란에 빠뜨리는 행위였습니다. 게다가 실성마립간은 정통성이 부족한 군주였기에 자신의 권력을 유지하기 위해서 끊임없는 정치적 암투를 벌일 수밖에 없었습니다.

실성마립간은 자신의 자리를 위협할 수 있는 가장 강력한 경쟁자들, 즉 선왕이었던 나물마립간의 아들들을 제거하기 위해 외교를 교묘하게 이용했습니다. 즉위하자마자 그는 나물마립간의 또 다른 아들이자 눌지의 동생 미사흔未斯欣 을 왜에 볼모로 보냈습니다. 당시 왜는 신라를 끊임없이 침략하던 적대국이었기에, 왕자를 볼모로 보낸다는 것은 사실상 죽음의 사지로 내모는 것과 다름없는 비정한 결정이었습니다. 그럼에도 이 조치를 단행한 것은 국내의 유력한 왕위 계승 후보를 제거하려는 실성의 숨은 의도가 있었기 때문입니다. 10년 뒤인 412년에는 더욱 노골적인 행보를 보였습니다. 이번에는 고구려에 나물마립간의 아들 복호卜好 를 볼모로 보냈습니다. 자신이 겪었던 굴욕적인 볼모 생활을 조카에게 그대로 되갚아 준 것입니다.

이 두 사건은 표면적으로는 고구려, 왜와의 외교관계를 위한 어쩔 수 없는 선택처럼 포장되었습니다. 실제로 고구려와의 관계는 나물마립간 대처럼 돈독한 관계를 유지했습니다. 복호를 볼모로 보낸 다음 해에 신라는 사신을 보내 고구려 평양에서 만들어진 대교를 견문하기도 했습니다. 하지만 왜와의 관계는 달랐습니다. 실성마립간 통치기 동안 왜는 4번이나 신라를 공격했습니다. 실성이 16년 동안 왕으로 재위했으니 4년에 한 번은 공격당한 셈입니다. 신라에서 더 이상 참지 못하고 왜인이 많이 거주하던 대마도를 정벌하려 하기도 했습니다. 미사흔을 왜에 볼모로 보낸 외교 행위는 아무런 의미가 없었던 것입니다. 결국 실성마립간의 외교 정책, 그 본질은 자신의 정적이자 잠재적 위협인 조카들을 합법적으로 국외로 추방하여 자신의 왕권을 공고히 하려는 치밀한 정치적 계산이었습니다. 실성마립간에게 외교는 국가의 안위를 위한 수단이기 이전에 자신의 불안한 왕위를 지키기 위한 정적 제거의 도구였던 셈입니다.

하지만 조카들을 모두 국외로 내쫓았음에도 실성의 불안은 해소되지 않았습니다. 시간이 흘러 장성한 눌지는 그에게 가장 위협적인 존재로 남았습니다. 결국, 실성은 자신의 마지막 위협을 제거하기 위해 끔찍한 음모를 꾸몄습니다. 417년, 그는 눌지를 죽이기로 결심하고 고구려 사람을 시켜 암살을 시도했습니다. 하지만 이 음모는 예상치 못한 방향으로 흘러갔습니다.《삼국사기》와《삼국유사》의 기록에 따르면, 실성은 눌지를 해치기 위해 고구려 사신을 맞이하러 보냈습니다. 하지만 눌지의 비범함을 알아본 고구려 측에서 오히려 그를 보호하고 실성의 음모를 알려주었다고 합니다. 눌지는 더 이상 숙부의 위협을 좌시하지 않았습니다. 그는 정변을 일으켜 실성을 시해한 뒤 마침내 왕위에 올랐습니다. 이로써 15년간 이어진 비정상적인 통치는 막을 내리고, 왕위는 다시 나물마립간의 직계 혈통으로 돌아오게 되었습니다.

실성마립간은 나라를 망가뜨린 폭군은 아니었습니다. 하지만 그의 통치 기간은 개인적인 원한과 권력욕으로 점철되어 있었습니다. 자신의 정적을 제거하기 위해 외교관계를 악용했고, 이것이 긍정적인 성과로 이어지지 못했습니다. 마침내는 조카를 암살하려다 역으로 자신이 비참한 최후를 맞이했습니다. 그는 신라 역사에서 정통성을 잃은 권력이 어떻게 자신을 파멸로 이끌어 가는지를 보여주는 분명한 반면교사로 남게 되었습니다.

08

눌지마립간과
박제상

　신라의 제18대 왕인 눌지마립간訥祗麻立干의 시대는 선왕이었던 실성마립간이 남긴 깊은 상처와 혼란을 치유하고, 나물마립간이 세운 김씨 왕조의 정통성을 다시 굳건히 세워야 했던 중차대한 시기였습니다. 숙부 실성의 음모로 인해 목숨을 잃을 뻔했던 그에게는 비극적인 운명을 극복하고 왕위에 올라 흩어진 왕실을 다시 하나로 모으는 과업을 짊어졌습니다. 그리고 이 어려운 과업의 중심에는 자신의 목숨을 기꺼이 던져 왕의 동생들을 구해낸 불세출의 충신인 박제상朴堤上이 있었습니다.

　눌지마립간은 왕위에 올랐지만, 마음은 편치 않았습니다. 자신의 두 동생인 복호와 미사흔이 각각 고구려와 왜에 볼모로 잡혀 생사를 알 수 없는 상황이었기 때문입니다. 눌지마립간에게 동생들을 구해오는 것은 단순히 핏줄의 정을 넘어서는 문제였습니다. 그것은 실성 시대의 비정상적인 외교관계를 청산하고, 나물마립간의 적통 형제들이 모두 건재함을 만천하에 알려 흔들리는 왕권을 반석 위에 올려놓기 위한 최우선의 정치적 과제였습니다. 《삼국사기》는 당시 눌지마립간이 신하들을 모아놓고 눈물을 흘리며 "선왕께서 이웃 나라와 화친하시면서 나의 어린 두 아우를 멀리 타국에 볼모로 보내셨다. 나는 이제 두 아우를 몹시 보고 싶어 잊을 수가 없으니, 누가 능히 계책을 내어 이들을 돌아오게 할 수 있겠는가?"라며 탄식했다고 전합니다.

왕의 깊은 시름 앞에 많은 신하가 침묵하고 있을 때, 삽량주현재의 양산의 우두머리였던 박제상이 앞으로 나섰습니다. 그는 신라의 시조인 박혁거세의 후손으로, 대대로 나라에 충성을 다해 온 명문가의 인물이었습니다. 그는 왕 앞에 엎드려 "신하가 지혜롭지 못하면 충성심이라도 있어야 합니다. 신이 비록 어리석으나, 왕의 명령을 받들어 가기를 원합니다."라고 말했습니다. 그는 "임금에게 근심이 있으면 신하가 욕을 당하고, 임금이 욕을 당하면 신하는 죽어야 한다"라는 후대까지 길이 남을 충절의 말을 남기며 임무를 맡았습니다.

박제상의 첫 번째 목적지는 아우 복호가 있는 고구려였습니다. 당시 고구려는 장수왕의 통치 아래 동북아시아 최강대국의 위용을 떨치고 있었습니다. 박제상은 무력이나 위협이 아닌 지혜와 논리를 바탕으로 한 외교적 설득을 택했습니다. 그는 고구려에 도착하여 장수왕을 알현하고, "이웃 나라와 친해지게 하는 도리는 정성과 신의뿐입니다. 왕자를 볼모로 교환하는 것은 말세의 일입니다. 만약 대왕께서 고맙게도 그를 돌려보내 주신다면 저희 임금이 대왕께 입은 은덕은 이루 다 헤아릴 수 없을 것입니다."라고 얘기하면서 설득했습니다. 그의 당당하고 충성스러운 태도에 감동한 장수왕은 그의 청을 받아들여 복호의 귀국을 허락했습니다. 박제상은 첫 번째 임무를 성공적으로 완수하고 복호와 함께 무사히 금성으로 돌아왔습니다.

하지만 진짜 어려운 임무는 아직 남아있었습니다. 동생 미사흔이 볼모로 있는 왜는 당시 신라와 극심한 적대 관계에 놓여 있어 외교적 해법을 기대하기 어려운 상황이었습니다. 박제상은 이번에는 정공법이 아니라 자신의 목숨을 건 기만책을 사용하기로 결심했습니다. 그는 가족도 만나지 않고 머나먼 뱃길에 올랐습니다. 왜에 도착한 그는 신라의 왕이 자신을 죽이려 해 도망쳐 왔다고 거짓으로 고하며 왜왕에게 투항했습니다. 그는 뛰어난 언변과 지략으로 왜왕의 의심을 풀어내고 신임을 얻는 데 성공했습니다.

왜 조정에 깊숙이 잠입한 박제상은 기회를 엿보다 마침내 미사흔과 비밀리에 만날 수 있었습니다. 그는 미사흔과 배를 타고 놀며 마치 물고기와 오리를 잡는 척하면서 탈출 계획을 세웠습니다. 어느 날 새벽 아침 안개가 자욱하게 끼자, 박제상은 미사흔에게 떠날 것을 요청했습니다. 미사흔은 "제가 장군을 아버지처럼 받들었는데, 어찌 혼자 돌아갈 수 있겠습니까?"라고 했습니다. 하지만 박제상은 "만약 두 사람이 함께 떠난다면, 뜻을 이룰 수 없을까 두렵습니다."라면서 미사흔만을 탈출시킵니다. 박제상은 미사흔의 방에서 잠을 자고 아침에 온 왜인들을 막으면서 미사흔이 피곤해서 일어나지 않았다고 했습니다. 이러한 행동은 미사흔이 더욱 멀리 도망갈 수 있도록 하기 위해서였습니다. 그러나 저녁 무렵에도 미사흔이 나오지 않자, 왜인들이 박제상을 재촉했고 미사흔이 탈출한 사실을 알게 되었습니다.

미사흔이 탈출했다는 사실을 알게 된 왜왕은 극도로 분노했습니다. 그는 붙잡혀 온 박제상을 직접 심문하며 "너는 어찌하여 너희 나라 왕자를 몰래 보내었느냐?"라고 추궁했습니다. 그러자 박제상은 조금의 두려움도 없이 당당하게 "나는 계림新羅의 신하일 뿐이다. 나는 단지 우리 임금의 소원을 이루게 했던 것뿐이다."라고 대답했습니다. 왜왕은 회유와 협박을 번갈아 하며 그를 자기 신하로 삼으려 했지만, 박제상의 뜻은 확고했습니다. 결국 그의 충절을 꺾을 수 없다고 판단한 왜왕은 잔혹한 형벌을 내렸습니다. 박제상은 목도라는 섬으로 끌려가 불에 타는 극형을 받고 장렬하게 순국했습니다. 박제상의 비극적인 최후와 미사흔의 극적인 귀환 소식은 신라 온 나라를 슬픔과 감격에 휩싸이게 했습니다. 눌지마립간은 동생을 구하고 산화한 충신을 위해 대성통곡했으며, 그에게 대아찬大阿干의 벼슬을 추증하고 그의 부인에게는 국대부인國大夫人의 작위를 내렸습니다. 또한, 박제상의 어린 딸을 미사흔과 혼인시켜 그의 가문이 왕실과 혈연을 맺는 최고의 예우를 다했습니다.

경주 황남동 고분군

　박제상의 절대적인 충성심은 실성 시대의 배신과 음모로 얼룩졌던 신라 사회에 '충의'라는 새로운 시대정신을 제시했습니다. 눌지마립간은 박제상의 희생 위에서 비로소 왕실을 하나로 모을 수 있었습니다. 안정을 되찾은 그는 이후 올바른 통치를 바탕으로 신라의 국력을 키워나가는 데 전념했습니다. 지금까지도 박제상의 이야기는 나라와 군주를 위해 자신의 모든 것을 바친 한 위대한 영웅의 숭고한 정신을 우리에게 전해주고 있습니다.

09

백제의 혼란스러운 왕위 다툼

    4세기 후반 백제가 전성기를 이룩한 데에는 부자 상속이라는 원칙에 따른 안정적인 왕위 계승이라는 강력한 반석이 있었습니다. 하지만 근초고왕이 세상을 떠난 지 불과 한 세대도 지나지 않아서 백제 왕실은 굳건해 보였던 이 계승 원칙이 무너집니다. 그리고 피비린내 나는 숙부와 조카, 형제간의 권력 투쟁이라는 깊은 혼란의 소용돌이 속으로 빠져들었습니다. 이 시기의 혼란으로 백제는 고구려의 강력한 남하 정책에 대해서 제대로 대응하지 못하고 맙니다.

    혼란의 서막을 연 인물은 백제의 16대 왕인 진사왕이었습니다. 그의 선왕이자 형이었던 침류왕枕流王은 재위 2년 만에 갑작스럽게 세상을 떠났습니다. 침류왕에게는 아신阿莘이라는 아들이 있었지만, 그의 나이가 너무 어렸기에 숙부였던 진사가 왕위를 계승하게 되었다고 합니다. 왕위 계승자가 나이가 어리므로 연장자가 국정을 이끌어야 한다는 명분은 있었지만, 진사왕의 즉위는 근초고왕 이래 확립되었던 부자 상속의 원칙이 깨지는 첫 번째 사례였습니다. 이 작은 균열은 훗날 걷잡을 수 없는 파국을 불러오는 씨앗이 됩니다.

진사왕의 통치는 순탄치 않았습니다. 그는 즉위하자마자 북쪽에서 무섭게 성장하고 있던 고구려 광개토대왕의 강력한 압박에 직면해야 했습니다. 고구려의 남진을 막기 위해 백제의 성들을 수리하고 변경을 방어했지만, 연이은 전투에서 패배하며 영토를 상실하고 왕의 권위는 크게 실추되었습니다. 게다가 정통 계승자인 조카 아신이 장성하면서 진사왕의 왕위는 점차 불안해졌습니다. 결국 392년에 진사왕은 구원狗原이라는 곳으로 사냥을 나갔다가 행궁行宮에서 세상을 떠났습니다. 하지만 이 석연치 않은 죽음에 대해서 아신을 지지하는 세력이 정변을 일으켜서 진사왕을 죽였을 것이라고 역사학자들은 추측하고 있습니다. 조카가 자신의 자리를 되찾기 위해 숙부를 제거하는 비극이 벌어진 것입니다.

어렵게 왕위에 오른 아신왕이었지만 그의 통치도 역시 평탄하지 않았습니다. 그는 고구려에 연이어 패배했다는 명분으로 숙부를 몰아내고 왕위를 차지했습니다. 하지만 아신왕 본인 역시도 고구려 광개토왕이라는 거대한 벽 앞에서 좌절과 패배를 맛

봐야 했습니다. 그는 재위 기간 내내 고구려에 대한 복수를 외치며 무리한 전쟁을 계속했습니다. 하지만 그의 야심 찬 북벌은 번번이 광개토대왕의 압도적인 군사력 앞에 처참하게 무너졌고 한강 유역의 수많은 성을 빼앗기는 등 백제는 건국 이래 최대의 위기를 맞이했습니다.

계속되는 패전으로 왕의 권위가 약화했고 이는 또 다른 왕위 계승의 불안 요소를 낳았습니다. 아신왕은 왜와의 동맹을 강화하기 위해 자기 아들이자 태자였던 전지腆支를 왜에 볼모로 보냈습니다. 이는 절박한 상황에서 동맹을 유지하기 위한 외교적 선택이었지만 결과적으로는 국가의 정통 후계자를 수도에서 멀리 떠나보내는 치명적인 실수가 되었습니다. 405년, 아신왕이 세상을 떠나자, 백제는 또다시 극심한 혼란에 휩싸였습니다. 왕이 세상을 떠났는데 왕위를 계승해야 할 태자는 멀리 바다 건너에 있었기 때문입니다.

이 권력의 공백을 틈타 왕좌를 노린 인물이 나타났습니다. 바로 아신왕의 막냇동생인 설례碟禮였습니다. 태자 전지가 돌아오기 전까지 백제는 아신왕의 둘째 동생이었던 훈해訓解가 나라를 대리로 운영하고 있었습니다. 하지만 왕좌에 대한 욕망을 품고 있던 설례가 이 상황을 그냥 두고 보지 않았습니다. 설례는 형인 훈해를 살해하고 스스로 왕위에 오르는 극악무도한 반란을 일으켰습니다. 동생이 형을 죽이고 조카의 나라를 빼앗는 최악의 사태가 발생한 것이랍니다. 백제 왕실은 완전히 통제 불능의 상태에 빠져들었습니다.

한편, 왜에 머물던 태자 전지는 아버지의 부고를 듣고 급히 귀국길에 올랐습니다. 하지만 그가 백제에 도착했을 때는 나라가 이미 숙부 설례의 손아귀에 들어간 뒤였습니다. 상황을 몰랐던 전지가 국경 근처에 이르자 백제의 귀족인 해충解忠이 전지에게 와서 "대왕께서 돌아가시자 왕의 동생 설례가 형을 죽이고 스스로 왕이 되었습니다. 태자께서는 경솔히 들어오지 마시기를 바랍니다."라고 얘기하면서 상황을 알렸습니다. 전지는 바닷가의 한 섬에 머물며 비통한 심정으로 때를 기다려야 했습니다. 다행히 해충을 비롯한 백제 사람들이 군사를 일으켜 왕궁을 장악하고 반역자 설례를 제거하는 데 성공했습니다. 전지는 비로소 수도에 입성하여 왕으로 즉위할 수 있었습니다.

침류왕 사후 20여 년 동안 이어진 백제의 혼란스러운 왕위 다툼은 국가에 깊은 상처를 남겼습니다. 진사왕의 계승은 부자 상속의 원칙을 무너뜨리는 혼란의 씨앗을 만들었고, 왕위를 되찾기 위해 고구려 타도라는 명분을 내세운 아신왕은 무리한 전쟁으로 국력을 낭비하며 왕권을 약화했습니다. 설례의 반란은 왕실의 도덕적 권위를 땅에 떨어뜨렸습니다. 또한 전지왕이 즉위하는 과정에서 해충과 같은 귀족 세력의 도움으로 겨우 왕위에 올랐다는 사실도 백제의 왕권을 크게 약화시키는 결과를 가져왔습니다. 이러한 내부 상황 때문에 백제는 고구려의 남하에 대해서 제대로 대응하지 못하고 맙니다. 결국, 이후 백제는 단독으로는 고구려의 군사력을 맞을 수 없었기에 새로운 방법을 모색하게 됩니다.

10

나제동맹의 성립

신라의 눌지마립간이 즉위하면서 신라의 왕권은 안정되었습니다. 비슷한 시기에 백제도 비유왕毗有王이 즉위하면서 왕권을 안정시키는 상황이었습니다. 그런데 때마침 백제와 신라에 새로운 위기가 닥쳐오게 되었습니다. 광개토왕의 남정 이후, 한동안 조용했던 고구려의 장수왕이 다시 남하 정책을 펼치면서 커다란 위협에 직면하게 된 것입니다. 당시 고구려는 압도적인 군사력을 갖추고 있었고 백제는 임진강 너머 황해도 지역을 상실한 뒤 세력이 약화하여 있었습니다. 신라 역시 고구려의 압박을 받고 있었기 때문에 두 나라는 생존과 세력 유지를 위해 서로 협력할 수밖에 없었습니다.

고구려에 대항하기 위해 백제 비유왕과 신라 눌지마립간은 433년에 공식적으로 동맹을 맺었습니다. 이 동맹이 바로 우리가 교과서에서 배우는 나제동맹입니다. 두 나라의 왕은 사신을 교환하며 우호 관계를 다졌습니다. 백제에서는 좋은 말 2필과 흰 매 1마리를 신라에 보냈고, 이듬해에는 신라에서 백제로 황금과 진주를 보내면서 두 나라는 동맹을 맺게 됩니다. 이를 계기로 두 나라는 군사적 · 외교적으로 긴밀하게 협력하는 사이가 됩니다. 이후 나제동맹은 단순한 외교적 결속에서 그치지 않고 실제로 고구려의 공격이 있을 때마다 서로 구원군을 파견하는 실질적 연합으로 발전했습니다. 특히 450년대 들어 신라와 백제는 고구려의 반복적인 침공에 맞서 상호 구원군을 파견하며 동맹의 실질적 의미를 더욱 강화하였습니다.

454년에 고구려가 신라의 북쪽 변경을 침공하자 백제가 신라를 지원하기 위해 군사를 파견했고, 이듬해인 455년에는 고구려가 백제를 공격하자 신라가 백제를 구원하기 위해 군대를 보냈습니다. 이러한 상호 구원군 파견은 단순한 명목상의 동맹이 아니라, 실제로 양국의 존립을 위해 적극적으로 협력했음을 보여줍니다. 나제동맹은 고구려의 남하 정책이 더욱 강화되는 시기에 더욱 중요한 역할을 하게 됩니다. 475년 고구려 장수왕이 백제의 수도 한성을 공격했을 때, 신라가 백제를 도와주려 했던 사실은 나제동맹의 실질적 의미를 보여주는 대표적인 사례입니다.

481년 신라의 수도 금성 동북쪽으로 고구려와 말갈 연합군이 쳐들어왔을 때에도 백제가 군사를 파견해 신라를 구원한 사실 역시 나제동맹이 실제로 작동했음을 증명합니다. 양 국가의 군사 동맹은 계속 이어져서 484년, 494년, 495년에도 고구려가 백제와 신라를 공격하지만, 두 국가의 연합 작전으로 성공적인 방어를 해낼 수 있었습니다. 이처럼 나제동맹은 고구려의 남하를 저지하고 한반도 남부의 세력 균형을 유지하는 데 결정적인 역할을 했습니다. 두 나라는 동맹을 통해 군사뿐 아니라 외교적으로도 긴밀하게 협력했고, 문화와 기술 교류 역시 활발히 이루어졌습니다. 특히 백제의 선진 문물과 기술이 신라에 전해지면서 신라의 국력이 점차 성장할 수 있었고, 신라 역시 농업 기술과 행정 체계를 정비하며 내부적으로 발전할 수 있었습니다.

그러나 동맹이 항상 순조롭게 유지된 것은 아니었습니다. 시간이 흐르면서 신라의 힘이 점차 커지자 국제 관계를 중심으로 서로의 이해관계가 충돌하기 시작했습니다. 496년과 497년 고구려가 신라의 우산성을 두 차례나 공격했을 때 백제는 신라를 도와주지 않았고 오히려 501년에는 신라를 방비하기 위해 탄현에 목책을 세우기까지 했습니다. 이는 동맹이 신라의 성장과 함께 서로의 이해관계가 충돌하기 시작했음을 보여줍니다. 결국 신라는 내부 정비에 힘쓰며 국력을 키웠습니다. 백제와 신라의 관계는 좀 더 시간이 지나서야 회복하게 됩니다.

나제동맹은 고구려의 남하 정책에 맞서 백제와 신라가 힘을 합친 대표적인 군사 동맹이었습니다. 두 나라는 동맹을 통해 고구려의 위협을 효과적으로 저지하고, 한반도 남부에서 각자의 세력을 유지할 수 있었습니다. 또한, 문화와 기술 교류, 혼인동맹

등 다양한 형태로 협력 관계를 발전시켰습니다. 그러나 시간이 흐르면서 신라의 성장과 함께 서로의 이해관계가 충돌하기 시작했고, 결국 동맹은 약 70년 만에 결렬되고 말았습니다.

이처럼 나제동맹은 430~490년대 한반도 남부의 두 나라가 고구려의 위협에 맞서 힘을 합친 대표적인 사례로, 군사 동맹에서 혼인 동맹으로 발전하는 과정을 거치며 삼국의 국제 질서에 큰 영향을 미쳤습니다.

11

개로왕의 죽음과
위례성의 함락

　광개토대왕의 뒤를 이은 고구려 장수왕長壽王 은 수도를 평양으로 옮기며 고구려의 내부를 정비하는 기간을 가졌습니다. 그리고 450년대가 되면서 본격적인 남하 정책을 다시 시행하려고 했습니다. 이에 맞서 한반도 남부의 백제와 신라는 생존을 위한 필사적인 외교전과 군비 경쟁에 돌입했습니다. 이러한 긴장감 속에서 백제의 제21대 왕으로 즉위한 인물이 바로 개로왕蓋鹵王 입니다. 개로왕의 통치기는 처음부터 끝까지 '반反 고구려 정책'으로 일관되었습니다. 그는 즉위하자마자 고구려의 위협에 맞서기 위한 대대적인 군사적, 외교적 활동에 착수했습니다. 내부적으로는 쌍현성과 북한산성 등 한강 유역의 방어 시설을 대대적으로 수리했습니다. 대외적으로는 고구려의 남쪽 국경을 먼저 공격하면서 전쟁의 포문을 열고, 중국의 강대국 북위北魏에 사신을 보내 고구려를 함께 공격하자는 '협공 외교'를 집요하게 추진했습니다.

이러한 개로왕의 반고구려 외교 전략이 명확하게 드러난 사건이 있었습니다. 바로 472년에 북위로 고구려를 비난하는 서신을 보낸 것입니다. 이 국서에서 개로왕은 고구려를 "사납고 잔인한 족속", "승냥이나 이리와 같은 나라"라고 욕하며, 고구려가 백제와 북위의 교류를 가로막고 있다고 비난했습니다. 그는 "고구려를 먼저 치지 않으면 나중에는 반드시 후회하게 될 것"이라며 북위의 왕을 설득했고, 만약 북위가 군사를 일으켜 준다면 백제 또한 정예병을 이끌고 서쪽에서부터 고구려를 협공하겠다고 약속했습니다. 이는 고구려라는 공동의 적을 상대로 국제적인 동맹을 결성하려 한 대담한 외교 전략이었지만, 결과적으로는 최악의 자충수가 되고 말았습니다. 이 국서의 내용은 고스란히 고구려 장수왕의 귀에 들어갔습니다. 장수왕은 백제를 더 이상 놔두어서는 안 될 위험한 존재로 인식하고 제거할 결심을 굳히게 되었습니다.

장수왕은 개로왕이 바둑을 매우 좋아한다는 정보를 입수하고 바둑의 고수였던 도림을 스파이로 백제에 잠입시켰습니다. 승려로 위장한 도림은 일부러 죄를 짓고 도망쳐 온 것처럼 꾸며 백제로 들어갔습니다. 그의 뛰어난 바둑 실력은 개로왕의 귀에까지 들어가게 되었습니다. 개로왕은 도림을 궁으로 불러들여 바둑을 두면서 그의 신묘한 기예와 박식함에 완전히 매료되었습니다. 하루아침에 국왕의 최측근이 된 도림은 개로왕이 국력을 낭비하도록 부추깁니다. 그는 "왕께서는 마땅히 숭고한 위세와 많은 업적으로써 남의 이목을 두렵게 해야 하건만, 성곽이 수리되지 않고 궁실도 고치지 않았으며 백성의 집들은 강물에 자주 허물어지니 이것은 왕께서 해결해 주실 부분이라고 봅니다."라며 개로왕을 자극했습니다.

개로왕은 궁실을 화려하게 짓고 선왕들의 무덤을 웅장하게 꾸몄으며, 한강의 흙을 쪄서 성벽을 쌓고 강가에 거대한 둑을 쌓는 등 대규모의 토목 사업을 연이어 벌였습니다. 이러한 사업들은 단기적으로는 수도의 방비력을 높이고 왕의 권위를 세우는 것처럼 보였을지 모릅니다. 하지만 그 이면에서는 국고를 바닥내고 끝없는 부역으로 민심을 악화시키려는 도림의 의도가 있었습니다. 결국, 백성들의 고통은 심해지고 백제의 국고는 텅 비어버렸습니다. 도림이 이 모든 상황을 비밀리에 장수왕에게 보고하자 장수왕은 백제를 칠 절호의 시기가 왔다고 판단했습니다.

475년 9월에 장수왕은 3만의 정예병을 이끌고 기습적으로 남하했습니다. 고구려군은 파죽지세로 백제의 북쪽 국경을 돌파하고 순식간에 수도 위례성을 포위했습니다. 그제야 모든 것이 도림의 계략이었음을 깨달은 개로왕은 "내가 어리석어 간첩의 말을 믿다가 이 지경에 이르렀다. 나는 마땅히 죽어야 하지만 난을 피하여 나라의 계보는 이어야 하지 않겠는가!"라고 외쳤습니다. 그러고는 아들 문주개로왕의 동생으로 보는 역사학자들도 있답니다 를 신라

개로왕이 마지막까지 머물렀던 몽촌토성(국가유산포털)

로 보내서 구원군을 요청하게 했습니다. 자신은 성문을 굳게 닫고 필사적인 항전에 나섰지만 이미 민심을 잃고 국력이 쇠한 백제에게 고구려의 대군을 막아낼 힘은 남아 있지 않았습니다.

고구려군이 맹렬하게 사방을 공격하자, 개로왕은 더 이상 버티지 못하고 수십 기의 기병만을 이끌고 성문을 빠져나와 서쪽으로 도주했습니다. 하지만 그의 도주로는 이미 고구려군에 의해 차단된 뒤였습니다. 그는 고구려 장수 재증걸루再曾桀婁와 고이만년古尒萬年에게 사로잡히는 비참한 신세가 되었습니다. 공교롭게도 이 두 장수는 본래 백제 출신으로 죄를 짓고 고구려로 망명했던 인물들이었습니다. 그들은 옛 군주였던 개로왕의 얼굴에 세 번 침을 뱉으며 죄를 물은 뒤, 장수왕이 주둔해 있던 아차성 아래로 보내서 죽게 했습니다. 한 나라의 왕이 적군의 손에, 그것도 자신의 옛 신하였던 자들의 손에 치욕적인 죽음을 맞이한 것입니다.

왕을 잃은 수도 위례성은 곧바로 함락되었습니다. 고구려군은 성을 철저히 약탈하고 불태웠으며, 8천 명의 백성들을 포로로 잡아 평양으로 끌고 갔습니다. 신라로 피신했던 문주는 신라의 구원병과 함께 뒤늦게 돌아왔지만, 이미 모든 것이 잿더미로 변한 뒤였습니다. 개로왕의 죽음과 위례성의 함락은 단순히 한 군주의 실패와 한 도시의 파괴를 넘어서 한반도의 패권을 다투던 백제의 영광이 한순간에 무너져 내린 역사적인 대참사였습니다.

12

웅진으로
수도를 옮긴 백제

　폐허가 된 위례성을 바라보던 문주는 고구려의 위협에서 벗어나 후일을 도모하기 위해 수도를 남쪽의 웅진 **현재의 충청남도 공주** 으로 옮기는 결단을 내렸습니다. 웅진은 금강이 지역 주변을 감싸면서 흐르고, 사방이 산으로 둘러싸인 천혜의 요새였습니다. 이곳은 국가를 방어하기에는 최적의 입지였지만, 다른 한편으로는 한강 유역이라는 드넓은 평야와 큰 강의 이점을 버리고 좁은 산골짜기로 후퇴했음을 의미하는 뼈아픈 상징이기도 했습니다. 문주왕**文周王** 의 시대는 이처럼 절망의 잿더미 위에서 시작되었습니다.

과거 백제의 웅진이었던 공주 공산성(국가유산포털)

　　새로운 수도에서 즉위한 문주왕의 앞길은 가시밭길 그 자체였습니다. 오랜 터전이었던 한강 유역을 상실하면서 백제는 막대한 경제적 기반과 군사적 잠재력을 잃었고, 국왕의 권위는 땅에 떨어졌습니다. 이 권력의 공백을 파고든 것은 바로 백제의 귀족 세력이었습니다. 특히 해씨 가문의 해구解仇라는 인물은 백제의 군사를 관리하는 병관좌평兵官佐平이 됩니다. 문주왕은 해구를 견제하기 위해 자신의 아우였던 곤지昆支에게 정치 전반을 담당하는 내신좌평內臣佐平이란 관직을 주었습니다. 그러나 곤지가 불과 3개월 뒤에 사망하면서 해구는 권력을 마음대로 휘두르게 됩니다. 문주왕은 그를 통제할 힘이 없었고, 왕은 허울뿐인 존재로 전락하고 말았습니다.

　　문주왕의 비극은 여기서 그치지 않았습니다. 477년에는 해구가 반란을 일으켜 왕을 시해하는 참혹한 사건이 벌어졌습니다. 신하가 왕을 죽이는 하극상은 백제 왕실의 권위가 얼마나 처참하게 무너졌는지를 보여주는 상징적인 사건이었습니다. 문주왕의 뒤를 이은 태자 삼근왕三斤王은 13세의 어린 나이에 급하게 즉위할 수밖에 없었습니다. 왕이 어렸기 때문에 해구의 반란은 다른 귀족 세력인 진씨眞氏 가문의 신하들이 해결했습니다. 반란은 진압되었지만, 혼란스러운 상황은 해결되지 않았습니다. 삼근왕이 즉위한 지 2년 만에 세상을 떠났기 때문입니다. 이처럼 웅진 시대의 초기는 왕권이 완전히 실종된 채 귀족들이 국정을 좌지우지하는 극심한 혼란의 연속이었습니다.

이 암흑과도 같은 상황에서 등장한 인물이 바로 제24대 동성왕東城王이었습니다. 그의 본명은 모대牟大 또는 마모摩牟이며, 문주왕의 아우인 곤지昆支의 아들이었습니다. 그는 어려서부터 왜倭에 가 있다가 삼근왕이 죽기 7개월 전에 귀국하였습니다. 이후 삼근왕이 자식 없이 죽자 가장 가까운 친척이었던 그가 왕위에 오른 것입니다. 왕위에 오른 동성왕은 자신이 처한 현실을 냉철하게 직시했습니다. 그는 우선 해구의 반란을 진압한 진로眞老를 병관좌평으로 임명했습니다. 막강한 힘을 가진 진씨를 자신의 정치적 아군으로 삼았던 것입니다.

동성왕은 여기서 그치지 않았습니다. 그는 기존의 귀족들을 견제하기 위해 토착 지역에 기반을 둔 새로운 세력들을 대거 등용하기 시작했습니다. 이렇게 백씨苩氏, 연씨燕氏, 사씨沙氏 등 새로운 귀족들이 등장하면서, 새로운 정치 질서가 만들어지게 됨니다. 동성왕은 내부 정비에 그치지 않고, 웅진 주변에 우두성 牛頭城, 사현성 沙峴城 등 새로운 성을 쌓아 수도의 방어 체계를 강화하며, 북쪽의 고구려를 향한 공세의 발판을 마련했습니다.

내부적인 안정을 꾀하는 동시에, 동성왕은 백제의 생존을 위한 외교적 활로를 모색했습니다. 그는 중국의 남제 南齊 에 사신을 보내서 새로운 외교 관계를 형성했습니다. 또한, 고구려의 강력한 위협에 맞서기 위해서 신라와의 더욱 강력한 동맹이 필수적이라고 판단했습니다. 그래서 493년에 동성왕은 신라의 이찬 비지 比智 의 딸과 혼인하여 동맹 관계를 혈연으로 묶는 '결혼 동맹'을 성사했습니다. 이는 비유왕 시절에 맺어졌던 나제동맹을 한 단계 격상시킨 역사적인 사건이었습니다.

이처럼 동성왕은 약 20년의 재위 동안 내부적으로는 신진 세력을 등용하여 왕권을 강화하고 외부적으로는 신라와의 동맹, 중국과의 외교를 통해 국가의 위기를 성공적으로 극복했습니다. 그는 백성을 괴롭히던 가뭄과 재해에도 적극적으로 구호책을 펴서 민심을 안정시켰습니다. 그의 통치 덕분에 백제는 흔들렸던 왕권을 회복하고 고구려의 공세도 훌륭하게 방어해 냈습니다. 덕분에 백제는 다시금 공세로 전환할 힘을 비축할 수 있었습니다.

하지만 안타깝게도 동성왕의 정치는 백제 내부의 또 다른 저항에 부딪혔습니다. 동성왕이 새롭게 등용한 위사좌평 衛士佐平 백가 苩加 가 지방으로 가서 성을 지키라는 왕의 명령에 불만을 품고 있었던 것입니다. 호시탐탐 기회를 노리던 백가는 동성왕이 사냥을 나갔다가 큰 눈에 막혀 궁궐 밖에서 머무를 때를 노렸습니다. 결국 백가가 보낸 자객에 의해 동성왕은 사냥터에서 암살당하며 비극적인 최후를 맞이했습니다. 그가 죽으면서 백제는 일시적으로 개혁이 중단되는 상황에 빠졌습니다. 하지만 동성왕이 뿌린 백제 부흥의 씨앗이 완전히 사라진 것은 아니었습니다. 동성왕이 닦아놓은 안정과 개혁의 기반 위에서 백제는 다시금 강국이 될 준비를 하고 있었습니다. 이처럼 동성왕의 시대는 절망을 딛고 백제 부활의 서막을 연 파란만장한 재건의 역사였습니다.

13

백제를 다시 일으킨 무령왕

　무령왕의 통치는 피비린내 나는 반란을 진압하는 것으로 시작되었습니다. 동성왕을 시해한 반역자 백가는 가림성 加林城 을 근거지로 삼아 굳게 저항하고 있었습니다. 갓 즉위한 무령왕에게 이 반란을 어떻게 처리하는가는 그의 리더십과 왕권의 향방을 결정짓는 첫 번째 시험대였습니다. 무령왕은 조금도 주저하지 않았습니다. 그는 즉시 군사를 이끌고 직접 토벌에 나섰으며, 백가의 반란을 분쇄했습니다. 반역의 주모자였던 백가는 사로잡혀 백강 白江 에 던져지는 비참한 최후를 맞이했습니다. 이 신속하고 단호한 조치는 모든 귀족 세력에게 보내는 강력한 경고였습니다. 더 이상 왕에 대한 도전을 용납하지 않겠다는 무령왕의 서슬 퍼런 의지가 만천하에 드러난 순간이었습니다. 이로써 그는 즉위와 동시에 어지러웠던 국내 정세를 안정시키고 강력한 왕권을 행사할 수 있는 기반을 다졌습니다.

내부를 안정시킨 무령왕이 처음으로 행동한 것은 고구려에 대한 공격이었습니다. 이전 웅진 시대 백제 왕들과는 달리 그는 더 이상 고구려의 침략을 방어하는 데 급급하지 않았습니다. 501년, 502년 연속으로 고구려를 공격하면서 이전과는 다른 공세적인 태도를 보였습니다. 이후 고구려가 말갈과 함께 반격해 오지만, 그런 공격까지 막아내면서 국경을 안정시켰습니다. 게다가 512년에는 고구려가 가불성 加弗城 과 원산성 圓山城 을 공격하자 직접 기병 3천 명을 이끌고 가서 그들을 격퇴했습니다. 무령왕의 고구려 격퇴는 백제 백성들에게는 잃어버렸던 자신감을 되찾게 하고, 고구려에는 백제가 더 이상 만만한 상대가 아님을 분명히 각인시키는 계기가 되었습니다.

무령왕은 고구려와의 전쟁에만 매몰되지 않았습니다. 그는 민생 안정에도 큰 노력을 기울였습니다. 《삼국사기》에는 그가 제방을 수리하여 농경지를 보호하고, 흉년이 들자, 창고를 열어 굶주리는 백성을 구제했다는 기록이 남아있습니다. 이는 단순한 선정을 넘어서 국가의 바탕인 농업 생산력을 높이고 백성들의 지지를 확보하여 국가적 통합을 이루려는 현실적인 정책이었습니다. 개로왕처럼 무리한 토목 공사로 국력을 낭비하거나, 동성왕처럼 귀족들과의 권력 다툼으로 백성들을 위기에 빠뜨렸던 이전 시대의 실수를 되풀이하지 않으려는 그의 의지가 엿보이는 대목입니다. 안정된 민생은 곧 국력의 향상으로 이어졌고, 백제는 비로소 위례성 함락의 상처를 치유하며 다시 강국으로 나아갈 힘을 비축하기 시작했습니다.

무령왕은 국가를 근본적으로 안정시키고 왕권을 강화하기 위한 체계적인 개혁에 착수했습니다. 그가 가장 심혈을 기울인 것은 바로 지방 통제 시스템의 재정비였습니다. 당시 백제는 수도 이동의 후유증으로 지방에 대한 중앙 정부의 통제력이 매우 약화된 상태였고, 각 지역은 토착 세력이나 전통 귀족들의 영향력 아래 놓여 있었습니다. 무령왕은 이러한 상황을 타개하기 위해 '담로檐魯' 제도를 본격적으로 활용하고 강화했습니다. 담로란 지방의 주요 거점에 설치된 백제의 행정 조직입니다.

담로 제도가 설치된 것은 무령왕 이전이었지만 22개의 담로로 전국을 나누고 다스리려던 시도는 무령왕 대에 시행된 것으로 역사학자들은 보고 있습니다. 백제에 대해서 기록한 중국의 역사서인《양서》에 무령왕이 재위하던 동안 백제에 22개의 담로가 있었다고 기록하기 때문입니다. 왕이 지방을 통치하는 관리를 직접 파견하면서 지방 토착 세력의 힘은 자연스럽게 약화되었습니다. 마침내 국왕의 명령이 수도 웅진에서부터 지방의 말단까지 일사불란하게 전달되는 효율적인 통치 시스템이 구축되었습니다. 이 22담로제는 백제의 전국적인 지배망을 완성하고 안정적인 세수 확보와 인력 동원을 가능하게 하여 국가 부흥의 튼튼한 토대가 되었습니다.

내부적으로 자신감을 회복한 무령왕은 대외적으로도 실추

무령왕릉 내부(국가유산포털)

된 백제의 위상을 회복하기 위한 적극적인 외교 활동을 펼쳤습니다. 특히 그는 중국 양粱 나라와의 관계 개선에 총력을 기울였습니다. 그는 여러 차례 양나라에 사신을 파견하여 선진 문물을 받아들이고, 외교적, 문화적 교류를 활성화했습니다. 특히 521년에 양나라로 보낸 백제의 문서에는 "여러 차례 고구려를 깨뜨려 비로소 양나라와 우호를 맺었으며, 다시 강한 나라가 되었다而更强國"라고 적혀있었습니다. 이것이 요즘 역사학계에서 무령왕을 통칭하는 키워드인 '갱위강국'의 유래입니다. 이러한 백제의 선언에 양나라의 황제도 '영동대장군寧東大將軍'이라는 높은 지위를 무령왕에게 줍니다. 양나라가 백제와 무령왕을 인정해 줬다는 것을 보여주는 상징적인 사건이었습니다. 갱위강국 선언과 무령왕의 책봉은 백제가 마침내 기나긴 쇠퇴기를 끝내고 중흥에 성공하였음을 국제적으로 알렸다는 것을 의미합니다.

이처럼 무령왕은 즉위 초의 극심한 혼란을 강력한 리더십으로 극복하였습니다. 내부적으로는 22담로제를 통해 지방 제도를 정비하고, 민생 안정 정책으로 국력을 회복했습니다. 외부적으로는 고구려에 대한 군사적 승리를 통해 국가적 자존심을 되찾고, 중국과의 성공적인 외교로 국제적 위상을 높였습니다. 그는 동성왕이 암살당하는 비극 속에서 왕위에 올랐지만, 복수와 혼란의 악순환을 끊고 안정과 부흥이라는 새로운 시대를 열었습니다. 그의 통치는 무너진 백제의 기둥을 다시 세우고 흩어진 민심을 하나로 모아 다시 강국으로 일으키는 튼튼한 주춧돌을 놓은 재건의 시대였습니다.

14

백제 문화의 결정체, 무령왕릉

사실 백제를 중흥시킨 무령왕은 살아있을 때의 업적보다 죽은 후가 더 유명하답니다. 그가 묻혀있던 무령왕릉이 발견되었기 때문입니다. 무령왕릉의 발견은 우연의 일치로 이루어졌습니다. 1971년 여름, 충청남도 공주의 송산리 고분군에서 배수로 공사를 하던 인부의 삽 끝에 단단한 무언가가 걸렸습니다. 그것은 단순한 돌이 아니었습니다. 1,500년 가까운 세월 동안 그 누구의 방해도 받지 않은 채 깊은 잠에 빠져 있던 한 위대한 왕의 안식처로 들어가는 입구였습니다.

이렇게 세상에 모습을 드러낸 무령왕릉은 단순한 고대 무덤의 발견이 아니었습니다. 무령왕릉의 등장은 그동안 베일에 싸여

무령왕릉에서 출토된 왕비용 금제관식

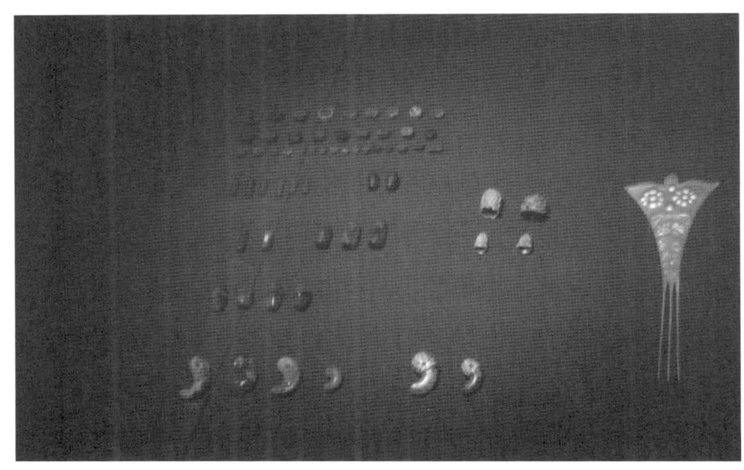

무령왕릉에서 출토된 각종 장신구 유물

있던 웅진 시대 백제 문화의 실체가 우리 눈앞에 생생하게 펼쳐진 경이로운 순간이었습니다. 도굴의 흔적이 전혀 없는 완벽한 상태로 발견된 이 무덤은 마치 백제인들이 미래를 위해 남겨둔 타임캡슐처럼 당시 백제가 이룩했던 찬란한 문화적 성취와 활발했던 국제 교류의 증거들을 고스란히 품고 있었습니다.

무령왕릉 이전에도 백제의 왕릉으로 추측되는 무덤은 여러 차례 발견되었고, 발굴 조사도 이루어졌습니다. 하지만 무령왕릉이 한국 발굴 역사상 가장 위대한 발견으로 평가받는 이유는 따로 있습니다. 그것은 바로 삼국시대의 왕릉 중에서 무덤의 주인이 누구인지를 명확히 밝히는 지석이 발견된 최초의 사례였기 때문입니다. 경주의 흥덕왕릉처럼 능 앞에 비석이 남아서 매장자가 비교적 정확한 왕릉은 있지만, 무령왕릉처럼 지석이 발견된 적은 없었습니다. 그런데 무령왕릉에서는 두 장의 잘 다듬어진 지석이 나란히 놓여 있었던 것입니다. 여기에는 '영동대장군 백제 사마왕'이라는 문구와 함께, 그가 62세 되던 523년 5월에 세상을 떠났다고 적혀있습니다. '사마斯麻'는 《삼국사기》와 일본의 《일본서기》에 기록된 무령왕의 생전 이름과 정확히 일치했습니다. 이 지석의 발견으로 우리는 비로소 백제 역사 속 인물 중 문헌 내용과 고고학적 유적이 완벽하게 일치한 사례를 볼 수 있었습니다.

무령왕릉의 제작 방식은 백제의 독자성과 국제성을 생생하게 보여주고 있습니다. 무령왕릉이 세워지던 시기의 고구려 무덤들은 주로 돌로 방을 만들고 신라 무덤들은 나무로 곽을 만든 다음 돌을 쌓아서 묘를 만드는 방식이었습니다. 그런데 무령왕릉은 연꽃무늬 등을 새긴 벽돌을 정교하게 쌓아서 방을 만들었습니다. 무령왕릉과 비슷한 시기에 만들어졌다고 추측하는 공주 송산리의 6번 무덤도 이런 방식으로 만들어졌다고 합니다. 이러한 양식은 당시 중국 양나라의 영향을 받은 것이었습니다. 즉, 이런 무덤 제작 방식은 백제가 얼마나 활발하게 중국과 교류하며 선진 문물을 적극적으로 받아들였는지를 보여주는 것입니다.

무덤 안에서 발견된 4,600여 점의 유물들은 백제의 대외 교류와 문화의 모습을 생생하게 보여주었습니다. 그 수많은 유물 중에서 특히 왕과 왕비의 왕관을 장식했던 금제관식은 백제 금속 공예 기술의 절정을 보여주었습니다. 얇은 순금 판을 오려내어 마치 타오르는 불꽃 같기도 하고 우아한 덩굴무늬 같기도 한 화려하고 역동적인 문양을 만들어 냈습니다. 왕과 왕비의 귀에서 발견된 순금 귀걸이 역시 여러 개의 금 사슬에 나뭇잎과 하트 모양의 장식을 주렁주렁 매달아 작은 움직임에도 영롱하게 빛나도록 설계된 걸작입니다. 왕의 허리춤에서 발견된 용과 봉황 무늬가 장식된 환두대도는 무령왕의 위엄과 권위를 상징합니다. 손잡이 끝부분의 고리 안에는 꿈틀거리는 용머리가 정교하게 장식되어 있고, 칼집에는 봉황과 꽃무늬가 화려하게 장식되어 있어, 단순한 무기를 넘어 최고 지배자의 권위를 상징하는 예술품의 경지에 이르고 있습니다. 또한 왕비의 것인 은제 팔찌에는 "경자년庚子年, 520년에 다리라는 장인이 대부인을 위해 만들었다"라는 명문이 새겨져 있어서 유물의 제작 연도와 장인, 그리고 주인을 명확하게 알 수 있는 귀중한 자료를 제공합니다.

무덤의 입구에서 발견된 상상 속의 동물인 석수石獸 는 무령왕릉이 가진 또 다른 독특함을 보여줍니다. 돼지를 닮은 몸에 하나의 뿔을 가졌고 몸에는 날개 모양의 무늬가 새겨진 이 석수는 무덤을 지키는 진묘수鎭墓獸 의 역할을 했습니다. 이러한 진묘수 문화 역시 중국 남조의 영향을 받은 것으로 백제인들이 외부의 장례 문화를 수용하면서도 자신들만의 독창적인 형태로 재해석했음을 보여줍니다. 석수 아래에서는 엽전 꾸러미가 함께 발견되었는데 이는 무덤이 들어설 땅을 토지신에게서 사들인다는 의미를 담은 것으로 당시 백제인들의 내세관과 토지 관념을 엿볼 수 있는 흥미로운 증거입니다. 이외에도 무덤 안에서는 중국에서 수입한 고급 도자기들, 동남아시아 지역에서 온 것으로 추정되는 유리구슬 등 다양한 국적의 유물들이 함께 출토되었습니다. 게다가 왕과 왕비의 관을 짜는 데 사용된 목재가 일본 남부에서만 자라는 금송으로 밝혀지면서 백제가 중국뿐만 아니라 왜와도 매우 긴밀한 교류 관계를 맺고 있었음을 증명합니다.

무령왕릉은 단순한 고대 왕릉이 아니었습니다. 6세기 초 백제의 사회, 문화, 기술, 대외 관계, 사상 등 모든 것을 담고 있는 하나의 완벽한 역사책이라고 할 수 있답니다. 지석을 통해 우리는 문헌 기록의 정확성을 고고학적으로 증명할 수 있게 되었고, 벽돌 제작 방식과 다양한 외래계 유물을 통해 백제가 동아시아의 여러 나라와 활발하게 교류하던 국제적인 국가였음을 확인했습니다. 또한, 금제관식을 비롯한 수많은 금속 공예품은 백제 장인들의 예술적 감각과 기술력이 당대 최고 수준에 이르렀음을 보여줍니다. 무령왕릉은 백제가 남긴 문화유산이 얼마나 찬란하고 위대했는지를 오늘날 우리에게도 알려주고 있습니다.

15

성왕의 사비 천도

무령왕이 이룩한 기반 위에서 그의 아들 명농明襛 이 백제의 26대 성왕聖王 으로 즉위하였습니다. 그가 즉위하였을 때, 수도 웅진熊津 은 더 이상 백제의 부흥을 담아낼 수 없는 좁은 그릇이 었습니다. 웅진은 475년 고구려의 침공으로 위례성을 잃고 쫓기 듯 옮겨온 방어형 임시 수도였습니다. 금강이 감싸고 산들이 둘 러싼 천혜의 요새였지만 지리적으로 협소하여 더욱 성장하려는 백제의 역량을 담아내기에는 한계가 명확했습니다. 무엇보다 웅 진은 문주왕과 삼근왕이 연이어 사망하고 동성왕마저 암살당했 던 비극의 장소이자, 국가 재건 과정에서 해씨와 진씨 등 구 귀족 과 백씨, 연씨, 사씨 등 신진 귀족 세력 모두의 힘이 강하게 뿌리

사비를 보호했던 부여 나성(국가유산포털)

내린 곳이었습니다.

　성왕은 이런 낡고 폐쇄적인 공간과 그곳에 자리 잡은 기득권 세력의 영향력에서 벗어나지 않고서는 진정한 개혁과 국가 발전을 이룰 수 없다고 판단했습니다. 그는 백제의 새로운 시대를 열기 위해 새로운 중심지가 필요하다고 확신했습니다. 16년의 치밀한 준비 끝에 538년, 성왕은 마침내 수도를 사비 **현재의 충청남도 부여**로 옮기는 역사적인 결단을 내렸습니다. 사비는 웅진과는 비교할 수 없는 넓은 평야와 금강 하류에 인접하여 바다로 직접 나아갈 수 있는 개방적인 공간이었습니다.

　사비로의 천도는 방어 중심의 소극적인 국가 운영에서 벗어나서 농업 생산력을 향상하고 해상 교역을 통해 다시금 국제적인 강국으로 뻗어 나가겠다는 성왕의 강력한 의지를 보여주는 것이었습니다. 천도는 단순히 수도를 옮기는 것에 그치지 않았습니다. 성왕은 사비를 중국의 수도처럼 반듯한 격자형으로 만들고자 했습니다. 그러한 건축 계획에 따라서 왕궁과 관청, 도로 등을 체계적으로 배치했습니다. 방어적 측면에서도 부소산성을 지어서 사비 전체를 방어했고, 수도를 감싸는 나성을 쌓아 이중으로 방어 체계를 만들었습니다. 이러한 건축 과정을 통해 사비는 웅장한 백제 도성의 면모를 갖추었습니다.

그리고 그는 이 새로운 수도에서, 백제의 역사를 뒤바꿀 또 하나의 중대한 선포를 했습니다. 바로 국호를 '남부여南扶餘'로 고친 것입니다. 이는 백제가 고구려와 마찬가지로 고대 부여를 계승한 정통 국가임을 만천하에 선언한 것이었습니다. 이는 시조 온조왕이 부여에서 내려왔다는 건국 신화의 정통성을 다시 한번 강조하여 국민적 자긍심을 고취하고 고구려에 대한 이념적 우위를 점하려 한 고도의 정치적 행위였습니다. 또한 중앙 관청을 22부로 확대 개편하고 수도를 5부, 그 밑의 5항으로 나누어 총 25개의 구획으로 만들었답니다. 이러한 개혁을 통해 통치 시스템 전반을 혁신하고 왕을 정점으로 하는 강력한 중앙 집권 체제를 완성했습니다.

사비 천도와 남부여 선포는 성왕이 꿈꾸던 백제의 중흥기를 향한 화려한 서막이었습니다. 왕권을 강화하는 정치 개혁이었으며, 넓은 평야와 금강 하류를 바탕으로 다시금 바다로 나아가겠다는 선언이었습니다. 나아가 국호를 남부여로 고침으로써 국가의 정체성을 재정립한 이념적 혁신도 이루었습니다.

　　내부 개혁을 통해 국력을 다진 성왕의 마지막 목표는 단 하나였습니다. 개로왕의 비참한 죽음과 함께 고구려에 빼앗겼던 백제의 고토, 한강 유역을 되찾는 것이었습니다. 이는 단순한 영토 회복을 넘어 선조의 치욕을 씻고 백제의 잃어버린 자존심을 되찾는 숙명적인 과업이었습니다. 이 거대한 목표를 위해 성왕은 신라와의 동맹 나제동맹 을 더욱 강화하며 때를 기다렸습니다. 마침내 고구려가 내부의 권력 다툼으로 혼란에 빠지자, 성왕은 일생일대의 기회가 왔다고 판단했습니다. 551년, 성왕은 신라의 진흥왕眞興王 과 연합하여 고구려를 향한 대대적인 북벌을 단행했습니다. 백제군은 서쪽에서, 신라군은 동쪽에서 협공하는 연합 작전은 완벽하게 성공했습니다. 76년 만에 한강 유역을 수복한 성왕의 감격은 이루 말할 수 없었을 것입니다. 이로써 그는 백제 역사상 위대한 군주 중 한 명으로 기록될 수 있는 눈부신 업적을 달성했습니다. 하지만 이 영광의 순간은 너무나 짧았고, 곧이어 닥쳐올 비극의 그림자 역시 너무나도 짙었습니다.

16

신라의 '왕'이 된
지증왕

6세기 초, 신라는 거대한 변화의 문턱에 서 있었습니다. 김씨의 왕위 독점이 시작되었지만 국정 운영의 방식이나 국가의 명칭, 그리고 최고 지배자를 부르는 칭호에 이르기까지 여전히 옛 연맹 왕국의 낡은 관습이 깊숙이 남아있었습니다. 이러한 과도기적 상황 속에서 왕위에 오른 인물이 바로 신라 제22대 왕인 지증왕智證王이었습니다. 그는 60세가 넘은 고령에 즉위했지만, 그의 통치기는 신라 역사상 가장 역동적이고 근본적인 개혁이 이루어진 혁신의 시대였습니다.

당시 신라의 최고 지배자를 칭했던 '마립간'은 이전의 '이사금'보다는 한층 격상된 권위를 상징했지만, 그 본질에 있어서는 여전히 여러 부족장 중 가장 높은 지위에 있는 대표자라는 연맹체적 성격에서 완전히 벗어나지 못했습니다. 왕의 권력은 절대적이라기보다는 귀족 세력과의 타협과 연합 위에 서 있는 불안정한 것이었습니다. 이러한 체제로는 급변하는 6세기 동아시아의 국제 정세 속에서 고구려나 백제와 같은 강력한 중앙 집권 국가와 경쟁하며 살아남기 어려웠습니다. 지증왕 역시도 처음 즉위했을 때는 '마립간'으로 즉위하였습니다. 왕이 된 지증왕은 신라의 낡은 시스템을 근본부터 바꾸어야 한다고 판단했답니다.

지증왕의 개혁은 국가의 가장 근본적인 생산 기반을 확보하는 것에서 시작했습니다. 바로 귀족이 죽으면 그를 모시던 노비나 신하를 함께 묻는 잔혹한 풍습인 '순장殉葬'을 법으로 금지한 것입니다. 당시 신라는 농업 생산력의 발전으로 인간의 노동력을 중시하고 불교의 전래로 인한 살생 금지의 영향을 받고 있었습니다. 구시대의 풍습인 순장을 없애서 민심을 달래고 농업 생산의 기반이 되는 사람의 수가 줄어드는 것을 막은 것입니다. 또한 지증왕은 농업 생산력의 비약적인 향상을 위해 '우경牛耕', 즉 소를 이용한 밭갈이를 국가 차원에서 처음으로 공식화하고 널리 보급했습니다. 이전까지 사람의 힘에만 의존하던 농경 방식에서 우경으로의 변화는 더 깊고 넓은 땅을 경작하는 것을 가능하게 했습니다. 이는 곧 식량 생산량의 폭발적인 증가로 이어졌고, 조세 수입을 늘려 국가의 재정을 튼튼하게 만들었습니다. 튼튼한 경제 기반은 강력한 군대를 운영, 유지할 수 있게 해주었습니다.

이처럼 경제, 사회에 걸친 성공적인 개혁을 통해 국가의 체질

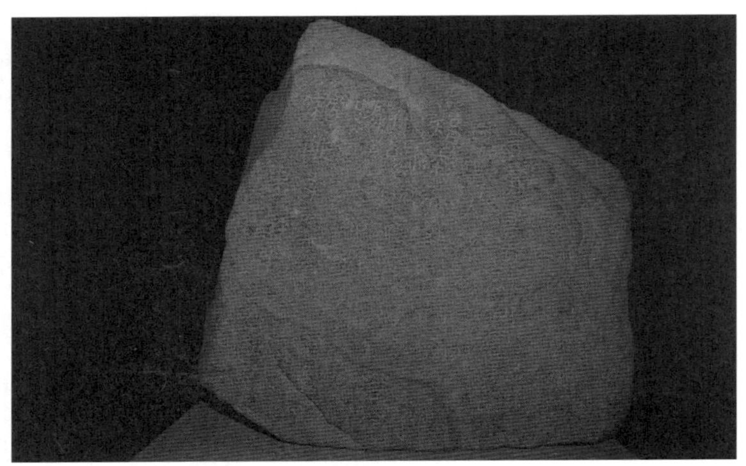

포항 냉수리 신라비(국가유산포털)

을 바꾼 지증왕은 마침내 그의 개혁을 완성하는 화룡점정을 찍었습니다. 503년, 그는 나라의 이름을 기존의 계림, 서라벌 등 여러 이름으로 불리던 것에서 '신라'로 통일하고 최고 지배자의 칭호를 '마립간'에서 '왕'으로 바꾸었습니다. 먼저 국호를 '신라'로 확정한 것은 "덕업이 날로 새로워져 사방을 망라한다"라는 웅대한 의미를 담고 있었습니다. 이는 덕德을 바탕으로 천하를 아우르는 국가가 되겠다는 이념적 선포였습니다. 그리고 이 새로운 국가를 다스리는 지배자의 칭호로 '왕'을 택한 것입니다. '왕'이라는 칭호는 단순히 마립간보다 더 높은 지위를 의미하는 것이 아니었습니다. 그것은 지배자의 성격과 국가의 운영 원리가 근본적으로 바뀌었음을 의미했습니다. 왕은 더 이상 귀족 회의의 대표자가 아니라, 하늘의 뜻을 받아 나라를 다스리는 유일하고 절대적인 권력자였습니다.

이러한 변화는 즉각적으로 나타났습니다. 지증왕은 수도에 동시東市라는 공식적인 시장을 설치하여 국가가 상업과 경제 유통을 직접 관리하기 시작했고, 각 지방에 주州와 군郡, 현縣을 설치하는 지방 행정 제도를 정비하여 중앙의 왕이 지방관을 통해 전국을 직접 통치하는 시스템의 기틀을 마련했습니다. 이 모든 개혁은 '왕'이라는 새로운 이름 아래, 강력해진 왕권을 바탕으로 이루어졌습니다.

내부적인 개혁을 통해 힘을 비축한 지증왕의 시선은 밖으로 향했습니다. 512년, 그는 장군 이사부異斯夫에게 명하여 동쪽 바다의 우산국于山國, 현재의 울릉도와 독도을 정벌하게 했습니다. 당시 우산국은 신라의 힘이 미치지 않는 독립적인 세력으로 신라의 해안 지역을 종종 약탈하기도 했습니다. 이사부는 나무로 사자를 만들어 배에 싣고 가 "항복하지 않으면 이 맹수를 풀어 너희를 밟아 죽이겠다"라고 위협하는 기지를 발휘하여 우산국을 복속시키는 데 성공했습니다. 이는 기록상 신라 역사 최초의 해상 영토 확장이었습니다. 이 정벌은 신라가 동해안 일대를 경영할 수 있는 능력을 보여준 사건이었습니다.

지증왕의 통치는 신라가 고질적인 낡은 관습과 결별하고 명실상부한 고대 국가로 재탄생하는 과정 그 자체였습니다. 우경 보급과 순장 금지, 우산국 정벌과 같은 구체적인 개혁들은 강력한 중앙집권국가를 만들기 위한 치밀하게 계획된 정책들이었습니다. 그리고 마침내 '신라'라는 국호와 '왕'이라는 칭호를 선포함으로써 그는 자신이 이룩한 모든 개혁에 사상적, 이념적 정당성을 부여하고 그 완성을 선언했습니다. 지증왕은 신라라는 국가에 전례 없는 풍요와 성장의 씨앗을 뿌렸습니다. 그가 닦아놓은 이 견고한 기반 위에서 그의 뒤를 이은 법흥왕, 진흥왕은 신라 최전성기의 눈부신 역사를 써 내려갈 수 있었습니다.

17

법흥왕의 개혁과 골품제

지증왕이 뿌린 혁신의 씨앗 위에서 514년 왕위에 오른 인물은 지증왕의 아들, 원종原宗으로 신라 23대 법흥왕法興王이었습니다. 그의 통치기는 신라가 옛 연맹 왕국의 낡은 관습과 완전히 결별하고, 법과 제도를 통해 왕이 국가의 유일한 정점이 되는 강력한 중앙 집권 체제를 완성한 결정적인 시기였습니다. 그는 율령을 반포하여 국가 통치의 기준을 세웠고 신라 사회의 근간이 될 골품제骨品制를 법적으로 완성했습니다. 그리고 강력해진 국력을 바탕으로 영토를 확장하며 훗날 신라가 삼국을 통일하는 위대한 여정의 주춧돌을 놓았습니다.

법흥왕의 개혁은 국가의 모든 권력을 왕에게 집중시키는 것에서부터 시작되었습니다. 그가 가장 먼저 시행한 개혁은 병부兵部의 설치였습니다. 병부는 오늘날의 국방부에 해당하는 중앙 행정 기구로 국가의 모든 군사력을 총괄하는 핵심 부서였습니다. 병부의 설치 전까지 신라는 각 부족이나 귀족 세력이 저마다 사병私兵에 가까운 군사력을 보유하고 있었던 상황이었습니다. 그런데 병부를 설치함으로써 법흥왕은 귀족 세력이 가지고 있던 군사력을 회수하고, 오직 왕의 명령에만 움직이는 일원화된 지휘 체계를 갖춘 국왕 직속의 군대로 변화시킨 겁니다. 즉 군사 지휘권과 동원권을 국가, 즉 왕에게 집중시키겠다는 강력한 의지의 표명이었습니다. 이로써 전쟁과 국방은 더 이상 귀족들과의 합의 사항이 아니라 왕의 고유 권한이 되었습니다.

법흥왕의 다음 개혁은 신라의 정치 구조를 근본적으로 바꾸는 것이었습니다. 바로 520년에 율령을 반포했던 것입니다. 율령 반포는 신라 역사상 최초의 성문법 제정으로 국가 운영의 패러다임을 완전히 바꾸는 혁명적인 조치였습니다. 이전까지 사회 질서가 관습이나 귀족들의 자의적인 판단으로 유지되었다면 이제부터는 왕의 이름으로 공포된 명확한 법률이 모든 것을 판단하는 유일한 기준이 되었습니다. 이로써 왕은 단순히 국가의 통치자를 넘어 법과 질서의 근원이자 최종적인 재판관으로서의 절대적인 권위를 확보하게 되었습니다.

법흥왕은 율령 반포와 함께 관리들의 공복도 제정하였습니다. 신라의 관등 체계를 정비하고, 모든 관리가 자신의 등급에 맞는 공복을 입도록 법으로 규정했습니다. 관리들은 관등에 따라 자

울진 봉평리 신라비(국가유산포털)

색紫色, 비색緋色, 청색靑色, 황색黃色의 네 가지 색깔로 구분된 옷을 입어야 했습니다. 이는 단순히 관리들의 복식을 통일하는 것이 아니라 왕을 정점으로 하는 위계질서를 모든 사람이 눈으로 확인할 수 있게 만든 고도의 통치술이었습니다. 이제 궁궐에 모인 신하들의 옷 색깔만으로도 누가 높고 낮은지가 명확히 구분되었습니다.

법흥왕의 개혁 중 가장 중요하고 신라 사회에 가장 깊은 영향을 미친 것은 바로 골품제의 법제화였습니다. 골품제는 혈통의 고귀함에 따라 신분을 성골聖骨, 진골眞骨 과 같은 골骨과 6두품에서 1두품까지의 두품頭品 으로 나누는 신라 고유의 폐쇄적인 신분제도였습니다. 이 제도는 법흥왕 이전부터 관습적으로 존재해 왔지만, 법으로 정해진 것은 아니었습니다. 그는 이것을 율령 체계 안에 공식적으로 편입시키고 골과 두품을 하나로 합친 골품제도를 완성했습니다. 또한 법흥왕은 골품제와 관등제를 결합해서 골품에 따라서 받을 수 있는 관등의 한계를 정했습니다.

 법흥왕은 골품제를 법으로 정비함으로써, 귀족들에게 그들의 혈통적 특권을 국가가 영원히 보장해 주겠다는 약속을 했습니다. 대신 그들의 지위와 역할은 이제부터 왕이 정한 법의 테두리 안에서만 규정되었습니다. 이는 귀족들의 특권을 인정하는 동시에, 그들을 국가가 만든 거대한 질서의 한 부품으로 편입시켜 철저하게 통제하겠다는 의미였습니다. 무엇보다 이 제도는 왕족인 성골과 진골을 다른 모든 신분과 격리된 절대적인 최상위 계층으로 규정하였습니다. 이러한 방식으로 법흥왕은 김씨 왕실의 신성성과 왕위 계승의 정통성을 그 누구도 부정할 수 없도록 법적, 이념적 근거를 만들었습니다. 귀족들은 자신들의 특권을 보장받는 대가로 왕을 정점으로 하는 이 새로운 질서에 영원히 복종하게 된 것입니다.

 이처럼 법과 제도를 통해 국가의 내실을 다진 법흥왕은 강력해진 국력을 바탕으로 신라의 대외적인 지위 강화에도 나섰습니다. 그는 신라의 오랜 염원이었던 낙동강 유역의 확보를 위해 가야에 대한 공세를 본격화했습니다. 마침내 532년에 금관가야金官伽耶의 구해왕仇亥王으로부터 항복을 받아내어서 500년 가까이 이어져 온 금관가야를 신라에 완전히 병합하는 데 성공했습니다. 가야의 우수한 철기 문화와 낙동강 하류의 비옥한 평야, 그리고 해상 교역의 중심지를 모두 확보한 경제적, 군사적으로 매우 중요한 쾌거였습니다. 또한 법흥왕은 '건원建元'이라는 신라 최초의 독자적인 연호를 사용했습니다. 신라 중심의 천하관을 공고히 하고 독립적인 국가임을 선포한 것입니다. 이는 지증왕이 '왕' 칭호를 사용한 것에서 한 걸음 더 나아가 신라의 왕이 중국의 황제와 대등한 존재라는 강한 자신감과 자주 의식의 표현이었습니다.

법흥왕은 신라를 진정한 의미의 고대 국가로 완성했습니다. 그는 율령 반포와 병부 설치를 통해 왕권을 국가의 유일한 권력 중심으로 만들었고, 공복 제정과 골품제 법제화를 통해 신라 사회 전체를, 왕을 정점으로 하는 일사불란한 위계질서 속에 편입시켰습니다. 그리고 이렇게 다져진 강력한 국력을 바탕으로 금관가야를 병합하고 독자적인 연호를 사용하며 신라의 위상을 동아시아에 과시했습니다.

18

이차돈의 순교가 가지는 의미

앞선 글에서 법흥왕의 개혁에 대해 살펴봤습니다. 그런데 그의 개혁에서 아직 다루지 않은 것이 있습니다. 이 개혁은 신비로운 설화와 함께 이루어졌습니다. 어떤 개혁과 설화인지 같이 살펴 보겠습니다. 법흥왕은 많은 개혁을 시행했고, 거기에는 마지막 화룡점정이 남아 있었습니다. 그것은 바로 국가의 소프트웨어, 즉 모든 백성을 하나로 묶을 수 있는 새로운 정신적 지주이자 통치 이념을 세우는 것이었습니다. 당시 신라 사회는 각 부족의 고유한 토착 신앙과 샤머니즘에 깊이 뿌리내리고 있었고, 이는 귀족 세력이 자신들의 권위를 유지하는 강력한 이념적 기반이었습니다. 법흥왕은 이 낡은 정신세계를 극복하고 왕권 중심의 새로운 사상적 질서를 완성하기 위해 불교라는 선진 사상을 국가의 공식 종교로 받아들이고자 했습니다.

불교는 법흥왕 시대 이전에 이미 신라에 전래되어 있었습니다. 눌지마립간 때 고구려의 승려 묵호자墨胡子가 들어와 포교를 시도했고, 소지마립간 때에도 왕실 내에서 불교가 신앙의 형태로 존재했다는 기록이 있습니다. 하지만 이는 일부 계층에 국한된 개인적인 신앙 활동이었을 뿐이며 불교가 국가의 공인을 받은 것은 아니었답니다. 그 이유는 불교가 가진 사상이 기존 신라 사회의 질서와 가치관을 근본부터 뒤흔드는 것이었기 때문입니다.

당시 신라의 지배층이었던 귀족들은 하늘과 조상신에게 제사를 지내는 전통 의례를 독점적으로 주관하며 자신들의 신성성과 정치적 권위를 유지하고 있었습니다. 그런데 불교에서는 모든 인간은 혈통이나 신분과 관계없이 부처 앞에서 평등하며, 개인의 업보에 따라 운명이 결정된다고 가르쳤습니다. 불교의 가르침은 귀족 중심의 폐쇄적인 신분 사회 질서에 대한 정면 도전이었습니다. 귀족들에게 불교 공인은 단순히 새로운 종교를 받아들이는 것을 넘어서 자신들의 특권과 기득권을 유지해 온 이념적 기반을 스스로 허무는 것과 다름없었습니다.

법흥왕이 귀족들의 이토록 거센 반대를 무릅쓰고 불교를 공인하려 했던 이유는 불교가 왕권 강화에 더없이 강력한 이념적 무기가 될 수 있었기 때문입니다. 불교에는 세상을 교화하는 이상적인 왕의 개념인 전륜성왕轉輪聖王이라는 것이 있습니다. 전륜성왕은 종교적 이상과 정치적 이념이 조화를 이룬 통치를 하는 왕으로 부처와 동일시하기도 합니다. 법흥왕은 불교를 받아들임으로써 자신을 전륜성왕, 곧 왕이 부처 王卽佛 라는 사상을 받아들이려고 한 것입니다. 이 사상이 널리 퍼진다면 신라에서 왕의 권위는 더 이상 귀족들과의 타협이 아닌 절대적인 신성함에서 비롯되는 것이 됩니다. 여기에 더해 불교를 받아들인다면 여러 부족의 다양한 토착 신앙을 하나의 보편적인 종교 아래 통합해서 국가의 사상적 일체감을 부여할 수도 있었습니다. 법흥왕에게 불교 공인은 율령 반포, 병부 설치와 함께 중앙 집권 국가를 완성하기 위한 개혁의 마지막 퍼즐 조각이었던 셈입니다.

하지만 귀족들의 반대는 완강했습니다. 법흥왕이 불교를 일으키려 할 때마다 신하들은 극렬하게 반대했습니다. 여러 차례의 논쟁에도 불구하고 상황이 교착 상태에 빠졌고, 법흥왕의 고뇌는 깊어져 갔습니다. 이러한 상황에서 법흥왕을 도와주기 위해 나선 인물이 바로 22세의 젊은 신하, 이차돈이었습니다. 그는 왕의 충신이자 불교의 깊은 뜻을 이해하고 있었으며, 이 난관을 타개하기 위해서는 평범한 방법이 아니라 모든 사람을 충격에 빠뜨릴 극적인 계기가 필요하다고 생각했습니다. 《삼국사기》와 《삼국유사》에 따르면, 이차돈은 은밀하게 왕을 찾아가 자신의 목숨을 바칠 계책을 아뢰었습니다. 그는 "나라를 위하여 몸을 희생하는 것은 신하의 큰 절개이며, 임금을 위하여 목숨을 바치는 것은 백성의 바른 의리입니다. 사령을 그릇되게 전했다고 하여 신을 형벌하여 머리를 벤다면 만민이 모두 복종하여 감히 지시를 어기지 못할 것입니다"라고 말했습니다. 법흥왕은 차마 충신의 목숨을 희생시킬 수 없어 처음에는 반대했지만, 이차돈의 간곡한 청에 결국 그의 계책을 따르기로 합니다.

계획에 따라 법흥왕은 절을 짓고 불법을 받들라는 명령을 내렸고, 이차돈은 왕명이 적힌 문서를 위조하여 신하들에게 공포했습니다. 예상대로 모든 신하가 들고일어나 격렬하게 반대했습니다. 논란이 커지자, 법흥왕은 모든 신하를 불러 모아 "너희 중에 절을 짓자고 한 자가 누구냐?"고 물었습니다. 이때 이차돈이 앞으로 나서며 "그것은 바로 신입니다. 제가 한 일이니 죽음으로써 벌을 받겠습니다"라고 말했습니다.

527년, 마침내 법흥왕은 약속대로 이차돈의 목을 베라는 비정한 명령을 내렸습니다. 형장으로 끌려가면서 이차돈은 "나는 불법을 위하여 형장에 나아가니 부처님께서 만약 신통력이 있으시다면 내가 죽은 뒤 반드시 이상한 일이 일어날 것이다"라고 외쳤습니다. 마침내 칼날이 그의 목을 내리치자, 붉은 피가 아닌 젖처럼 희고 깨끗한 피가 솟구쳐 올랐고, 낮인데도 갑자기 사방이 캄캄해지면서 하늘에서는 아름다운 꽃비가 내리고 땅이 진동했습니다.

경이롭고도 두려운 광경 앞에서 불교를 반대하던 모든 귀족은 공포에 휩싸였고, 법흥왕은 충신의 죽음에 눈물을 흘렸습니다. 신성한 기적 앞에서 더 이상 불교를 반대할 수는 없었습니다. 이 사건을 계기로 법흥왕은 마침내 불교를 신라의 국교로 선포할 수 있었습니다. 이차돈의 순교는 낡은 부족 사회의 전통적 가치관에 대한 사망 선고였으며, 왕을 정점으로 하는 새로운 중앙

집권적 이념 체계의 탄생을 알리는 신호탄이었습니다. 이차돈의 흰 피는 왕권에 저항하던 귀족 세력의 기세를 꺾고 모든 백성을 '왕즉불' 사상 아래 하나로 통합하는 성스러운 제물이 되었습니다.

19

금관가야의 멸망과 그 왕족들

　변한의 한 국가로 시작하여 눈부신 철기 문화를 바탕으로 남해안의 해상 교역을 주름잡았던 고대 왕국 금관가야. 시조 김수로왕의 신화와 함께 가야 연맹의 맹주로서 찬란한 역사를 이어왔던 이 강력한 해상 왕국은 6세기 초 역사의 거대한 흐름 앞에서 서서히 그 빛을 다해가고 있었습니다. 북쪽에서 팽창하는 신라의 압박과 급변하는 국제 정세 속에서 금관가야의 마지막 왕이었던 구해왕仇亥王은 나라와 백성의 운명을 건 중대한 결단을 내려야만 했습니다. 그의 선택은 피로 얼룩진 저항이 아니라 평화로운 항복이었습니다.

　금관가야가 광개토왕의 남정 이후 쇠락의 길을 걷는 동안 동쪽

의 이웃 나라 신라는 무서운 속도로 성장해 나갔습니다. 지증왕
과 법흥왕을 거치며 신라는 율령을 반포하고 중앙 집권 체제를
완성했으며, 강력한 군사력을 바탕으로 본격적인 영토 확장에
나서고 있었습니다. 신라로서 낙동강 유역의 비옥한 평야와 해
상 교역의 거점인 금관가야는 반드시 차지해야 할 전략적 요충
지였습니다.《삼국사기》등에는 나오지 않지만《일본서기》에 의
하면 신라는 529년에 가야 연맹 일부였던 금관金官 · 배벌背伐 ·
안다安多 · 위타委陀 라는 4개 촌을 공격하고 약탈했다고 합니다.
그리고 탁순국卓淳國 등 가야의 여러 소국을 병합하며 금관가야
의 숨통을 조여오고 있었습니다.

　이러한 절체절명의 상황 속에서 구해왕은 냉철하게 현실을 인
식해야만 했습니다. 구해왕에게 남은 선택지는 나라의 명맥을
조금이라도 더 잇기 위한 처절한 항전이냐, 아니면 백성과 왕족
의 안위를 보전하기 위한 평화로운 항복이냐는 두 가지 길이었
습니다. 하지만 이미 국력의 차이는 비교할 수 없을 정도로 벌어
졌고 신라의 대군에 맞서 싸운다 한들 승산은 없었습니다. 무모
한 저항은 단지 백성들의 피를 흘리게 하고 500년간 이어온 나
라의 모든 것을 잿더미로 만드는 결과만을 낳을 것이 분명했습
니다. 532년, 마침내 구해왕은 후자를 택했습니다.《삼국사기》는
그 순간을 담담하게 기록하고 있습니다. 구해왕은 왕비와 세 아
들인 노종奴宗, 무덕武德, 무력武力 을 데리고 나라의 보물창고에
있던 모든 보물을 챙겨 신라의 수도 금성으로 향했습니다. 그리
고 신라의 법흥왕 앞에 나아가 나라를 바치며 항복했습니다. 이

는 한 나라의 군주로서 감당하기 힘든 치욕이었을 겁니다. 하지만 그는 왕으로서의 자존심보다 백성의 안위와 혈족의 미래를 더 중요하게 생각했던 현실주의적인 군주였습니다.

금관가야의 평화로운 항복을 받은 법흥왕은 매우 현명하고 관대한 정책으로 화답했습니다. 그는 구해왕에게 상등上等이라는 높은 관등을 내리고 그의 본국이었던 금관가야 땅을 주어 대대로 그곳에서 나오는 세금을 받아 생활할 수 있도록 배려했습니다. 법흥왕의 이러한 행동이 가진 의도는 금관가야의 지배층과 백성들을 신라의 사회 체제 안으로 부드럽게 흡수하여 사회적 혼란을 최소화하려는 것이었습니다. 법흥왕의 이러한 포용 정책 덕분에 금관가야의 왕족들은 멸망한 나라의 패배자로 끝나지 않았습니다. 그들은 신라의 골품제 안에서 진골眞骨의 지위를 받을 수 있었습니다. 그리고 그들의 후손은 대대로 신라의 고위 관직에 오르며 국가 발전에 크게 이바지했습니다.

그중에서도 특히 주목해야 할 인물은 구해왕의 막내아들이었던 김무력입니다. 그는 신라의 장군으로서 눈부신 군사적 재능을 가지고 있었고, 이후 신라에서 많은 전공을 세웁니다. 특히 법흥왕 이후 진흥왕이 즉위하고 신라가 한강 유역으로 진출하는 과정에서 혁혁한 공을 세웠습니다. 진흥왕은 무력의 공을 인정하여 당시 새로 얻은 땅들을 정리한 행정구역인 신주新州를 책임지는 신주군주新州軍主로 삼았습니다. 이후 그는 신라의 최고 관등인 각간角干의 자리에까지 올랐습니다. 김무력의 아들인 김서현金舒玄도 진평왕의 시대에 여러 차례 전공을 세워서 지금의 경남 합천인 대야성의 군주_{大耶城軍主} 가 되기도 하였습니다. 물론 무엇보다 김서현의 가장 큰 업적이라고 하면 김유신_{金庾信} 이라는 신라 불세출의 영웅이 태어나게 한 것입니다. 김유신은 훗날 신라가 삼국 통일 전쟁을 수행하는 데 있어서 큰 역할을 맡게 됩니다.

금관가야의 멸망은 한 왕국의 비극적인 종말이었지만 동시에 그 왕족들이 새로운 나라 신라의 품 안에서 또 다른 역사를 써 내려가는 새로운 시작이기도 했습니다. 구해왕의 현실적인 결단과 법흥왕의 포용 정책이 맞물리면서 그들은 정복과 피정복의 비극적인 관계를 넘어 성공적인 융합의 역사를 쓸 수 있었습니다. 특히 김무력처럼 옛 왕국의 후예가 새로운 나라의 최고위층에 올라 국가에 충성을 다하는 모습은 신라가 다양한 세력을 포용하며 성장한 개방적인 사회였음을 보여주는 동시에, 금관가야의 유산이 신라라는 더 큰 용광로 속에서 어떻게 계승되고 발전했는지를 명확하게 증명합니다. 비록 나라는 사라졌지만, 그들의 혈통과 기상은 신라의 가장 강력한 검이 되어 삼국 통일의 초석을 다지는 데 결정적인 역할을 합니다.

20

고구려에 찾아온
왕위 다툼

　6세기 초, 고구려는 장수왕의 손자 문자명왕文咨明王이 나라를 잘 다스리고, 그의 맏아들인 안장왕安臧王이 즉위하면서 광개토왕 시절부터 이어진 한 세기 이상의 황금기를 이어가고 있었습니다. 광개토왕이 정복한 광대한 영토는 안정적으로 유지되었고, 평양은 동북아시아의 중심으로서 위용을 떨쳤습니다. 이처럼 겉으로 보기에 고구려의 영광은 영원할 것처럼 보였습니다. 하지만 이 화려한 번영의 이면에서는, 오랜 평화와 축적된 부가 오히려 독이 되어 귀족 세력 간의 보이지 않는 권력 투쟁이 서서히 곪아 터지고 있었습니다.

　안장왕은 문자명왕의 적장자로서 정통성을 확보하고 즉위한 군주였습니다. 그는 선대 왕들의 정책을 계승하여 남쪽의 백제에 대한 군사적 압박을 계속하며 활발한 군주로서의 면모를 보였습니다. 523년과 529년에는 백제의 영토를 공격하여 혈성穴城을 빼앗는 등 군사적 성과를 거두기도 했습니다. 하지만 그의 시선이 국경 너머를 향해 있는 동안 수도 평양의 귀족 사회 내부에서는 왕권을 위협하는 위험한 기운이 자라나고 있었습니다. 장수왕이 확립한 강력한 왕권은 그의 사후 점차 약화되기 시작했고, 고구려의 전통적인 5부五部 세력을 중심으로 한 귀족들은 국정의 주도권을 차지하기 위한 암투를 벌이고 있었습니다.

이러한 갈등이 얼마나 심각했는지는 안장왕의 갑작스럽고 의문스러운 죽음에서 극적으로 드러납니다. 《삼국사기》에는 그가 재위 13년 만인 531년에 후사 없이 세상을 떠났다고만 간략하게 기록되어 있습니다. 하지만 일본의 역사서인 《일본서기》는 이 순간을 훨씬 더 충격적으로 묘사하고 있습니다. 바로 "고려가 그 왕 안을 죽였다高麗弑其王安"라고 기록한 것입니다. 이는 안장왕의 죽음이 단순한 자연사가 아니라 반대파 귀족 세력에 의한 정변, 즉 시해였음을 알려주는 기록입니다. 한 나라의 국왕이 신하들의 손에 살해당했다는 것은 당시 고구려의 왕권이 얼마나 위태로운 지경에 이르렀는지를 보여주는 가장 직접적인 증거였습니다. 장수왕 이래 신성불가침의 영역으로 여겨졌던 왕의 권위가 귀족들의 칼날 앞에 무참히 무너져 내린 것입니다.

안장왕의 비극적인 죽음 이후, 왕위는 그의 동생인 안원왕安原王에게 돌아갔습니다. 하지만 그의 즉위는 결코 순탄한 것이 아

니었습니다. 그는 형을 시해하고 권력을 장악한 귀족 세력에 의
해 옹립된 허수아비 군주에 가까웠습니다. 학계에서는 안장왕이
후계자를 미처 정하지 못한 채 사망했기에 귀족 회의를 통해 안
원왕이 즉위했을 것이라고 보기도 합니다. 이 때문에 기존 왕의
역할 중 상당수가 귀족 회의의 수장인 대대로大對盧에 의해서 수
행되었을 것이라고 봅니다. 시작부터 강력한 귀족들의 영향력
아래 놓여 있었기에, 그는 선대 왕들처럼 절대적인 권력을 행사
할 수 없었고, 항상 귀족들의 눈치를 살피며 위태로운 통치를 이
어가야 했습니다.

안원왕의 약화된 권력은 결국 그의 말년에 이르러 고구려 역사
상 최악의 왕위 계승 분쟁을 촉발하는 원인이 되었습니다. 안원
왕에게는 세 명의 왕후가 있었습니다. 첫 번째 왕후인 정부인正夫
人은 아들이 없었지만, 두 번째 부인인 중부인中夫人은 아들 평성
平成이 있었습니다. 그런데 세 번째 왕후인 소부인小夫人도 아들
이 있어서 그를 왕으로 세우려는 야심을 품고 있었습니다. 이 두
왕후의 가문을 중심으로 귀족 세력은 크게 두 개의 파벌로 나뉘
어 대립하기 시작했습니다.《일본서기》는 이 두 파벌을 매우 생
생하게 묘사하고 있습니다. 중부인의 외가를 '추군麤群', 소부인
의 외가를 '세군細群'이라고 불렀는데 이 두 세력의 대립은 단순
한 정치적 논쟁이 아니었습니다. 그들은 각자 사병私兵을 거느리
고 있었고, 자신들의 뜻을 관철하기 위해서라면 무력 충돌도 불
사할 준비가 되어 있었습니다.

545년, 안원왕이 병으로 위독해지자 억눌려 왔던 갈등은 걷

잡을 수 없는 내전으로 폭발했습니다. 세군과 추군은 왕위를 차지하기 위해 각자 군사를 이끌고 왕궁으로 쳐들어왔습니다. 국가의 가장 신성한 공간이어야 할 궁궐은 순식간에 피비린내 나는 전쟁터로 변했습니다. 양측은 궁궐 문을 사이에 두고 치열한 전투를 벌였고, 이 과정에서 수많은 병사와 귀족들이 목숨을 잃었습니다.《일본서기》는 이 끔찍한 전투에서 죽은 사람의 수가 2,000여 명에 달했다고 기록하고 있습니다. 이는 정규 전쟁에 버금가는 규모의 사상자로 당시 내전이 얼마나 참혹했는지를 짐작하게 합니다. 결국 이 피비린내 나는 싸움은 더 강력한 세력을 확보하고 있던 추군의 승리로 끝났습니다. 그들은 세군 세력을 완전히 제거하고 자신들이 지지하던 중부인의 아들을 왕위에 앉혔으니, 그가 바로 고구려의 제24대 왕인 양원왕陽原王 입니다.

　안장왕의 암살과 안원왕 시대의 왕위 다툼은 고구려의 영광스러운 시대가 막을 내리고 쇠퇴의 길로 접어들었음을 알리는 비극적인 사건이었습니다. 한때 천하를 호령했던 고구려의 왕은 이제 귀족들의 칼날에 목숨을 잃거나, 귀족들의 내전에 의해 왕위가 결정되는 무력한 존재로 전락하고 말았습니다. 이 극심한 내부 분열은 왕권의 추락을 넘어 국력의 약화를 초래했습니다. 귀족들이 자신들의 권력 다툼에 몰두하는 동안 남쪽에서는 신라의 진흥왕과 백제의 성왕이 연합하여 고구려의 영토를 노리고 있었습니다.

21

한강 유역을 차지한 진흥왕

　6세기 중반의 한반도는 새로운 시대가 열리기 직전이었습니다. 북쪽의 맹주 고구려는 참혹한 내전을 겪으며 극심한 내부 분열에 휩싸여 있었고, 남쪽의 백제는 사비로 천도하고 국력을 회복하며 70여 년 전 고구려에 빼앗겼던 옛 땅, 한강 유역을 되찾으려는 복수의 칼날을 갈고 있었습니다. 그리고 한반도 동남쪽에 자리한 신라는 지증왕과 법흥왕을 거치며 완성된 강력한 중앙 집권 체제와 국가 시스템을 바탕으로 조용히 힘을 비축하며 역사의 전면에 나설 결정적인 순간을 기다리고 있었습니다.

　바로 이 격동의 시대에 불과 7세의 어린 나이로 왕위에 오른 인물이 신라 제24대 왕인 진흥왕眞興王이었습니다. 진흥왕이 즉

6세기에 신라가 충북 보은에서 축조한 삼년산성(국가유산포털

위했을 때, 그는 선대 왕들이 닦아놓은 튼튼한 기반 위에 서 있었습니다. 진흥왕은 이러한 개혁의 유산을 물려받아 국가의 에너지를 내부 통합에서 외부 팽창으로 전환할 준비를 마쳤습니다. 그는 우선 고구려와 백제의 전쟁에 재참전했습니다. 548년에 고구려가 백제의 독산성獨山城을 공격하자 구원군을 보내서 자신들의 존재를 다시 알렸습니다. 그리고 550년에는 고구려와 백제가 싸우는 틈을 타서 도살성道薩城과 금현성金峴城을 차지했습니다. 이렇게 진흥왕은 신라군에게 승리의 경험을 쌓게 하면서 큰 전쟁을 대비하였습니다.

마침내, 진흥왕이 기다리던 순간이 왔습니다. 고구려가 내부의 귀족 다툼으로 국력이 쇠약해진 틈을 타, 백제가 한강 유역을 되찾기 위한 공동 군사 작전을 제안한 것입니다. 한강 유역은 비옥한 평야가 펼쳐진 경제적 중심지였을 뿐만 아니라, 서해를 통해 중국과 직접 교류할 수 있는 유일한 통로였기 때문입니다. 지금까지 신라는 고구려나 백제를 거치지 않고서는 중국의 선진 문물을 받아들일 수 없는 지리적 한계를 안고 있었기에 한강 유역으로의 진출은 국가의 발전에 있어서 필수적인 요소였습니다.

551년, 마침내 신라와 백제의 연합군은 고구려를 향한 대대적인 북벌을 단행했습니다. 백제군은 꿈에 그리던 옛 수도 위례성을 포함한 한강 하류의 6개 군을 되찾았고, 신라군은 죽령 竹嶺 이북, 고현 高峴 이남의 한강 상류 지역 10개 군을 차지했습니다. 이때 신라가 차지한 10군에 대해서는 많은 역사학자가 논의하고 있지만 확실하게 정해지지는 않았습니다. 다만 지금의 남한강과 북한강 주변의 영토들을 차지했다는 것은 어느 정도는 통일된 생각입니다. 이 눈부신 승리는 나제동맹이 거둔 최고의 성과였고, 백제는 잃어버렸던 옛 영토를 되찾았다는 감격에 젖어 있었습니다. 하지만 젊고 야심 찬 군주 진흥왕의 생각은 달랐습니다. 그의 시선은 이미 자신이 차지한 한강 상류를 넘어서 백제가 차지한 한강 하류의 전략적 가치를 꿰뚫어 보고 있었습니다.

진흥왕은 역사의 흐름을 꿰뚫어 보는 냉철한 전략가였습니다. 그는 한강 유역의 진정한 가치는 중국으로 향할 수 있는 서해안의 입구인 한강 하류에 있었음을 알고 있었답니다. 결국 한강 하류를 차지하기 위해서는 백제와의 동맹을 깨뜨리는 것 외에는 다른 방법이 없었습니다. 553년, 진흥왕은 신라 역사상 가장 대담하고 비정한 결단을 내렸습니다. 그는 나제동맹을 일방적으로 파기하고 한강 하류 지역에 머물러 있던 백제를 기습적으로 공격했습니다. 동맹의 칼날에 허를 찔린 백제군은 속수무책으로 무너졌고, 백제의 성왕이 피땀으로 되찾았던 한강 하류 지역은 순식간에 신라의 수중으로 넘어가고 말았습니다.

진흥왕은 새로 차지한 한강 유역에 신주新州 라는 행정구역을 설치하고, 장군 김무력을 군주軍主 로 파견하여 직접 통치하게 했습니다. 이로써 신라는 동남쪽의 변방 국가에서 한반도의 심장부를 차지한 중앙의 강자로 거듭났습니다. 진흥왕은 새로 개척한 영토를 직접 순행하며 그곳에 자신의 업적을 새긴 순수비巡狩碑 를 세웠습니다. 555년에는 북한산에 올라 한강 유역을 굽어보며 순수비를 세웠고, 이후 황초령黃草嶺, 마운령磨雲嶺 등 새로 편입한 영토의 곳곳에 자신의 발자취를 남겼습니다.

한강 유역을 차지한 효과는 즉각적이고 엄청났습니다. 신라는 막대한 인구와 경제력을 확보하게 되었습니다. 무엇보다 서해안을 통해 중국의 선진 문물과 제도를 직접 수입하며 국가 시스템을 한 단계 더 발전시킬 수 있었습니다. 이는 훗날 고구려와 백제의 수준 높은 문화를 따라잡고, 나아가 삼국을 통일할 수 있는 문화적, 제도적 저력을 비축하는 결정적인 계기가 되었습니다. 이후 진흥왕은 청소년 집단을 국가적인 조직인 화랑도花郎徒 로 재편하여 수많은 젊은 인재들을 길러냈습니다. 또한 남천주南川州 와 달홀주達忽州 를 설치해서 개척한 영토에 대한 행정체계를 갖추었습니다. 이러한 노력 덕분에 신라는 점령했던 영토들을 안정적으로 다스릴 수 있게 되었습니다.

진흥왕의 한강 유역 점령은 신라를 넘어 한반도의 운명을 바꾼 역사적인 대사건이었습니다. 때로는 동맹을 맺고, 때로는 동맹을 배신하는 냉혹한 국제 정치의 현실 속에서 국가의 백년대계百年大計를 위해 과감한 결단을 내린 한 위대한 군주의 전략적 승리였습니다.

22

관산성에서 으스러진
성왕의 꿈

　6세기 중반 한반도의 역사는 한 위대한 군주의 꿈과 분노, 그리고 한 국가의 비정한 배신으로 인해 돌이킬 수 없는 방향으로 흘러가고 있었습니다. 성왕의 통치 아래에서 백제는 마침내 70여 년 전 고구려에 빼앗겼던 백제의 옛 심장, 한강 유역을 되찾는 눈부신 성공으로 절정에 달하는 듯했습니다. 하지만 553년에 신라 진흥왕의 기습적인 공격으로 한강 하류 지역을 다시 빼앗기면서 성왕은 그가 이룬 모든 업적과 자존심이 송두리째 짓밟히는 씻을 수 없는 치욕을 느낄 수밖에 없었답니다. 그리고 이 치욕은 훗날 백제의 운명을 건 거대한 복수전이자 삼국 역사의 흐름을 완전히 바꿔놓은 비극의 현장인 관산성管山城 전투의 서막이 되었습니다.

　신라의 배신 소식을 접한 성왕의 분노는 하늘을 찔렀습니다. 나제동맹은 고구려라는 공동의 위협에 맞서 두 나라의 생존 약속을 지켜준 신성한 약속이었습니다. 성왕 자신도 신라와의 관계를 공고히 하기 위해 큰 노력을 기울였고, 바로 그 동맹의 힘을 빌려 평생의 숙원이었던 한강 유역을 되찾았던 것입니다. 그런데 바로 그 동맹이 승리의 기쁨이 채 가시기도 전에 자기 뒤통수에 칼이 꽂힌 것입니다. 군주로서의 권위와 한 인간으로서의 신뢰가 모두 무너져 내리는 참담한 사건이었습니다. 성왕은 신라의 배신을 절대로 용납할 수 없었습니다. 그는 실추된 자존심을 회복하고 빼앗긴 영토를 되찾기 위해서 백제의 모든 국력을 총동원한 대대적인 전쟁을 결심했습니다. 백제라는 나라의 운명을 건 총력전을 준비한 것입니다. 그는 아들이자 태자인 창昌에게 정예 부대를 맡겨 선봉에 세웠고, 가야 연맹의 여러 나라들과 바다 건너 왜에까지 사신을 보내 지원군을 요청했습니다. 국제적인 연대를 통해 신라를 고립시키려는 외교적 노력이었습니다.

　554년, 가야, 왜군과 연합한 백제군은 신라를 향한 운명의 출정 길에 올랐습니다. 군사의 수는 최소 3만 명이었고, 그 기세는 하늘을 찌를 듯했습니다. 태자 창이 이끄는 백제군은 파죽지세로 진격하여 신라의 국경 지대 깊숙이 파고들었고, 관산성을 향한 길목에 있던 여러 성을 차례로 함락시키며 초기 전세는 백제에게 매우 유리하게 흘러갔습니다. 승전보가 연이어 사비성에 전해지자, 성왕은 전장에서 분투하는 아들을 격려하고 승기를

사비시대 백제 왕들의 무덤인 부여 능산리 고분군(국가유산포털)

완전히 굳히기 위해 직접 전선으로 향하기로 결심했습니다. 하지만 이 결정은 30년 넘게 나라를 이끌어 온 노련한 군주가 내린 것이라고는 믿기 힘든 너무나도 치명적인 실책이었습니다.

성왕은 태자를 만나기 위해 불과 50기의 기병만을 이끌고 밤의 어둠을 틈타 본진을 떠나 관산성 인근의 구천狗川 지역으로 향했습니다. 하지만 이 움직임은 이미 모든 길목을 꿰뚫어 보고 있던 신라군의 첩보망에 그대로 포착되었습니다. 신라의 장군 김무력은 이 절호의 기회를 놓치지 않았습니다. 그는 즉시 복병을 이끌고 성왕이 지나갈 길목에 매복했습니다. 칠흑 같은 어둠 속, 하천을 건너던 성왕과 그의 호위 부대는 사방에서 쏟아져 나오는 신라군의 기습 앞에 속수무책이었습니다. 수적으로 절대적인 열세에 놓인 성왕의 부대는 순식간에 포위 섬멸되었습니다.

일본의 《일본서기》는 그의 마지막 순간을 비통하게 기록하고 있습니다. 신라 좌지촌의 말먹이 노비였던 고도苦都 는 성왕을 사로잡아서 두 번 절하고 "왕의 머리를 베기를 청합니다"라고 하였죠. 성왕은 "과인이 생각할 때마다 늘 고통이 골수에 사무쳤다. 돌이켜 생각해 보아도 구차히 살 수는 없다"라며 슬퍼했답니다. 그는 죽음을 앞둔 순간에도 왕으로서의 품위를 잃지 않으려 했지만, 고도는 냉정하게 성왕의 목을 베었습니다. 한 나라의 위대한 군주가 이름 없는 병사의 손에 목숨을 잃는 백제 역사상 가장 치욕적인 순간이었습니다. 신라는 그의 두개골을 제외한 뼈는 백제로 보냈고, 두개골을 자신들의 북청北廳 이라는 건물 계단 아래에 묻었습니다. 최고 지휘관이자 국왕의 갑작스러운 죽음은 백제군에게는 돌이킬 수 없는 충격이었습니다. 구심점을 잃은 백제군은 순식간에 혼란에 빠졌고, 이 틈을 놓치지 않은 신라군의 총공세 앞에 완전히 붕괴하였습니다. 이 전투에서 백제는 왕뿐만 아니라 좌평 4명을 포함한 최고위급 귀족들과 29,600명에 달하는 대군을 잃었습니다. 태자 창은 구사일생으로 목숨을 건져 도망쳤지만, 이 패배는 백제에게 재기 불능에 가까운 상처를 남겼습니다.

관산성 전투의 패배와 성왕의 죽음은 백제의 운명을 나락으로 떨어뜨렸습니다. 첫째, 국가의 핵심 군사력이 한순간에 증발하면서 신라나 고구려와 대등하게 경쟁할 힘을 상실했습니다. 둘째, 이 사건으로 인해 백제와 신라는 다시는 돌아올 수 없는 원수지간이 되었습니다. 이후 백제는 멸망하는 그날까지 '신라에 대한 복수'라는 질긴 굴레에 갇히게 되었고, 이는 국가의 모든 역량을 소모하는 족쇄가 되었습니다. 반면, 이 전투에서 승리한 신라는 한강 유역에 대한 지배권을 완전히 굳히고, 이를 발판으로 삼국 통일의 대업을 향해 거침없이 나아갈 수 있는 결정적인 동력을 확보했습니다.

관산성 전투는 단순한 전쟁이 아니었습니다. 그것은 백제 중흥이라는 위대한 꿈을 꾸었던 한 영웅의 비극적인 최후였으며, 한반도의 패권이 백제에서 신라로 완전히 넘어가는 역사의 분수령이었습니다. 성왕은 사비에서 찬란한 문화를 꽃피우고 국가 시스템을 혁신했지만, 그의 모든 업적은 관산성의 차가운 땅 위에서 허무하게 으스러져 버립니다.

23

대가야의 저항과 멸망

　5세기 무렵 가야 연맹의 새로운 구심점으로 떠오른 세력은 바로 내륙 깊숙한 곳에 자리한 대가야大伽耶였습니다. 대가야는 현재의 경상북도 고령에 있었는데 지리산 기슭을 천연 방어선으로 삼은 덕분에 비교적 안전한 지리적 이점을 가지고 독자적인 세력을 키워나갔습니다. 대가야는 5세기 후반부터 중국 남제에 사신을 보내 독자적인 외교 활동을 펼치고, 삼국의 전쟁에 군대를 지원할 정도로 강력한 국가로 성장했습니다. 하지만 6세기에 들어서면서 백제와 신라라는 두 왕국이 본격적으로 팽창하자, 두 강대국 사이에 긴 채 생존을 위한 처절한 저항을 시작해야만 했습니다.

고령 지산동 32호분에서 출토된 금동관(국가유산포털)

　대가야가 처한 6세기의 국제 정세는 그야말로 양쪽에 낀 샌드위치였습니다. 서쪽에서는 백제의 무령왕이 국력을 회복하며 기문己汶과 대사帶沙라는 섬진강 유역에 있던 가야 연맹 일부를 병합했습니다. 이 두 지역은 원래 대가야의 영향 아래에 있던 곳이었습니다. 엎친 데 덮친 격으로 동쪽에서는 신라가 낙동강 유역으로 거침없이 팽창하고 있었습니다. 대가야는 이 두 강대국의 틈바구니에서 살아남기 위해 아슬아슬한 줄타기 외교를 펼칠 수밖에 없었습니다. 어느 한쪽에 완전히 편입되지 않으면서도 두 세력 사이의 균형을 이용하여 가야 연맹 전체의 독립성을 유지하려는 것이 대가야의 국가 전략이었습니다.

이러한 외교 전략의 정점은 522년에 이루어진 신라와의 '혼인 동맹'이었습니다. 당시 대가야의 이뇌왕異腦王은 신라의 법흥왕에게 청혼하여 이찬伊湌 비조부比助夫의 누이 또는 딸을 왕비로 맞이했습니다. 두 나라의 우호를 다지면서 신라의 힘을 빌려 서쪽의 백제를 견제하려는 고도의 정치적 계산이었습니다. 신라 역시 이 동맹을 통해 백제를 견제하고 가야 지역에 대한 영향력을 확보하려 했습니다. 하지만 이 혼인 동맹은 제대로 이루어지지 못했습니다. 《일본서기》에 따르면 신라에서 온 왕비와 그녀를 따라온 수많은 시종이 가야의 옷이 아닌 신라의 옷을 입는 것에 다른 가야 연맹의 지배자들이 반발했다고 합니다. 이에 반발하여 신라에서도 가야 왕에게 시집보낸 왕녀를 되돌려 보내달라고 요청하였으나 가야 왕이 이를 거절했고, 결국 신라가 포나모라布奈牟羅 등 5성을 쳐부수었다고 합니다. 대가야는 신라와의 동맹을 통해 세력 균형을 이루려 했지만, 결과적으로는 신라의 팽창 야욕만 더욱 자극하는 꼴이 되고 말았습니다.

신라와의 관계가 틀어지자, 고립된 대가야에게 남은 선택지는 백제와의 연합뿐이었습니다. 당시 백제의 성왕은 국제 질서를 백제 중심으로 재편하려고 했습니다. 이러한 성왕의 의도와 대가야의 상황이 맞아떨어지면서 541년 4월과 544년 11월, 백제의 사비에서 두 차례 백제와 가야 연맹 대표자들의 회의가 열렸습니다. 회의의 핵심 의제는 신라의 팽창에 공동으로 맞서고,

쇠락한 가야 남부 지역을 재건하는 문제였습니다. 그러나 이는 표면적으로 드러난 명분이었고, 백제는 가야 지역을 차지할 생각으로 가득했습니다. 백제는 가야 연맹을 지켜준다는 명분으로 가야를 압박했습니다. 결국 대가야와 가야 연맹은 백제에 끌려다니면서 백제의 군사 활동에 군대를 빌려주는 처지에 놓입니다. 이러한 외교 실패는 대가야의 운명을 결정짓는 치명적인 패착이 되었습니다.

554년 관산성 전투에서 성왕이 사망하면서 대가야를 지켜줄 가장 강력한 방패막이였던 백제가 한순간에 무너지게 되었습니다. 대가야는 이제 신라의 거침없는 팽창 앞에 홀로 맞서야 하는 절망적인 상황에 놓이게 된 것입니다. 관산성 전투에서 승리한 신라 진흥왕의 다음 목표는 낙동강 유역의 완전한 장악이었습니다. 관산성 전투 이후 약 8년의 세월이 흐른 562년, 마침내 신라는 대가야를 향한 총공세를 개시했습니다. 신라의 대군은 우산국을 정벌했던 노련한 장군 이사부가 이끌었고, 그의 휘하에는 화랑의 기백을 상징하는 16세의 젊은 영웅 사다함斯多含 도 있었습니다. 대가야의 마지막 왕이었던 도설지왕道設智王 과 그의 신하들은 결사 항전의 의지를 다졌지만, 이미 전세는 돌이킬 수 없을 정도로 기울어 있었습니다. 신라의 압도적인 군사력 앞에 대가야의 군대는 저항할 수 없었습니다. 특히 사다함이 이끈 5천의 기병 부대는 용맹하게 대가야의 성을 돌파하여 점령해 버렸습니다. 이로써 500년 넘게 한반도 남부의 한 축을 담당했던 가야 연맹은 역사 속으로 완전히 사라지게 되었습니다.

대가야를 비롯한 가야 연맹들은 독자적인 철기 문화와 활발한 해상 교역을 통해 찬란한 문화를 꽃피웠지만, 끝내 강력한 중앙집권국가로 발전하지 못하고 연맹 왕국의 단계에 머물렀던 한계로 인해 거대한 힘의 논리 앞에서 스러져 갔습니다. 그들의 비극적인 역사는 냉혹한 국제 정세 속에서 한 국가의 생존이 얼마나 어려운 것인지를 보여줍니다. 오늘날 고령의 지산동 고분군에 웅장하게 늘어선 거대한 무덤들만이 대가야의 잊힌 영광을 말없이 증언하고 있습니다.

4장

막바지로 치닫는 삼국의 항쟁, 그리고 삼국 통일

01

귀족들에 의해 폐위된 진지왕

진흥왕의 시대는 신라에게 영광 그 자체였습니다. 그의 시대에 신라는 더 이상 변방의 소국이 아닌 한반도의 중심으로 우뚝 섰습니다. 위대한 군주가 세상을 떠난 뒤, 그가 남긴 강력한 왕권과 광대한 영토, 그리고 백성들의 높은 기대는 고스란히 그의 아들에게 무거운 왕관으로 이어졌습니다. 하지만 역사는 때로 가장 빛나는 순간 뒤에 가장 짙은 그림자를 드리우기도 합니다. 진흥왕의 뒤를 이은 제25대 왕 진지왕真智王은 아버지의 위업을 계승하기는커녕, 즉위 4년 만에 귀족들에 의해 왕위에서 쫓겨나는 신라 역사상 최초이자 유일한 '폐위된 왕'이라는 비극적인 운명을 맞이했습니다.

진지왕의 짧은 통치와 갑작스러운 폐위는 수많은 의문을 남겼습니다. 《삼국사기》에서는 왕이 죽었다고 간략하게만 기록하고 있습니다. 하지만 《삼국유사》에서는 그의 폐위 이유를 "정사를 어지럽히고 주색에 빠져 음란하므로政亂荒嬪"라고 부정적으로 기록하고 있습니다. 진지왕이 국정을 돌보지 않고 주색에 빠져 군주가 지녀야 할 품위를 잃었기에, 귀족 세력을 중심으로 한 나라 사람들이 그를 폐위시켰던 것입니다. 그가 재위하는 동안 뚜렷한 정치적 업적이나 군사적 성과가 기록되어 있지 않았다는 것은 사실입니다. 그는 백제의 공격을 방어해내고 성을 쌓아서 방비하는 등의 모습을 보이고, 중국 진陳 나라에 사신을 보내 외교 관계를 유지하는 모습을 보이긴 했습니다. 그러나 아버지 진흥왕처럼 강력한 카리스마로 국가를 이끌어가는 모습을 보여주지는 못했습니다.

또한 진지왕이 재위 기간에 여자를 밝혔음을 알 수 있는 설화도 있습니다. 바로 도화녀桃花女 와 비형랑鼻荊郎 이야기입니다. 진지왕이 재위할 때, 어느 민가 여인의 얼굴과 자태가 매우 아름다워서 도화녀라고 불렀습니다. 왕이 소문을 듣고 궁중으로 그녀를 불러드렸는데 도화녀가 "여자가 지켜야 하는 일은 두 남자를 섬기지 않는다는 것입니다"라고 얘기하며 저항했다고 합니다. 진지왕은 "남편이 없으면 되겠느냐?"고 얘기하면서 결국 도화녀를 놓아주고 맙니다. 이후 진지왕은 폐위되고 죽었으며, 2년 후에 도화녀의 남편도 죽게 됩니다. 남편이 죽은 지 십여 일 뒤에 진지왕의 귀신이 도화녀에게 찾아왔고, 7일 동안 머물렀습니다. 이후 도화녀가 임신하고 낳은 아이가 비형鼻荊 이었습니다.
이 얘기를 통해 진지왕의 여자를 좋아했음을 알 수 있답니다.

　다만 과연 이것이 역사의 진실 전부였을까요? 한 나라의 왕
을 단지 '음란하고 정사를 돌보지 않았다'라는 도덕적인 흠결만
으로 신하들이 끌어내리는 것이 과연 가능했을까 하는 의문은
1,500년이 지난 지금까지도 역사가들의 논쟁을 불러일으키고 있
습니다. 많은 학자는《삼국사기》와《삼국유사》의 기록이 진지왕
을 몰아내고 새로운 왕을 옹립한 세력의 입장에서 쓰인 신라의
기록을 참고했을 것으로 봅니다. 이 때문에 그의 폐위 이면에는
단순히 개인의 품행 문제를 넘어, 진흥왕 사후 신라 지배층 내에
서 벌어진 복잡하고 치열한 권력 투쟁이 숨어 있었다고 생각한
답니다.

　이 권력 투쟁의 실체를 이해하기 위해서는 먼저 진지왕의 정
통성이 완벽하지 않았다는 점을 살펴볼 필요가 있습니다. 그는
본래 진흥왕의 맏아들이 아니었습니다. 진흥왕에게는 동륜銅輪
이라는 총명한 태자가 있었지만, 안타깝게도 일찍 세상을 떠났
습니다. 진지왕은 차남으로서 형의 죽음 이후에야 태자의 자리
에 오를 수 있었습니다. 이와 같은 사실을 바탕으로 역사학자들
중 일부는 진지왕이 즉위할 때 요절한 동륜 태자를 지지했던 세
력에게는 완전한 인정을 받지 못했을 가능성을 제기했습니다.
그가 폐위된 후 왕위에 오른 인물이 바로 동륜 태자의 아들이
었다는 사실은 이러한 추측에 힘을 실어주기도 합니다. 귀족들
은 '왕통을 본래의 적장자 계승으로 되돌린다'라는 명분을 내세

워 진지왕을 몰아내고 진평왕을 옹립했을 수 있습니다.

또 다른 가설은 진지왕이 아버지 진흥왕이 이룩한 강력한 왕권을 더욱 강화하려다 기존 귀족 세력의 거센 반발에 부딪혔다는 것입니다. 진지왕이 기존의 귀족 세력이 아닌 박씨를 비롯한 새로운 세력과 연대하려 했다는 식으로요. 만약 진지왕이 실제로 그랬다면 이는 귀족들의 고유 권한과 기득권을 침해하는 중대한 도전이었을 것입니다. 이에 진흥왕의 아우인 숙흘종肅訖宗을 비롯한 기존의 귀족 세력들이 진지왕의 사생활을 문제 삼아 '음란한 폭군'이라는 프레임을 씌워 그를 제거했다고 보기도 합니다.

진지왕의 폐위는 신라 사회에서 왕권이 아직 절대적인 것이 아니었으며, 귀족 세력의 힘이 국왕의 운명을 바꿀 수 있을 만큼 여전히 막강했음을 보여준 역사적인 사건이었습니다. 또한 이 사건은 신라 역사의 새로운 장을 여는 계기가 되었습니다. 진지왕의 폐위로 인해 그의 아들인 용수龍樹와 손자인 김춘추金春秋는 왕위 계승 서열에서 밀려나 진골 귀족으로서 힘겨운 삶을 살아야 했습니다. 하지만 바로 이 시련이 김춘추를 뛰어난 외교관이자 탁월한 정치가로 단련시켰고, 훗날 김유신金庾信과 손을 잡고 삼국 통일의 기반을 닦게 됩니다.

02

진평왕의 즉위와 성골의 등장

진지왕의 폐위로 신라 조정이 극심한 혼란에 휩싸인 가운데, 폐위된 왕의 조카이자 요절한 동륜 태자의 아들이 새로운 왕위에 올랐으니, 그가 바로 53년이라는 신라 역사상 최장기 재위 기록을 세우며 새로운 시대를 연 제26대 진평왕眞平王이었습니다. 불안정한 정세 속에서 즉위한 진평왕은 정통성 시비에 휘말릴 수 있었기에 자신의 정치적 기반을 공고히 하는 것을 최우선 과제로 삼았습니다. 이를 위해 그는 금관가야 구해왕의 손자였던 이찬 노종을 귀족 회의의 수장이자 국정을 총괄하는 상대등上大等으로 임명하여 가야계 세력을 자신의 핵심 지지 기반으로 끌어안는 정치적 수완을 발휘했습니다.

새로운 지지 세력을 확보한 진평왕은 새로운 행정 기구를 잇달아 설치하며 국가 체제 정비에 박차를 가했습니다. 그는 인사 행정을 담당하는 위화부位和府를 시작으로, 해양 및 선박을 관리하는 선부서船府署, 조세와 재정을 총괄하는 조부調府, 왕의 수레와 교통을 관장하는 승부乘府 등을 연이어 설치했습니다. 이는 국가의 주요 업무를 전문적인 관료 조직을 통해 체계적으로 관리하고 이전까지 귀족들이 나누어 가졌던 권한들을 왕 직속의 행정 기구로 흡수하여 왕권을 강화하려는 강력한 의지의 표명이었습니다. 이러한 체제 정비를 통해 신라는 약 30년간 비교적 안정적인 시기를 누렸습니다.

하지만 이러한 시기는 30년을 가지 않았습니다. 진평왕 24년인 602년에 백제가 신라의 아막성으로 쳐들어오면서 다시 전쟁의 시대로 접어듭니다. 한강 유역을 차지하며 한반도의 새로운 패자로 떠오른 신라를 향한 고구려와 백제의 공세는 그 어느 때보다 거셌습니다. 백제는 관산성 전투에서 성왕을 잃은 원한을 갚기 위해 끊임없이 신라의 서쪽 국경을 공격해 왔고, 고구려 역시 빼앗긴 한강 유역을 되찾기 위해 호시탐탐 남하할 기회를 노렸습니다. 특히 603년 고구려의 북한산성 침공은 신라에 큰 위기였습니다. 자칫 한강 유역의 지배권을 다시 빼앗길 수 있는 절체절명의 상황에서, 진평왕은 친히 1만 대군을 이끌고 수도를 떠나 한강 유역까지 나아가 고구려군을 격퇴했습니다. 국왕이 직접 전선에 나서 국가적 위기를 극복한 이 사건은 그의 강력한 리더십을 상징적으로 보여주었습니다.

이러한 위기 속에서 진평왕은 탁월한 외교 감각을 발휘했습니다. 그는 분열된 중국이 수隋 나라와 당唐 나라로 재편되는 거대한 국제 정세의 변화를 예리하게 주시했습니다. 진평왕은 수나라와 당나라에 각각 사신을 보내 조공 관계를 맺고 이들 신흥 강대국과의 외교를 통해 고구려와 백제를 견제하는 '원교근공遠交近攻'의 외교 전략을 구사했습니다. 수나라와 당나라의 압박으로 인해 고구려와 백제는 신라에 대한 공세를 늦출 수밖에 없었고, 이는 신라가 국력을 보전하는 데 결정적인 역할을 했습니다.

이렇게 대외적인 위기를 극복하며 나라를 이끌던 진평왕에게 또 다른 내부적 시련이 찾아오게 됩니다. 바로 왕위 계승 문제였습니다. 당시 신라 왕실에는 '성골聖骨'이라는 독특하고 배타적인 신분 개념이 존재했습니다. 이는 왕이 될 수 있는 자격을 가진 신성불가침의 혈통을 의미했습니다. 《삼국사기》에서는 박혁거세부터 진평왕 후대의 진덕왕眞德王 까지 성골이었다고 기록되어 있습니다. 하지만 신라는 나물마립간 이전까지 여러 번 왕위 계보가 바뀌었기 때문에 역사학자들은 실제로 기존의 모든 왕이 '성골'이라는 하나의 신분이었다고 보지는 않습니다. 성골에 대해서는 많은 의견이 있지만, 현재까지는 진평왕의 아버지 동륜 태자의 직계를 다른 왕실 가계와 구분하면서 성골 관념이 만들어졌다고 보는 견해가 조금 더 우세한 편이랍니다. 즉, 진평왕은 진흥왕의 적장자 계보인 자신들만이 신성한 '성골'이며 폐위된 진지왕의 후손들은 왕위 계승 자격이 없는 '진골眞骨'이라는 정치적 선을 그은 것입니다.

하지만 진평왕의 통치 말년에 '성골'이라는 시스템은 제 발목을 잡는 거대한 족쇄가 되어 돌아왔습니다. 왕위 계승의 정통성을 확보하기 위해 극히 폐쇄적으로 운영했던 성골의 기준 때문에 역설적으로 왕위를 계승할 수 있는 인물의 수가 극단적으로 줄어버리고 맙니다. 아들이 없었던 진평왕에게 남은 직계 후계자는 덕만德曼과 천명天明이라는 두 공주뿐이었습니다. 이 위기 앞에서 진평왕과 신라 지배층은 진골 남성이 아닌 성골 혈통을 가진 여성을 후계자로 선택하는 혁명적인 결단을 내렸습니다. 마침내 진평왕은 맏딸인 덕만 공주를 후계자로 지목했고, 이로써 한국사 최초의 여왕 시대를 예고하며 왕위 계승 문제를 일단락지었습니다.

진평왕의 53년 통치는 정치적 혼란 속에서 왕권을 재건하고, 새로운 행정 체제를 완성하여 삼국 통일의 기반을 다진 중요한 시기였습니다. 그는 고구려와 백제의 맹공을 막아냈고, 능숙한 외교술로 나라의 안위를 지켰습니다. 하지만 그가 왕권 강화를 위해 확립한 성골 제도는 결국 후계자 문제라는 난제를 낳았고, 그의 마지막 선택은 훗날 왕위 계승을 둘러싼 또 다른 갈등의 불씨를 남기게 되었습니다.

03

백제의 그림자를 걷어낸
무왕의 시대

관산성의 차가운 땅 위에서 백제의 성왕이 비참한 최후를 맞이했을 때, 이를 지척에서 바라본 태자 창이 즉위하니, 그가 바로 백제 제27대 위덕왕威德王이었습니다. 그의 통치는 시작부터 아버지의 원통한 죽음을 설욕해야 한다는 '복수'라는 무거운 굴레와 국가적 참패를 수습해야 한다는 절망적인 과업 위에서 위태롭게 시작되었습니다. 위덕왕의 35년 재위는 '비극의 후계자'가 짊어진 고통의 시간이었습니다. 아버지의 전사라는 상황에서 왕위에 오른 위덕왕이었지만 그에겐 개인적인 슬픔에 잠겨 있을 시간이 허락되지 않았습니다. 실추된 왕실의 권위를 회복하고 귀족들의 불만을 잠재우기 위해, 그는 반드시 신라에 대한 복수를 성공시켜야만 했습니다. 위덕왕은 나라를 안정시키고 신라를 다시 공격하지만, 현실은 냉혹했습니다. 관산성 전투의 승리로 한강 유역을 완전히 장악한 신라는 진흥왕의 지휘 아래 최전성기를 구가하고 있었고, 백제는 이미 국력의 상당 부분을 상실한 상태였습니다. 위덕왕은 수차례에 걸쳐 신라를 공격했지만, 번번이 패배의 쓴잔을 마셔야 했습니다. 결국, 위덕왕은 복수에 성공하지 못한 채 왕위를 자신의 동생인 혜惠에게 넘겨주고 맙니다.

역설적으로 군사적 실패와 정치적 혼란이 만연했던 위덕왕의 시대에 백제의 문화와 예술은 마지막 불꽃처럼 찬란하게 피어올랐습니다. 위덕왕은 중국의 진陳 나라와 일본에 불교 경전과 불상, 그리고 수많은 기술자를 파견하여 백제의 수준 높은 문화를 전파했습니다. 특히 백제 예술의 정수라 불리는 '백제금동대향로百濟金銅大香爐'는 바로 이 시기에 만들어졌습니다. 금동대향로는 명확한 재작 연도를 알 수 없지만, 금동대향로가 발견되었던 능산리 절터에서 '석조 사리감'이라는 유물이 발견되었고, 여기에 위덕왕 13년 사리를 공양절에 올림 했다고 적혀있습니다. 이러한 내용을 바탕으로 금동대향로도 위덕왕 대에 성왕의 명복을 빌기 위해 만들어진 것으로 추정하게 되었답니다. 이러한 백제 문화의 발전은 정치적 좌절을 종교적, 예술적 성취로 극복하려 했던 위덕왕 시대의 고뇌와 역설을 상징적으로 보여줍니다. 하지만 이 찬란한 문화적 성취도 흔들리는 국가의 운명을 바로 세우기에는 역부족이었습니다.

598년 위덕왕이 세상을 떠나자 억눌려 왔던 백제 사회의 모순은 걷잡을 수 없는 혼란으로 폭발했습니다. 위덕왕의 뒤를 이은 제28대 혜왕惠王은 즉위한 지 불과 1년 만에 세상을 떠났습니다. 그의 뒤를 이어서 아들인 선宣, 중국 기록에서는 위덕왕의 아들이라고 합니다 이 제29대 법왕法王으로 즉위합니다. 그는 즉위하자마자 살생을 금지하고 민가에서 기르는 매를 모두 놓아주게 하며, 사냥 도구를 불태우는 등 급진적인 불교 정책을 펼쳤습니다. 하지만 그 역시 재위 2년 만에 승하하고 맙니다. 혜왕과 법왕이 갑자기 사망한 이유는 알 수 없지만 그 여파로 인해 정치가 굉장히 혼란했음은 명확합니다. 이 시기는 왕권이 약화하고 귀족 세력의 암투가 끊이지 않았던 백제 역사상 가장 깊고 어두운 혼란의 터널이었습니다.

그리고 이 암흑의 끝에서 전혀 예상치 못한 인물이 등장하여 백제를 새로운 길로 이끌었으니, 그가 바로 제30대 무왕武王이었습니다. 그의 출신에 대해서는 많은 논란이 있습니다.《삼국사기》에서는 법왕의 아들이었다고 하는데,《북사》등 몇몇 중국의 역사서에서는 위덕왕의 자식이라고 적혀있습니다.《삼국유사》는 그가 연못의 용과 관계를 맺은 과부의 아들로 어릴 적 마를 캐다 팔았다고 적고 있습니다. 그의 출신을 명확히 알 수는 없지만 평범하게 왕위를 계승했던 것은 아니었을 가능성이 있습니다.

어떤 출신이든 무왕은 이전 왕들과는 전혀 다른 길을 걸었습니다. 그는 백제를 근본부터 다시 일으켜 세우기 위한 거대한 프

익산 미륵사지 석탑(국가유산포털)

로젝트에 착수했습니다. 그 핵심은 바로 수도 사비의 기득권 귀족 세력에서 벗어나 자신의 세력 기반인 금마저에 새로운 정치적, 경제적 중심지를 건설하는 것이었습니다. 그는 금마저에 왕궁과 거대한 사찰, 그리고 도시를 방어하는 성곽을 건설했습니다. 오늘날 남아있는 익산의 왕궁리 유적과 동양 최대의 석탑으로 유명한 미륵사지彌勒寺址 석탑이 바로 그 흔적입니다. 이는 낡은 사비의 귀족 체제를 견제하고 왕권을 중심으로 한 새로운 질서를 구축하려는 그의 강력한 의지를 보여주는 것이었습니다.

내부적으로 새로운 중심지를 건설하며 왕권을 다진 무왕은 대외적으로도 실리적인 외교를 펼쳤습니다. 그는 중국의 신흥 강대국인 수나라, 그리고 그 뒤를 이은 당나라와 적극적으로 교류하며 선진 문물을 받아들이고 국제적인 고립에서 벗어나고자 했습니다. 또한, 무왕은 재위 초반부터 신라를 끊임없이 공격합니다. 그는 신라의 수도로 진격하는 방식이 아니라 국경 지대의 핵심적인 성들을 빼앗는 군사 전략을 구사했습니다. 지금의 남원시에 있던 신라의 아막산성阿莫山城 을 비롯한 속함성速含城 등 여러 성을 함락시키고 영토를 회복하면서 신라를 압박합니다. 무왕의 시대를 지나면서 백제는 다시 신라와의 전쟁에서 승리할 수 있다는 자신감을 찾게 되었습니다.

위덕왕에서 법왕에 이르는 시기는 관산성 전투의 패배라는 거대한 트라우마 속에서 왕권이 붕괴한 백제의 암흑기였습니다. 이 깊은 혼란의 잿더미 속에서 등장한 무왕은 낡은 귀족 세력의 중심지였던 사비를 벗어나 금마저라는 새로운 공간에서 새로운 질서를 세우려고 했습니다. 또한 실리적인 외교와 신라에 대한 군사 작전으로 실추되었던 백제의 국력을 회복했습니다. 무왕의 통치는 백제가 다시 한번 타올랐던 찬란하고도 강력한 불꽃이었습니다.

04

무왕의 진짜 왕비는 누구?

백제 무왕은 그 업적을 떠나 낭만적인 이야깃거리로 유명한 군주입니다. 그의 이름 앞에는 늘 '서동薯童'이라는 별칭과 국경을 초월한 사랑 이야기가 그림자가 따라다닙니다. 이 전설 속에서 그의 운명의 짝이자 왕비는 신라 진평왕의 셋째 딸인 선화공주善花公主였습니다. 수백 년 동안 선화공주는 의심의 여지 없이 무왕의 왕비이자 백제의 국모로 여겨졌습니다. 하지만 21세기에 이르러 역사는 전혀 예상치 못한 방식으로 우리에게 새로운 진실의 조각을 드러냈습니다.

오랫동안 우리의 상상력을 지배해 온 무왕에 관한 이야기는 《삼국유사》에 실린 서동요 설화입니다. 이 설화에 따르면 무왕은 어릴 적 마를 캐다 팔며 생계를 잇는 가난한 청년 '서동'이었습니다. 그는 신라 진평왕의 셋째 딸 선화공주가 절세미인이라는 소문을 듣고 그녀를 아내로 맞이하기 위해 기상천외한 계책을 꾸밉니다. 그는 아이들에게 마를 나누어 주며 자신이 지은 노래를 부르게 했는데, 그 노래가 바로 "선화공주님은 남몰래 시집가서 밤마다 서동 도련님을 안고 잔다네"라는 내용의 서동요였습니다. 이 노래는 순식간에 신라의 수도 서라벌 전체로 퍼져나갔고, 결국 진평왕의 귀에까지 들어가게 되었습니다. 분노한 왕은 공주의 행실을 문제 삼아 그녀를 귀양 보냈습니다. 귀양길에 오른 선화공주를 서동이 나타나 위로하며 아내로 맞이했다는 것이 설화의 줄거리입니다. 이후 서동은 백제의 왕위에 올라 무왕이 되었고, 큰 절을 지어 달라는 왕비 선화공주의 소원을 들어주기 위해 금마저에 거대한 미륵사를 창건했다고 전해집니다.

미천한 신분의 청년이 지혜와 사랑의 힘으로 역경을 극복하고 왕이 된다는 극적인 서사는 무왕이라는 인물에게 신화적인 권위를 부여했습니다. 또한 적대국이었던 백제와 신라의 왕족이 사랑으로 결합했다는 설정은 두 나라 사이의 긴장 관계 속에서도 문화적, 인적 교류가 있었을 가능성을 시사하며 후대 사람들의 상상력을 자극했습니다. 이 때문에 선화공주는 미륵사의 창건주이자 무왕의 유일한 왕비로서 오랫동안 역사적 사실처럼 받아들여졌습니다. 하지만 이 견고했던 전설은 2009년 1월 14일, 익산 미륵사지 서쪽 석탑의 안에서 발견된 금판, '사리봉안기舍利奉安記' 한 장으로 인해 뿌리부터 흔들리게 되었습니다. 1,400년 가까운 세월 동안 탑의 심장부에 봉인되어 있던 이 금판에는 미륵사 창건에 대한 그 어떤 역사서보다도 명확하고 생생한 기록이 새겨져 있었습니다. 그리고 그 내용은 충격적이었습니다.

"우리 백제의 왕후께서는 좌평 사택적덕沙宅積德 **의 따님으로 오랜 세월 동안 선한 인연을 심으시어** ··종략···**깨끗한 재물을 바쳐서 가람**伽藍, 절 **을 세우시고, 기해년**己亥年, 639년 **정월 29일에 사리**舍利 **를 맞이하셨다."**

이 명문은 미륵사 창건의 주역이 선화공주가 아니라 백제의 최고위 귀족 가문인 사택씨 출신의 왕후였음을 명백히 증언하고 있었습니다. 사택씨는 앞에서 나온 사씨와 동일시되는 성씨로 당시 백제의 귀족 가문 중에서도 가장 강력한 세력을 자랑하던 가문이었습니다. 사리봉안기가 제작된 639년은 무왕의 재위 기간600~641년에 정확히 포함됩니다. 이는 당대의 인물이 당대의 사건을 당대의 문자로 기록한 1차 사료로서, 600여 년 뒤에 쓰인 《삼국유사》의 설화와는 비교할 수 없는 역사적 신뢰성을 가집니다. 이 고고학적 발견은 역사학계에 거대한 파문을 던졌습니다. 선화공주가 무왕의 왕비라고 믿어 의심치 않았던 사실이 송두리째 흔들리게 된 것입니다. 그렇다면 선화공주는 정말 존재하지 않았던 허구의 인물이었을까요? 아니면 또 다른 진실이 숨겨져 있는 것일까요? 이 의문을 해결하기 위해 역사학자들은 여러 가설을 제기했습니다.

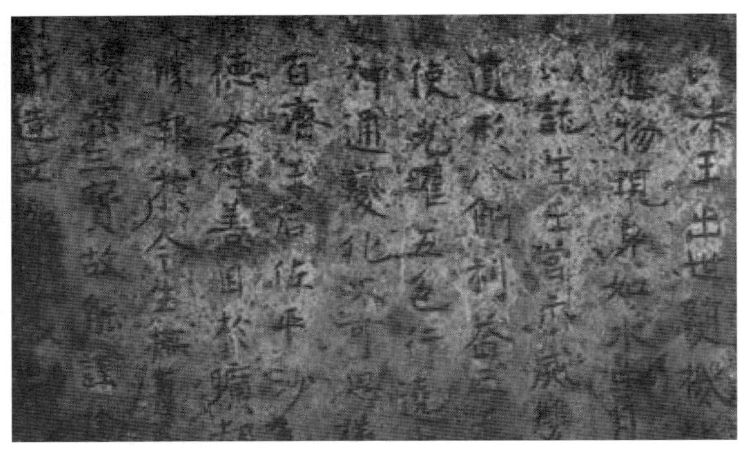

미륵사지 석탑에서 발굴된 금제사리봉안기

첫 번째 가설은 무왕에게 두 명의 왕비가 있었다는 것입니다. 선화공주가 첫 번째 왕비였고, 그녀가 일찍 세상을 떠난 뒤 무왕이 국내 정치 기반을 다지기 위해 강력한 귀족 가문인 사택씨의 딸을 두 번째 왕비로 맞이했을 수 있다는 추측입니다. 이 가설이 맞다면 미륵사 창건은 선화공주의 발원으로 시작되었지만, 그녀가 완공을 보지 못하고 사망하자 뒤를 이은 사택왕후가 최종적으로 사리를 봉안하고 자신의 공적을 기록했을 가능성이 있습니다. 이는 낭만적인 설화와 역사적 기록을 모두 존중하려는 조화로운 해석입니다.

두 번째 가설은 선화공주는 정식 왕비가 아닌 후궁이었을 것이라는 주장입니다. 서동요 설화 자체는 사실에 기반하지만, 신라 출신이었던 그녀는 정치적 한계로 인해 정식 왕비의 자리에 오르지 못했고, 국가의 공식적인 행사인 미륵사 창건은 당시 정비였던 사택왕후의 이름으로 진행되었다는 것입니다.

세 번째 가설은 선화공주 이야기가 후대에 만들어진 완전한 허구라는 주장입니다. 출신 기반이 미약했을 가능성이 있는 무왕의 즉위 과정을 신화적으로 각색하고, 백제와 신라의 화합을 상징하기 위해 후대의 이야기꾼들이 만들어 낸 아름다운 전설이라는 것입니다. 이 견해가 사실이라면 역사적 실체는 오직 사택왕후뿐이며 그녀야말로 무왕의 유일한 왕비이자 미륵사 창건의 실제 주역이 됩니다.

어떤 가설이 진실이든 사택왕후의 등장은 우리에게 백제 사회의 정치적 현실을 더욱 명확하게 보여줍니다. 무왕이 만약 설화처럼 미천한 출신이었다면 그의 왕권은 매우 불안정했을 것입니다. 이러한 상황에서 당시 최고 귀족 가문인 사택씨와의 혼인은 그의 왕권을 안정시키고 중앙 정계의 지지를 확보하는 데 결정적인 역할을 했을 것입니다. 선화공주와의 사랑이 낭만적인 개인사라면 사택왕후와의 결합은 냉철한 현실 정치의 산물이었던 셈입니다.

무왕의 진짜 왕비가 누구였는지에 대한 명확한 답은 아직 내려지지 않았습니다. 선화공주는 천 년 넘게 사랑받아 온 문화적 기억 속의 왕비로, 사택왕후는 금판 위에 자신의 이름을 새겨놓은 역사적 실체로서 우리 앞에 서 있습니다. 이 두 여인의 존재는 백제 무왕 시대를 이해하는 두 개의 중요한 창과도 같습니다. 선화공주의 이야기는 후대인들이 꿈꾸고 기억하고 싶었던 낭만적인 역사를, 사택왕후의 기록은 왕권과 귀족 세력의 힘이 교차하던 당대의 치열한 정치적 현실을 보여줍니다. 어쩌면 진실은 이 두 이야기의 어딘가에 있거나, 혹은 둘 모두를 품고 있을지도 모릅니다.

평강공주와 온달장군

6세기 후반, 대내외적인 위기에 도달한 고구려에서 559년 왕위에 오른 인물이 바로 제25대 왕인 평원왕平原王 이었습니다. 그의 통치기는 흔들리는 나라의 기강을 다시 세우고 잃어버린 영토를 되찾기 위해 고군분투했던 시기였습니다. 그리고 바로 이 시대의 한가운데에 오늘날까지도 우리에게 깊은 감동과 교훈을 주는 한 편의 위대한 서사가 자리 잡고 있으니 바로 울보 평강공주와 바보 온달의 이야기입니다.

이야기의 시작은 평원왕의 어린 딸이었던 평강공주平岡公主 로부터 비롯되었습니다. 공주는 유독 어릴 적에 울음이 잦았다고 합니다. 아버지를 사랑하는 마음이 깊었던 평원왕은 울음을 터뜨리는 어린 딸을 달랠 때마다 농담처럼 이렇게 말하곤 했습니다.

"네가 자꾸 이렇게 울면, 나중에 커서 귀족들에게는 시집을 못 보내고 바보 온달溫達에게나 시집보내야겠다."

온달은 당시 고구려 수도에 살던 가난하고 얼굴이 못생긴 청년으로 앞을 못 보는 늙은 어머니를 봉양하기 위해 밥을 빌어다 나르는 효자였습니다. 사람들은 그의 어수룩한 외모와 가난 때문에 그를 '바보 온달'이라 부르며 놀려대곤 했습니다. 그런데 이런 왕의 농담이 어린 공주의 귓가에 깊이 새겨졌습니다.

세월이 흘러 공주가 16세가 되자 그녀는 아름답고 현명한 숙녀로 성장했습니다. 평원왕은 딸을 위해 고구려 최고의 귀족 가문인 상부 고씨 집안에 혼처를 정하고 혼인을 서둘렀습니다. 하지만 공주는 아버지의 명을 단호하게 거부했습니다. 그녀는 이렇게 말했습니다.

"대왕께서는 항상 저에게 '너는 반드시 온달의 아내가 될 것이다'라고 말씀하셨습니다. 평범한 사람도 약속을 지키려 하거늘, 하물며 지존인 대왕의 말씀은 천금과도 같은 것입니다. 저는 이미 온달의 아내가 되기로 마음을 굳혔으니 다른 곳으로 시집가지 않겠습니다."

평원왕은 어린 시절의 농담을 진심으로 받아들인 딸의 고집에 크게 노하여 그녀를 꾸짖었지만, 공주의 뜻은 확고했습니다. 결국 그녀는 궁궐에서 내쫓기다시피 스스로 걸어 나왔습니다.

궁궐을 나선 공주의 손에는 값비싼 팔찌 수십 개가 들려 있었습니다. 그녀는 수소문 끝에 온달의 허름한 오두막집을 찾아갔습니다. 그곳에서 그녀가 마주한 것은 눈먼 노모와 평강공주를 못된 여우로 착각한 온달이었습니다. 온달 모자를 대면한 평강공주는 자신의 상황을 설명했습니다. 그러자 온달의 어머니는 "제 자식은 매우 누추해서 귀하신 분의 배우자가 되기에 부족하고, 우리 집은 지극히 가난하여 진실로 귀하신 분이 계실 곳이 되지 못합니다."라고 얘기했습니다. 하지만 공주는 온화하지만 단호한 목소리로 "진실로 마음을 같이 할 수 있다면, 어찌 반드시 부귀해진 다음에야 함께 할 수 있겠습니까?"라며 그들을 안심시켰습니다.

그날 이후 공주의 위대한 프로젝트가 시작되었습니다. 그녀는 자신이 가져온 값비싼 팔찌를 팔아 집과 땅, 노비와 살림살이를 장만했습니다. 그리고 온달에게는 시장에 가서 사람들이 파는 말이 아닌 나라에서 파는 말 중 병들고 약하여 버려진 말을 헐값에 사 오게 했습니다. 온달은 공주의 뜻을 이해하지 못했지만, 그녀의 말에 따랐습니다. 공주는 그 비쩍 마른 말을 지극정성으로 돌보아 살을 찌우고 튼튼하게 만들었습니다. 그리고 온달에게는 무예와 학문, 병법을 가르치기 시작했습니다. 그녀의 가르침 속에서 '바보 온달'은 점차 용맹하고 지혜로운 청년으로 변모해 갔습니다.

마침내 온달이 자기 능력을 세상에 증명할 날이 왔습니다. 매년 봄 3월 3일이 되면 낙랑의 언덕에서 열리는 국가 사냥 대회가 그 무대였습니다. 왕과 모든 신하가 참여하는 이 행사에 온달은 공주가 길러준 말을 타고 이 사냥 대회에 참가했습니다. 그는 남들보다 월등한 활쏘기와 말타기 실력으로 수많은 짐승을 사냥하며 단연 돋보이는 활약을 펼쳤습니다. 평원왕은 그 비범한 청년이 누구인지 물었고 그가 바로 자신이 그토록 무시했던 '바보 온달'이라는 사실을 알고는 매우 놀라지 않을 수 없었습니다.

얼마 지나지 않아 중국의 강대국이었던 북주에서 고구려를 침공해 왔습니다. 온달은 장군이 되어 군사를 이끌고 전장으로 나아갔습니다. 그는 가장 먼저 적진으로 뛰어들어 수십 명의 적병을 베어 넘기는 용맹을 떨쳤고, 그의 활약에 고무된 고구려군은 대승을 거두었습니다. 이 전투 이후 평원왕은 그가 자기 사위임을 공식적으로 인정했습니다. 그리고 온달을 대형大兄 이라는 높은 벼슬에 임명하며 절대적인 신임을 보냈습니다. 이후 온달의 명성은 고구려 전역에 퍼져나갔습니다. 온달은 더 이상 바보가 아닌 나라를 구한 위대한 영웅으로 우뚝 서게 된 것입니다. 평원왕의 뒤를 이어 영양왕嬰陽王 이 즉위하자 장군 온달은 왕에게 이렇게 얘기했습니다.

"신라가 우리 한강 이북의 땅을 빼앗아 군현으로 삼았으니, 우리 백성들이 그 원통함을 잊지 못하고 있습니다. 원하건대 저에게 군사를 주시면, 반드시 우리 땅을 되찾아 오겠습니다."

강서대묘의 청룡도

그는 "죽령 서쪽의 땅을 되찾지 못하면 돌아오지 않겠다"라는 비장한 맹세를 하고 남쪽으로 향했습니다. 하지만 그의 마지막 원정은 비극으로 끝났습니다. 신라와의 치열한 전투가 벌어지던 아단성 阿旦城 에서 그는 안타깝게도 적이 쏜 화살에 맞아 전사하고 말았습니다. 그의 장례를 치르기 위해 군사들이 그의 관을 옮기려 했지만, 관은 꿈쩍도 하지 않았습니다. 이 소식을 들은 평강공주가 직접 전장으로 달려와 남편의 관을 어루만지며 "생사가 이미 결정되었으니 이제 편히 돌아가십시오."라고 속삭이자 그제야 비로소 관이 움직였다는 슬픈 전설이 전해집니다.

평강공주와 온달장군의 이야기 속에는 신분 제도의 모순을 극복하려는 인간의 의지, 한 여성의 주체적이고 진취적인 삶의 태도, 그리고 나라를 위해 기꺼이 목숨을 바치는 영웅의 숭고한 애

국심이 모두 녹아 있습니다. 온달은 잃어버린 땅을 되찾지 못하고 비극적인 최후를 맞이했지만, 그의 이야기는 고구려인들의 가슴속에 살아남아 오늘날 우리에게까지 생생하게 전해지고 있습니다.

06

수나라의 중국통일과 살수대첩

　동아시아의 국제 질서는 거대한 지각 변동이 일어나고 있었습니다. 300년간 수십 개의 나라로 분열되어 끝없는 전쟁을 벌이던 중국이 589년 '수隋'라는 강력한 통일 제국으로 합쳐졌기 때문입니다. 이 거대한 통일 제국의 등장은 그동안 만주와 한반도 북부를 호령하며 동북아시아의 패자로 군림해 온 고구려에는 피할 수 없는 거대한 위협으로 다가왔습니다. 중국을 통일하고 밖으로의 팽창을 바라보는 수나라와 동방의 패자로 군림해 온 고구려의 충돌은 피할 수 없는 순간이었습니다.

　수나라를 건국한 문제文帝 양견楊堅은 중국을 통일한 직후, 곧바로 주변국들에 수나라 중심의 새로운 질서에 복속할 것을 요구했습니다. 그는 고구려의 평원왕에게도 거만한 태도로 조공을 바치고 신하의 예를 갖출 것을 압박했습니다. 하지만 천하의 중심을 자처해 온 고구려가 이러한 굴욕적인 요구를 받아들일 리 없었습니다. 평원왕의 뒤를 이은 영양왕은 수나라의 요구를 묵살하고, 오히려 598년 요서 지역을 선제공격하였습니다. 이에 격노한 수 문제는 30만 대군을 이끌고 고구려를 침공했지만, 장마와 질병에 부딪혀 별다른 성과 없이 참담하게 물러나야 했습니다.

이 1차 전쟁의 실패는 수나라에 잊을 수 없는 치욕을 안겼습니다. 그리고 문제의 뒤를 이어 황제가 된 그의 아들, 수 양제煬帝 양광楊廣은 아버지의 실패를 만회하고 천하의 유일한 지배자로서 자신의 권위를 완성하기 위해 고구려 정벌에 집착하기 시작했습니다. 그는 고구려를 치기 위해 무려 113만의 대군을 동원했습니다. 이는 정규 전투병의 숫자일 뿐, 보급과 수송을 담당하는 인원까지 합치면 그 규모는 300만에 육박하는 전무후무한 대군이었습니다.

수 양제는 이 거대한 군대를 이끌고 고구려로 향했습니다. 그의 전략은 육군이 요동의 고구려성을 공격하고, 동시에 장군 내호아來護兒가 이끄는 수군이 바다를 건너 수도 평양을 직접 타격한다는 것이었습니다. 하지만 그의 야심 찬 계획은 전쟁 초반부터 삐걱거리기 시작했습니다. 고구려의 첫 번째 관문이었던 요동성은 수나라 100만 대군의 파상공세를 수개월 동안 막아내는 경이로운 저력을 보여주었습니다. 요동성에서 귀중한 시간과 막대한 물자가 소모되는 동안에 평양을 공격했던 수나라 수군 역시 고구려군의 강력한 반격에 부딪혀 대패하고 말았습니다. 계획이 틀어지자 초조해진 수 양제는 결국 최후의 카드를 꺼내 들었습니다. 그는 장군 우중문宇仲文 과 우문술宇文述 등에게 30만 5천 명에 달하는 정예 별동대를 편성하여, 요동성을 무시하고 곧바로 평양을 함락시키라는 무리한 명령을 내렸습니다.

바로 이 순간에 고구려의 운명을 짊어진 영웅 을지문덕 장군이 역사의 무대에 등장했습니다. 그는 수나라 별동대의 약점이 오랜 행군과 보급의 한계로 인한 '굶주림'과 '피로'에 있음을 정확히 꿰뚫어 보았습니다. 그는 이 약점을 극대화하기 위해 치밀한 유인 작전을 계획했습니다. 먼저 그는 거짓으로 항복하는 척하며 수나라의 진영에 홀로 들어갔습니다. 항복을 논의한다는 명분이었지만 실제 목적은 적진의 상황을 직접 눈으로 확인하는 것이었습니다. 그는 적병들의 얼굴에 드리워진 굶주림과 피로의 기색을 확인하고 군량이 거의 바닥났음을 간파했습니다. 적진에서 무사히 돌아온 을지문덕은 일부러 싸움에 지는 척하며 달아나기를 거듭했고, 굶주린 수나라 30만 별동대는 승리에 취해 을지문덕을 쫓아 평양 앞까지 깊숙이 들어오게 되었습니다.

평양 근처에 도달했을 때, 수나라 군대는 승리한 군대가 아니었습니다. 그들은 한 달 넘게 무거운 갑옷과 식량을 짊어지고 행군한 데다, 을지문덕의 계산된 저항에 부딪혀 지칠 대로 지쳐 있었습니다. 바로 이때 을지문덕은 그들의 자존심을 무너뜨리고 퇴각을 종용하는 시를 적장 우중문에게 보냈습니다.

"신묘한 계책은 천문을 꿰뚫었고, 기묘한 전술은 지리를 아는구나. 전쟁에 이겨 그 공이 이미 높으니, 만족함을 알고 그만 돌아감이 어떠하리오."

겉으로는 칭찬하는 듯했지만 '너희의 계략은 이미 다 간파되었고, 너희는 지쳐 있으니, 목숨을 부지하고 싶으면 당장 돌아가라'라는 조롱과 경고였습니다. 이 시를 받아 든 수나라 장수들은 자신들이 함정에 빠졌음을 깨닫고 공포에 휩싸였습니다. 결국, 그들은 퇴각을 시작했습니다.

하지만 을지문덕이 이들을 순순히 돌려보낼 리 없었습니다. 고구려군은 퇴각하는 수나라 군대의 뒤를 맹렬히 추격하며 사방에서 기습 공격을 감행했습니다. 마침내 수나라 군대가 살수薩水, 현재의 청천강에 이르렀을 때, 을지문덕은 준비해 둔 최후의 일격을 가했습니다. 강을 반쯤 건너느라 대열이 완전히 무너진 수나라 군대의 후미를 고구려의 최정예 부대가 맹렬히 덮쳤습니다. 갑작스러운 공격에 수나라 군대는 공황에 빠져 서로를 밟아 죽이며 무너져 내렸습니다. 30만 5천 명에 달했던 수나라의 정예 별동대 중에서 살아서 압록강을 건너 돌아간 자는 불과 2,700여 명뿐이었습니다.

살수대첩의 참패 소식은 수 양제에게 돌이킬 수 없는 충격을 안겼습니다. 그는 결국 요동성 함락을 포기하고 굴욕적인 철군을 명령할 수밖에 없었습니다. 이 거대한 전쟁의 실패는 수나라

강서대묘의 백호도

의 국운을 결정지었습니다. 무리한 원정으로 인해 국고는 바닥 났고, 수백만 명의 백성을 죽음으로 내몬 황제에 대한 원망은 하늘을 찔러, 전국 각지에서 반란이 일어나기 시작했습니다. 결국, 수 양제는 살해당했고 수나라는 이 전쟁의 후유증을 극복하지 못한 채 618년 건국한 지 불과 38년 만에 멸망의 길을 걷게 되었습니다. 살수대첩은 고구려의 자주와 독립을 지켜낸 위업이었습니다. 을지문덕의 탁월한 지략과 고구려 백성들의 끈질긴 저항은 천하를 통일했던 거대 제국의 야욕을 꺾고 그들을 멸망으로 이끌었습니다. 이 위대한 승리는 고구려가 동북아시아의 패자임을 다시 한번 증명했습니다.

07

연개소문의 쿠데타

　고구려는 수나라와의 대전쟁을 승리로 이끌며 동북아시아 최강국의 위상을 다시 한번 천하에 증명했습니다. 그러나 그 이면에는 전쟁으로 인한 막대한 인명 피해와 국력 소진이라는 깊은 상처가 남아있었습니다. 수나라가 무너지고 당나라가 중국을 재통일했을 때, 고구려의 지배층은 국가의 진로를 두고 중대한 갈림길에 서게 되었습니다. 이 새로운 강대국 당나라를 어떻게 대할 것인가에 대한 문제였습니다. 고구려의 조정은 화친을 주장하는 세력과 결사 항전을 외치는 세력으로 첨예하게 나뉘었습니다.

　당시 논의의 중심에는 제27대 왕이었던 영류왕榮留王이 있었습

강서대묘의 주작도

니다. 그는 살수대첩의 영웅 영양왕의 동생으로 평양에서 수나
라 수군과의 전쟁을 직접 지휘했습니다. 동시에 이 과정에서 전
쟁의 참상을 뼈저리게 느낀 인물이었습니다. 그에게는 당나라와
또다시 전면전을 벌이는 것만큼은 피해야 할 최악의 선택지였습
니다. 영류왕은 즉위 초부터 당나라에 유화적인 태도를 보였습
니다. 그는 당 고조高祖 와 태종太宗 에게 지속적으로 사신을 보냈
고 수나라와의 전쟁에서 사로잡았던 포로들을 송환하는 등 적극
적인 평화 외교를 펼쳤습니다. 심지어 당나라의 요청을 받아들

여 고구려의 지도를 보내고, 승전 기념탑을 부수는 등 고구려의 자존심을 일정 부분 꺾으면서까지 전쟁을 피하려 했습니다.

이러한 저자세 외교에 격렬하게 반발하는 강경파들이 있었습니다. 그들에게 당나라의 요구는 단순한 외교적 요청이 아니라 고구려를 신하의 나라로 폄하하고 침략의 명분을 쌓으려는 굴욕적인 내정간섭이었습니다. 그리고 이 강경파 세력의 정점에 연개소문이라는 인물이 있었습니다. 연개소문은 고구려의 최고위 귀족 가문 중 하나인 연씨淵氏 가문 출신으로 그의 아버지 연태조淵太祚와 할아버지 연자유淵子遊 모두 막리지莫離支 같은 고구려 최고 관직을 역임한 당대의 권력가였습니다. 그는 태어날 때부터 강력한 정치적 기반을 물려받았으며, 성품이 흉포하고 위엄이 있었다고 기록될 만큼 압도적인 카리스마를 지녔습니다. 그는 강경파 귀족들의 절대적인 지지를 받으며 영류왕의 유화 정책에 사사건건 반대했습니다.

영류왕에게 연개소문은 자신의 평화 노선을 가로막는 가장 위험하고 눈엣가시 같은 존재였습니다. 갈등이 한계에 달하자 642년 영류왕은 마침내 연개소문을 제거하기 위한 결단을 내렸습니다. 그는 연개소문을 당나라와의 국경 지대에 건설 중이던 천리장성의 감독관으로 임명했습니다. 표면적으로는 국방의 중책을 맡기는 신임의 표시였지만 실제로는 그를 수도 평양에서 멀리 떨어진 변방으로 추방하여 그의 정치적 기반과 군사력을 박탈하려는 고도의 정치적 함정이었습니다.

하지만 이 계획은 연개소문의 귀에 들어갔습니다. 자신에 대한 숙청이 임박했음을 직감한 연개소문은 자신이 먼저 제거당하기 전에 선수를 치기로 결심했습니다. 그는 642년 10월, 수도 평양에서 자신의 관할하에 있던 모든 병력을 검열하는 대규모 열병식을 거행하는 척했습니다. 그리고 이 열병식을 축하하기 위해 성대한 연회를 개최한다며 영류왕을 지지하던 평양의 핵심 귀족들을 초대했습니다.

왕의 측근 세력이 모두 한자리에 모이자, 연개소문의 잔혹한 쿠데타가 시작되었습니다. 그의 사병들이 신호를 기점으로 일제히 쏟아져 나와 무방비 상태에 있던 귀족들을 닥치는 대로 살육했습니다. 순식간에 연회장은 피바다로 변했고, 영류왕의 평화 노선을 지지했던 조정의 핵심 인물들은 단 한 명도 살아남지 못하고 몰살당했습니다. 반대파를 모두 제거한 연개소문은 곧바로 군사를 이끌고 왕궁으로 쳐들어갔습니다. 이미 모든 지지 세력을 잃은 영류왕은 저항 한번 제대로 하지 못하고 사로잡혔습니다. 연개소문은 자신을 제거하려 했던 왕을 조금의 망설임도 없이 시해했습니다. 《삼국사기》는 그가 왕의 시신을 여러 토막으로 잘라 시궁창에 버렸다고 기록할 만큼 그의 분노와 잔혹함은 극에 달했습니다.

국왕을 시해하고 모든 정적을 제거한 연개소문은 나라의 모든 실권을 장악했습니다. 하지만 그는 스스로 왕위에 오르지는 않았습니다. 대신에 영류왕의 조카였던 장藏을 새로운 왕으로 내세웠습니다. 이로써 고구려의 제28대 왕인 보장왕寶藏王이 즉위했지만, 그는 연개소문의 손아귀에 있는 허수아비 군주일 뿐이었습니다. 연개소문은 스스로 '대막리지 大莫離支'라는 전무후무한 관직에 올랐습니다. 대막리지는 고구려의 모든 군사권과 행정권을 총괄하는 사실상의 독재자와 같은 자리였습니다.

연개소문의 쿠데타는 고구려 700년 사직의 근간이었던 왕권이 신하에 의해 완전히 무너져 내린 것으로 고구려의 정치 체제 자체를 뒤엎은 사건이었습니다. 이 피비린내 나는 정변은 당나라 태종 이세민 李世民에게는 더할 나위 없이 좋은 침략의 명분을 주었습니다. '왕을 시해하고 나라를 어지럽힌 역적을 토벌한다'라는 기치 아래, 당나라는 고구려를 향한 대대적인 침공을 감행하게 됩니다.

08

고구려와 당나라의 격돌

　수나라라는 잿더미 위에서 618년 '당'이라는 훨씬 더 강력하고 체계적인 제국이 탄생했습니다. 특히 당나라의 제2대 황제 태종 이세민은 중국 역사상 위대한 군주 중 한 명으로 꼽히는 인물이었습니다. 그의 야망은 단순히 중국을 통일하는 것을 넘어 천하의 유일한 지배자인 천자로서 동아시아의 모든 민족을 중화 질서 아래 굴복시키는 것이었습니다. 하지만 그의 천하로 향하는 길목에는 절대 만만치 않은 거대한 장벽이 버티고 있었습니다. 그것은 바로 수나라 100만 대군을 궤멸시키고 독자적인 천하관을 고수해 온 동방의 패자, 고구려였습니다. 고구려와 당나라의 격돌은 동아시아의 패권을 두고 벌어진 두 제국의 운명을 건 숙명적인 충돌이었습니다.

당나라가 고구려를 침공해야만 했던 이유는 단 하나가 아니었습니다. 첫째, 두 나라가 가진 '천하관'의 충돌이라는 이념 문제였습니다. 당 태종은 자신이 하늘의 명을 받은 유일한 황제로서 주변의 모든 국가는 당나라에 조공을 바치고 책봉을 받는 신하의 나라가 되어야 한다고 생각했습니다. 하지만 고구려는 광개토대왕 이래로 '영락'과 같은 독자적인 연호를 사용하고, 왕을 '태왕'이라 칭하며 자신을 스스로 천하의 중심 중 하나로 여겨왔습니다. 당나라의 관점에서 고구려의 이러한 독자적인 천하관은 중화 질서의 근간을 부정하는 것으로 반드시 제거해야 할 이념적 도전이었습니다.

둘째, 지정학적 이유가 있었습니다. 고구려는 당시 당나라의 북방을 위협하던 유목 민족인 돌궐突厥 등 여러 유목 민족과 동맹을 맺고 있었습니다. 만약 고구려와 유목 민족들이 연합하여 당나라를 협공한다면 당 제국은 심각한 안보 위기에 직면할 수 있었습니다. 따라서 고구려를 제압하는 것은 돌궐과의 연결 고리를 끊고 당나라의 북방 국경을 안정시키기 위한 필수적인 전략이었습니다.

셋째, 정치적 명분이 있었습니다. 당 태종에게 침략의 명분을 완벽하게 제공한 사건이 바로 642년에 벌어진 연개소문의 쿠데타였습니다. 이 사건은 당 태종에게 "왕을 시해하고 나라를 어지럽힌 역적 신하를 토벌한다"라는 의로운 명분을 손에 쥐여 주었습니다.

644년 말, 당 태종은 수나라의 실패를 거울삼아 자신이 직접 친정을 선포하고 수십만에 달하는 육군과 수군을 편성하여 고구려로 향했습니다. 645년, 이세민이 이끄는 당나라 육군은 거침없이 요하를 건너 고구려의 영토로 밀려들었습니다. 당나라의 맹렬한 공격 때문에 고구려의 강력한 요동 방어선이었던 개모성蓋牟城과 비사성卑沙城이 차례로 함락되었습니다. 특히 고구려 북방 방어의 핵심 거점이었던 요동성마저 격전 끝에 무너지자, 고구려 조정은 엄청난 충격에 빠졌습니다.

다급해진 연개소문은 고연수高延壽와 고혜진高惠眞 두 장수에게 15만에 달하는 대규모 구원군을 급파했습니다. 하지만 당 태종 이세민은 단순한 황제가 아니라, 당나라를 건국하는 과정에서 수많은 전쟁터를 누빈 천재적인 군사 전략가였습니다. 그는 고구려의 대군을 안시성安市城 앞 주필산駐蹕山 일대의 평원으로 유인했습니다. 당 태종은 동쪽과 서쪽에 자신의 군대를 숨기고 고구려군을 유인했습니다. 결국 유인 작전에 당한 고구려군은 사방에서 공격하는 당의 공격을 받게 됩니다. 당 태종의 탁월한 전술은 고구려의 15만 대군을 궤멸시켰습니다. 이제 당나라 30만 대군 앞을 가로막는 것은 '안시성'이라는 작은 산성 하나뿐이었습니다.

안시성의 성주는 후대의 기록엔 양만춘楊萬春 연개소문의 쿠데타에도 복종하지 않았을 만큼 강직한 인물이었습니다. 그는 나라의 위기 앞에서 사적인 감정을 접어두고 성을 지키기 위해 일어섰습니다. 당 태종은 이 작은 산성 하나쯤은 단숨에 함락시킬 수 있

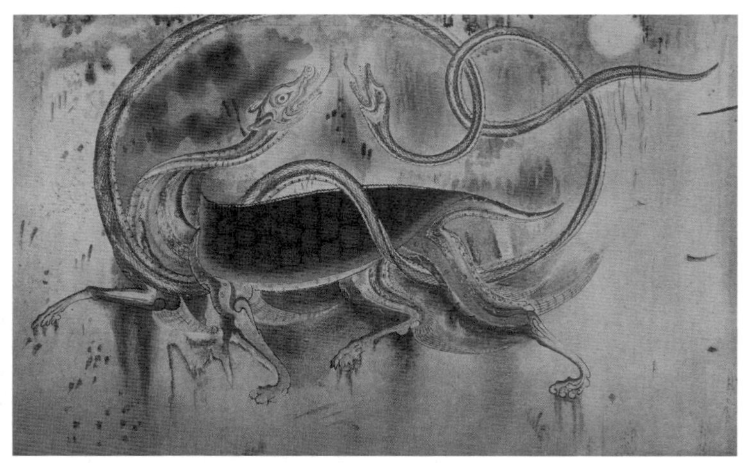

강서대묘의 현무도

으리라 오판했습니다. 하지만 안시성의 군민들은 절망적인 상황 속에서도 굴복하지 않았습니다. 그들은 당나라 군대가 성벽을 무너뜨리면 곧바로 목책을 세워 방어선을 복구했고 당나라 군대가 땅굴을 파고들어 오면 맞불 땅굴을 파서 적을 격퇴했습니다.

전투가 두 달 넘게 교착 상태에 빠지자, 천하의 당 태종은 초조해지기 시작했습니다. 그는 마지막 수단으로 성벽보다 더 높은 거대한 흙산을 쌓아 성을 위에서부터 공격해 함락시키려 했습니다. 60일간의 대공사 끝에 흙산이 완성되었고, 당나라 군대가 정상에 올라 성을 공격하려던 순간에 흙산 일부가 무너졌습니다. 이 절호의 기회를 놓치지 않고 고구려 결사대가 무너진 틈을 통해 쏟아져 나와 흙산을 점령하고 그 위에 불을 질렀습니다. 자신들이 만든 흙산을 눈앞에서 적에게 빼앗긴 당 태종의 분노와 치욕은 극에 달했습니다. 시간은 흘러 겨울이 다가왔고, 보급로는 끊기면서 당나라 병사들은 추위와 굶주림에 지쳐갔습니다. 결국, 천하를 호령하던 당 태종 이세민은 일생일대의 패배를 인정하고 안시성 하나를 넘지 못한 채 굴욕적인 철군을 명령할 수밖에 없었습니다.

이 전쟁의 승리로 고구려의 저력을 다시 한번 증명했지만, 이 것이 두 국가 사이 격돌의 끝은 아니었습니다. 당 태종은 비록 전면전에서는 패배했지만 죽는 날까지 고구려 정벌의 꿈을 버리지 않고 소규모 부대를 이용해 고구려의 국경을 끊임없이 약탈하는 소모전을 펼쳤습니다. 이 기나긴 전쟁은 고구려의 국력을 서서히 갉아먹어 갔습니다.

09

한국사 최초의 여왕, 선덕여왕

　632년, 진평왕의 뒤를 이어 덕만 공주가 왕위에 오르니, 바로 한국사 최초의 여왕인 선덕여왕善德女王이었습니다. 그녀의 즉위는 성골이라는 신분을 명분으로 이루어졌지만, 여성이 나라를 다스린다는 것은 신라 사회에 전례 없는 충격이자 거대한 도전이었습니다. 선덕여왕의 재위 기간은 즉위 초부터 가시밭길이었습니다. 여성이 왕위를 잇게 되자 진골을 비롯한 기존 귀족 세력의 불만은 극에 달했습니다. "암탉이 울면 집안이 망한다"라는 식의 노골적인 비난이 쏟아졌고, 왕의 권위는 좀처럼 서지 않았습니다. 이러한 내부의 불안을 틈타서 이웃 나라들은 신라를 향한 공세의 고삐를 바싹 죄었습니다. 특히 백제의 의자왕義慈王은 신라 서쪽의 40여 개 성을 함락시키는 등 신라의 숨통을 조여왔습니다. 고구려 역시 북쪽에서 신라의 한강 유역을 위협하며 압박을 가했습니다. 신라는 그야말로 고구려와 백제라는 두 강대국 사이에 낀 '샌드위치' 신세가 되어 국가 존망의 갈림길에 빠졌습니다.

이 절체절명의 위기 속에서 선덕여왕은 국가를 구할 방도를 찾아야 했습니다. 그녀는 먼저 바다 건너 당나라 태종에게 구원을 요청하였고, 태종은 호의적인 반응을 보였습니다. 그러나 외교적 해법이 당장 위기를 막아줄 수는 없었습니다. 선덕여왕에게는 군사적 열세를 극복하고, 밖으로는 적의 침략 의지를 꺾으며, 안으로는 분열된 민심과 자신을 불신하는 귀족들을 하나로 묶을 강력한 정신적 구심점이 절실했습니다. 그녀가 선택한 해답은 바로 법흥왕 이래 신라의 국교였던 불교였습니다. 신라가 단순한 나라가 아니라 부처가 보살피는 신성한 땅임을 선포하고자 했습니다.

이 위대한 이념적 프로젝트의 정점이자, 선덕여왕의 모든 염원이 응축된 결정체가 바로 '황룡사皇龍寺 9층 목탑'의 건립이었습니다. 643년, 자장은 당나라에서 유학하는 동안 문수보살의 화신을 만나 신령한 계시를 받았다고 합니다. 그 계시에 따르면 "신라는 여왕이 다스려 덕은 있으나 위엄이 없기에 이웃 나라들이 넘보는 것이다. 속히 본국으로 돌아가 황룡사에 9층 목탑을 세우면, 이웃의 아홉 나라가 모두 항복하고 조공을 바칠 것이며 왕업이 길이 평안할 것이다"라는 내용이었습니다. 이 신탁은 선덕여왕에게 가뭄의 단비와도 같았습니다. 이는 단순히 거대한 불탑 하나를 세우는 것을 넘어, 현시점에서 신라가 겪고 있는 모든 문제, 즉 '여왕의 위엄 부족'이라는 정치적 약점을 정확히 짚어내고, '9층 목탑 건립'이라는 구체적인 해결책을 '부처의 뜻'으로 제시했기 때문입니다. 선덕여왕은 643년, 자장의 건의를 받아들여 이 거대한 국가적 염원이 담긴 황룡사 9층 목탑 건립을 공식적으로 선포했습니다.

이 공사를 총괄하기 위해 초빙된 인물은 놀랍게도 적극이었던 백제의 장인 아비지阿非知였습니다. 이는 당시 백제의 건축 기술이 얼마나 뛰어났는지를 보여주는 동시에 국가의 백년대계를 위해서라면 적국의 기술자라도 기꺼이 데려오는 선덕여왕의 과감한 결단력을 보여줍니다. 아비지는 수백 명의 기술자들을 이끌고 이 거대한 공사에 착수했습니다.《삼국유사》에 따르면 그가 탑의 중심 기둥인 찰주를 세우던 날에 자신의 조국 백제가 멸망하는 꿈을 꾸고 잠시 일을 망설였다는 전설이 전해지기도 합니다. 645년, 마침내 완성된 황룡사 9층 목탑은 그 위용이 실로 대단했습니다. 높이가 약 80미터에 달하는 거대한 목조 건축물이 수도 서라벌의 한복판에 우뚝 솟았습니다.

선덕여왕의 이념적 통치술은 여기에 그치지 않았습니다. 그녀는 '첨성대瞻星臺'라는 또 하나의 신비로운 건축물을 남겼습니다. 동양에서 가장 오래된 천문 관측대로 알려진 첨성대는 단순히 별을 관측하는 과학 기구를 넘어 왕이 하늘의 뜻을 읽고 백성에게 농사의 때를 알려주는 신성한 제사장임을 상징하는 장치였습

경주 황룡사지(국가유산포털)

니다. 또한, 아름다운 벽돌탑으로 유명한 분황사를 창건하고, 신라의 승려였던 아도가 머물렀던 곳에 영묘사를 짓는 등 불교를 부흥시키기 위해 선덕여왕은 큰 노력을 하였습니다.

이처럼 선덕여왕은 문화와 이념의 힘으로 국가를 통합하려 했지만, 그녀를 향한 귀족들의 불신은 끝내 사라지지 않았습니다. 647년에 마침내 귀족 세력의 불만이 폭발했습니다. 귀족 세력들이 반란을 일으킨 것입니다. 이 끔찍한 혼란의 와중에서 선덕여왕은 반란이 진압되는 것을 보지 못한 채 세상을 떠나고 말았습니다. 선덕여왕은 한국사 최초의 여왕이라는 불리한 조건 속에서 나라가 최악의 위기에 빠졌던 시대를 통치해야 했습니다. 그녀는 이 위기를 무력이 아니라 이념의 힘을 통해 정면으로 돌파했습니다. 황룡사 9층 목탑은 그녀의 모든 정치적, 종교적, 그리고 국가적 염원이 응축된 결정체였습니다. 백성들은 이 거대한 탑을 올려다보며 흩어졌던 민심을 하나로 모으고, '신라인'이라는 공동체 의식을 함양할 수 있었습니다.

10

김춘추와
김유신의 성장

　신라의 대내외 위기가 이어지면서 기존 질서 속에서는 최고 권력에 오를 수 없었던 두 명의 비주류 엘리트가 운명처럼 등장하게 되었습니다. 그들이 바로 김춘추와 김유신이었습니다. 김춘추의 성장은 '결핍'과 '야망'에서 시작되었습니다. 그는 왕의 피를 이었지만, 왕이 될 수 없는 태생적 한계를 지닌 인물이었습니다. 할아버지인 진지왕이 폐위되면서 그의 아버지 김용춘을 포함한 진지왕의 직계 후손들은 왕위를 계승할 수 있는 '성골'의 지위를 박탈당하고 진골 귀족으로 격하되었습니다. 당시 신라의 왕위는 오직 성골만이 계승할 수 있었기에 이는 김춘추에게 영원히 깨뜨릴 수 없는 '유리 천장'이었습니다. 그는 왕족이었지만 왕실의 주류가 아닌 방계이자 비주류였던 것입니다. 이 때문에 젊은 시절의 김춘추는 신라 사회에서 두각을 드러내지 못했습니다. 하지만 태생적 한계 앞에서도 좌절하지 않고 낡은 골품제의 질서를 넘어서려는 야망을 불태웠습니다. 그는 자신에게 부족한 것을 채워줄 강력한 파트너를 절실히 필요로 했습니다.

김유신 역시 신라 사회의 비주류이기는 마찬가지였습니다. 그의 배경은 김춘추보다 더욱더 이질적이었습니다. 그는 금관가야의 마지막 왕인 구해왕의 증손자였습니다. 그의 할아버지 김무력이 혁혁한 전공을 세웠음에도 김유신의 가문은 수백 년간 기득권을 유지해 온 구 귀족 세력에게 여전히 이방인에 불과했습니다. 가야계라는 꼬리표는 그들의 정치적 성장에 보이지 않는 족쇄로 작용했습니다. 김유신은 화랑도의 우두머리로서 젊은 시절부터 탁월한 군사적 재능과 리더십을 보였습니다.

629년 고구려의 낭비성을 공격하면서 김유신은 본격적으로 두각을 드러내기 시작했습니다. 그는 이 전투에서 직접 검을 뽑아 들고 적진을 드나들면서 장군의 목을 베었습니다. 이 전투에서 그의 전공은 타의 추종을 불허하였습니다. 그러나 그의 앞을 가로막고 있는 구 귀족 세력의 견제도 만만치 않았습니다. 이 때문에 김유신은 낭비성 전투 이후에도 큰 출세를 하지 못하고 있었습니다. 이런 상황이었기에 그 역시 자신의 군사적 능력을 뒷받침해 줄 강력한 정치적 동맹이 필요했습니다.

이처럼 '폐위된 왕의 후손'이라는 정치적 비주류와 '망국의 후예'라는 사회적 비주류인 두 사람은 서로가 가진 한계를 정확히

태종무열왕릉

꿰뚫어 보았고, 서로의 필요를 채워주기 위한 거대한 정치적 결합을 감행했습니다. 김유신은 자기 여동생인 문희를 김춘추에게 시집보냈습니다. 《삼국유사》에는 김유신이 김춘추와 축국을 하다 일부러 옷고름을 밟아 찢고, 여동생을 불러 꿰매게 하여 인연을 만들었다는 유명한 일화가 전해집니다. 이 결혼을 통해 김춘추는 김유신이라는 강력한 군사적 기반과 가야계 신흥 세력의 지지를 얻었고, 김유신은 김춘추라는 왕실의 유력 인물과 결합하여 자신의 가문을 왕실의 외척으로 격상시키며 중앙 정계의 핵심으로 진입했습니다.

이들의 정치적 성장을 완성한 마지막 관문은 647년에 터진 '비담의 난'이었습니다. 당시 귀족 회의의 수장이었던 상대등 비담과 염종 등 구 귀족 세력의 핵심들은 "여왕은 나라를 잘 다스릴 수 없다女主不能善理"라는 기치를 내걸고 마침내 선덕여왕에 대한 전면적인 반란을 일으켰습니다. 이는 신라의 수도 금성을 내전

상태로 몰고 간 최대의 위기였습니다. 이 절체절명의 순간에 김춘추와 김유신은 한 치의 망설임도 없이 선덕여왕의 편에 섰습니다. 그들에게 이 반란은 낡은 귀족 세력을 일소하고 신라의 주도권을 완전히 장악할 수 있는 절호의 기회였습니다. 김유신은 자신의 모든 군사력을 동원하여 왕궁인 월성을 방어했고, '떨어지는 별'을 보고 불길해하는 아군의 사기를 되찾기 위해 불붙은 연을 하늘로 띄우는 기지를 발휘하는 등, 탁월한 지략으로 10일 만에 반란을 완벽하게 진압했습니다.

이 반란의 진압은 신라 정치사에 거대한 분수령이 되었습니다. 첫째, 반란을 주도했던 비담을 비롯한 수십 명의 구 귀족 세력이 모조리 숙청되면서 신라 조정에는 더 이상 '춘추-유신' 연합 세력에 대항할 경쟁자가 남아있지 않게 되었습니다. 둘째, 내전의 혼란 속에서 선덕여왕이 승하하고 뒤를 이은 진덕여왕眞德女王의 통치 아래에서 김춘추는 정치적 실권을 김유신은 군권을 확보하게 되었습니다. 두 사람은 명실상부하게 신라의 모든 권력을 장악했습니다. 폐위된 왕의 손자와 망국의 왕족 후예가 만나 개인적인 원한과 시대적인 위기를 동력 삼아 마침내 국가의 정점에 서게 된 것입니다.

대야성의 함락과
나당 연합

　선덕여왕과 김춘추, 김유신을 공부하면서 우리는 7세기 중반의 신라에 많은 위협이 닥쳤음을 알 수 있었습니다. 특히 사면초가에 몰린 신라의 운명을 나락으로 떨어뜨린 동시에 역설적으로 삼국 통일이라는 거대한 역사의 물줄기를 트게 만든 결정적인 사건이 642년에 벌어졌으니, 그것이 바로 신라 대야성의 함락이었습니다. 대야성 현재의 경남 합천 은 신라의 서부 전선을 지탱하는 가장 중요한 전략적 요충지였습니다. 이곳은 백제의 수도 사비에서 신라의 수도 금성으로 향하는 길목을 지키는 관문이자, 옛날 가야 지역을 통제하는 핵심 거점이었습니다. 하지만 이처럼 중요한 성을 지키고 있던 성주 김품석은 유능한 장수가 아니었습니다. 그는 부하의 아내를 빼앗는 등 사생활이 문란했고 백성들의 재물을 탐하여 민심을 잃은 탐관오리였습니다.

이런 상황에서 642년에 백제 의자왕은 장군 윤충允忠에게 1만 명의 군사를 주어 바로 이 대야성을 공격하게 했습니다. 성의 방비가 허술하고 민심이 떠난 상황에서 김품석은 제대로 된 저항군조차 조직하지 못했습니다. 설상가상으로 김품석에게 아내를 빼앗긴 원한을 품고 있던 성안의 관리 검일黔日이 백제군과 내통하여 군량 창고를 불태웠습니다. 위기 상황에 빠지자, 품석의 보좌관이었던 서천西川은 품석과 여러 장수에게 항복을 권했습니다. 이때, 죽죽竹竹이라는 관리가 백제는 믿을 수 없다면서 품석 등을 말렸지만, 이미 겁에 질린 품석의 귀에는 들리지 않았습니다. 결국, 대야성의 성문이 열렸고 백제군은 이때를 놓치지 않은 채 성 밖으로 나오는 신라군을 모두 죽였습니다. 백제군이 성안으로 쏟아져 들어오자, 체념한 김품석은 자기 아내와 아이들을 먼저 죽인 뒤 스스로 목숨을 끊었습니다. 이 참혹한 함락 과정에서 성주 김품석과 함께 목숨을 잃은 그의 아내가 김춘추의 딸 고타소古陀炤였습니다.

대야성의 함락은 신라에 단순한 군사적 패배가 아니었습니다. 이제 신라는 낙동강 서쪽 영토를 모두 상실하였습니다. 낙동강을 넘으면 수도 금성으로 올 수 있는 대구~영천 지역의 교통로가 지척이었습니다. 수도가 백제의 공격에 직접적으로 노출되는 국가 존망의 갈림길에 빠졌던 것입니다. 딸의 참혹한 죽음과 사위의 머리가 백제의 수도에 전리품으로 보내졌다는 소식을 들은 김춘추는 복수를 맹세했습니다.

 국가적 위기와 개인적 원한을 동시에 짊어지게 된 김춘추는 이 난국을 타개할 유일한 방법이 외국의 군사력을 빌려오는 것, 즉 외교뿐이라고 판단했습니다. 그는 가장 먼저 고구려로 향했습니다. 642년, 그는 선덕여왕의 명을 받고 고구려 평양으로 건너가 당대의 실권자 연개소문과 담판을 벌였습니다. 김춘추는 백제의 위협을 설명하며 고구려에 구원병을 요청했습니다. 하지만 연개소문은 이 절박한 요청에 냉정하게 답했습니다. 그는 구원병 파병의 대가로 진흥왕 때 신라가 차지했던 한강 상류 유역죽령 이북의 땅 을 반환할 것을 요구했습니다. 이는 신라로서는 도저히 받아들일 수 없는 조건이었습니다. 결국, 고구려와의 외교는 실패로 돌아갔고 김춘추는 감금되었다가 겨우 목숨만 건져 귀국해야 했습니다.

 고구려와의 담판이라는 카드가 실패로 돌아가자, 김춘추의 시선은 이제 바다 건너 당나라로 향했습니다. 이는 신라의 운명을 건 마지막 도박이었습니다. 648년, 김춘추는 마침내 당나라의 수도 장안으로 향하는 험난한 뱃길에 올랐습니다. 김춘추가 당 태종을 만났을 때, 두 사람의 이해관계는 기적처럼 맞아떨어졌습니다. 당시 당 태종에게는 고구려라는 반드시 넘어야 할 산이 있었습니다. 645년에 고구려를 공격했다가 처참하게 실패한 기억이 당 태종에게 남아있었기 때문입니다. 그는 고구려가 얼마나 강력한 나라인지 그리고 정면 대결만으로는 이들을 굴복시킬 수 없음을 뼈저리게 깨달은 상태였습니다. 그에게는 고구려를 무너뜨리기 위해 반드시 한반도 남쪽에서 고구려의 배후를 칠 수 있는 강력한 동맹이 필요했습니다.

바로 이 절묘한 순간에 김춘추가 나타난 것입니다. 김춘추는 당 태종에게 다음과 같이 절박하게 호소했습니다.

"저희 신라는 바다 모퉁이에 치우쳐 있으면서도 천자의 조정을 엎드려 섬긴 지 여러 해가 되었습니다. 그런데 백제는 강하고 교활하여 여러 차례 함부로 침범해 왔습니다. 더욱이 지난해에는 군사를 크게 일으켜서 깊숙이 쳐들어와 수십 개의 성을 쳐서 함락시켜 조회할 길을 막아버렸습니다. 만약 폐하께서 천조의 군사를 빌려주시어 흉악한 것을 잘라 없애주시지 않으신다면 우리나라의 인민은 모두 포로가 될 것이니, 그렇다면 산 넘고 바다 건너 행하는 조회도 다시는 바랄 수 없을 것입니다."

당 태종의 답변에 대해서는 김춘추의 아들인 문무왕文武王이 당 태종의 아들인 당 고종高宗에게 보낸 답서에 담겨 있습니다. 해당 내용에 따르면 당 태종은 "내가 지금 고구려를 치는 것은 다른 이유가 아니라, 너희 신라가 두 나라 사이에 끌림을 당해서 매번 침략당하여 편안할 때가 없음을 가엾게 여기기 때문이다."라고 하며 김춘추의 부탁을 흔쾌히 받아들였습니다. 이로써 648년에 신라와 당, 두 나라의 이해관계가 완벽하게 일치한 '나당 연합'이 체결되었습니다.

642년 대야성의 함락은 신라에는 국가 존망의 기로를, 김춘추에게는 씻을 수 없는 개인적 비극을 안겨준 사건이었습니다. 하지만 김춘추는 좌절하지 않고 활발한 외교활동을 펼쳤으며 마침내 당 태종이라는 거대한 파트너를 움직이는 데 성공했습니다. 나당 연합의 결성은 신라가 고립무원의 위기에서 벗어나 한반도의 주도권을 쥘 수 있는 결정적인 발판이 되었습니다.

12

진골의 신분으로
왕이 된 김춘추

김춘추와 김유신이 비담의 난을 가까스로 진압하고 왕위에 추대한 인물은 바로 진평왕의 조카딸이자 신라의 마지막 성골이었던 승만 공주, 즉 제28대 진덕여왕이었습니다. 진덕여왕은 즉위와 동시에 국가의 기강을 바로 세우는 작업에 착수했습니다. 그녀가 가장 먼저 한 일은 반란으로 흩어진 민심과 귀족 세력을 하나로 통합하는 것이었습니다. 이를 위해 그녀는 비담의 난을 진압하고 자신을 왕위에 올린 김춘추와 김유신 세력에게 절대적인 신뢰와 힘을 실어주었습니다. 이로써 '진덕여왕왕권' – '김춘추정치·외교' – '김유신군사'으로 이어지는 삼각 편대가 공식적으로 완성되었습니다. 또한 진덕여왕은 내부적으로는 집사부執事部의 기능을 강화하고 당나라의 관제를 부분적으로 도입하여 국가 행정 체계를 더욱 효율적으로 개편했습니다. 이는 왕명을 중심으로 국정이 신속하게 운영되도록 한 것입니다.

그녀의 통치기에서 가장 빛나는 업적은 바로 '외교'였습니다. 648년, 김춘추가 당나라로 건너가 나당 연합을 성사하고 돌아오자, 진덕여왕은 이 외교관계를 확고히 굳히기 위한 정성의 외교를 펼쳤습니다. 그 정점이 바로 650년 그녀가 직접 비단에 지어 바친 '태평송太平頌'이었습니다. 이 시는 당 고종의 위업과 당나라의 문화를 찬양하면서, 신라가 당나라와 같은 문명국이자 신의를 지키는 파트너임을 강조하였습니다.

진덕여왕의 통치는 선덕여왕이 남긴 혼란을 성공적으로 수습하고, 김춘추가 왕이 될 수 있는 정치적 기반을 완벽하게 닦아놓은 '위대한 과도기'였습니다. 654년, 그녀가 후사 없이 세상을 떠나자 '성골'의 시대는 공식적으로 막을 내렸고 이미 모든 실권을 쥐고 있던 김춘추가 신라 최초의 진골 왕으로 즉위하는 것은 너무나도 자연스러운 역사의 순서가 되었습니다. 일부 신료들이 추천한 상대등 알천閼川이 있었으나 그는 이미 시대의 흐름이 김춘추에게 넘어갔음을 인정하고 스스로 물러났습니다. 김춘추는 이미 군사김유신, 외교당나라, 정치국정 총괄의 모든 실권을 손에 쥔 유일한 지도자였습니다.

태종무열왕으로 즉위한 김춘추는 자신이 깨뜨린 낡은 질서 위에 새로운 국가 시스템을 세우는 작업에 즉각 착수했습니다. 그에게 왕위는 목표가 아니라 백제를 멸망시키고 삼한을 통일하기 위한 수단이었을 뿐입니다. 659년까지 이어지는 그의 재위는 곧 다가올 거대한 전쟁을 준비하기 위한 숨 가쁜 국가 개조의 시간이었습니다. 그는 왕권을 강화하고 행정력을 극대화하기 위한 혁신적인 제도 개혁을 단행했습니다. 우선 자신의 아버지를 문흥대왕文興大王, 어머니를 문정태후文貞太后로 직위를 올렸습니다. 자신의 혈통적 단점을 해결하려고 한 것이죠. 다음으로 그는 신라의 율령을 다시 정비해서 이방부격理方府格 60여 조라는 것으로 만들었습니다. 이것은 김춘추가 당나라를 방문했을 때, 보았던 당의 율령 체제를 따른 것이었답니다. 율령을 새로 정함으로써 국가 전반 체제를 무열왕이 살펴보게 되었습니다.

하지만 신라의 정비가 마냥 편하게 이루어진 것은 아니었습니다. 신라의 국력이 다시 강성해지는 것을 본 고구려와 백제가 655년에 말갈군까지 동원해서 쳐들어왔습니다. 이 전쟁으로 신라는 북쪽 변경의 33개 성을 빼앗기고 말았습니다. 이 전쟁으로 신라의 북쪽 방어가 크게 흔들릴 수 있었습니다. 이에 무열왕은 당에 사신을 보내서 구원을 요청했고, 마침 고구려를 공격할 준비가 되었던 당은 같은 해 3월에 고구려를 공격하였습니다. 신라로서는 시간을 번 것입니다.

이 기간, 655년부터 659년까지의 시기는 거대한 전쟁을 위한 총력 동원기였습니다. 무열왕은 자신이 확보한 절대적인 왕권을 바탕으로, 당나라와의 연합 작전을 수행하기 위한 외교적, 군사적 준비에 모든 국력을 집중시켰습니다. 그는 첫째 아들인 김법민金法敏을 태자로 삼아서 후계를 공고히 했습니다. 그리고 자

비석은 사라진 태종무열왕릉비

신의 둘째 아들 김인문金仁問, 셋째 아들 김문왕金文王 을 차례로 당나라로 보내서 외교 채널을 공고히 하고 구원군을 요청했습니다.

　무열왕은 폐위된 왕의 손자라는 태생적 한계를 극복하고, 골품제라는 신라 사회의 근간을 뒤흔들며 왕위에 올랐습니다. 그는 '혈통'이 아닌 '능력'이 국가를 이끌 수 있다는 새로운 시대를 열었습니다. 그리고 즉위 6년 동안 국가 시스템의 개혁을 통해 신라의 국력을 모두 비축했습니다. 마침내 660년, 신라는 마침내 모든 준비를 마쳤습니다. 대야성에서 스러져 간 딸의 원한을 갚고 백 년간 이어져 온 백제와의 악연을 끊어내며 삼국 통일이

라는 거대한 역사를 향한 첫걸음을 내디딜 준비가 완료된 것입
니다.

13

백제의 멸망

　7세기 중반, 백제는 위태로운 영광 위에 서 있었습니다. 무왕의 아들로 백제의 31대 왕이 된 의자왕義慈王은 치세 초반에는 '해동 증자海東曾子'라 불릴 만큼 효심이 깊고 현명한 군주로 명망이 높았습니다. 그는 즉위하자마자 숙적 신라를 향한 맹렬한 공세를 펼쳐서 눈부신 군사적 성과를 거두었습니다. 이 승리는 관산성 전투에서 성왕이 비참하게 전사한 이래, 백 년 가까이 이어진 신라에 대한 백제의 원한을 통쾌하게 갚는 듯 보였습니다. 하지만 이 절정의 순간에 이미 백제 멸망의 그림자는 짙게 드리워지고 있었습니다. 연이은 승리에 도취한 의자왕은 점차 폭정을 휘둘렀고 충신들의 간언을 멀리했습니다.

　백제의 비극은 무엇보다 국제 정세의 흐름을 완벽하게 놓친 외교적 고립에서 비롯되었습니다. 백제는 신라가 당과의 군사 동맹을 맺는 것을 파악하지 못했으며, 고구려와 연대도 원활하게 이루어 내지 못했습니다. 결국, 백제는 신라와 당나라라는 두 강대국을 동시에 상대해야 하는 최악의 상황에 놓였습니다. 하지만 의자왕과 백제의 귀족들은 이러한 상황을 인지하지 못한 채, 이 거대한 위협의 실체를 제대로 직시하지 못했습니다.

　660년, 마침내 신라와 당나라의 거대한 복수가 시작되었습니다. 당 고종은 소정방蘇定方을 총관으로 삼아 13만 명에 달하는 대규모 군대를 파견했습니다. 동시에 신라에서는 태종무열왕과 김유신이 5만 명의 정예병을 이끌고 백제의 심장부인 수도 사비를 향해 진격하기 시작했습니다. 이는 백제의 숨통을 끊기 위한 완벽한 양면 협공 작전이었습니다. 절체절명의 위기 속에서 백제 조정은 우왕좌왕하며 분열했습니다. 의자왕은 급히 신하들을 소집하여 대책을 물었지만, 신하들은 두 개의 의견으로 갈라졌습니다. 한쪽에서는 "당나라 군대는 바다를 건너와 지쳐 있고 물길에 익숙하지 않으니, 그들을 먼저 막아야 합니다"라고 주장했습니다. 다른 한쪽에서는 "신라군은 우리의 오랜 숙적이며, 우리에게 여러 차례 패했으니, 그들을 먼저 막아야 합니다"라고 주장했습니다.

　의자왕은 이 두 가지 제안 사이에서 결단을 내리지 못했고, 귀양 가 있던 좌평 흥수興首에게 조언을 구했습니다. 흥수는 "백강白江, 현재의 금강 하구 와 탄현炭峴, 현재의 대전 부근 은 우리나라의 요충지이니 당나라 군사가 백강으로 들어오지 못하게 하고, 신라 사람이 탄현을 지나지 못하게 한 다음 대왕께서 성문을 굳게 닫고 단단하게 지켜야 합니다"라고 조언했습니다. 그러나 다른 신하들이 믿지 않고 흥수가 왕을 원망하고 있을 것이라고 주장했습니다. 그러고는 당나라 군사를 백강으로 들어오게 하여 강물 흐름에 따라 배를 나란히 하지 못하게 하고, 신라 군사를 탄현으로 올라오게 하여 좁은 길 때문에 말을 나란히 몰 수 없게 해야 한다고 얘기했답니다.

이렇게 백제가 갈팡질팡하는 사이에 소정방이 이끄는 당나라 13만 대군은 무서운 속도로 금강 하구 기벌포伎伐浦에 상륙했습니다. 백제군이 황급히 맞서 싸웠으나 이미 유리한 지점을 선점하고 상륙을 마친 당군의 기세를 꺾을 수는 없었습니다. 기벌포 방어선이 무너지자, 당나라 대군은 파죽지세로 강을 따라 사비성 코앞까지 진격했습니다. 김유신의 5만 대군은 탄현을 향해 진격했습니다. 이 소식을 들은 백제 조정은 부랴부랴 장군 계백階伯에게 5천 명의 결사대를 주어 황산벌黃山伐, 현재의 논산 부근에서 신라군을 막도록 했습니다. 계백은 이미 나라의 운명이 기울었음을 직감했습니다. 그는 5천 명의 군사로는 5만 명의 신라군을 막을 수 없음을 알았지만, 신하로서 마지막 충의를 다하기로 결심했습니다. 그는 전장으로 떠나기 전, "내가 패배하면 처자식들이 노비가 될 것이다. 살아서 치욕을 당하느니, 깨끗하게 죽는 것이 낫다"라며 자기 아내와 자식들을 직접 베는 비장한 결단을 내렸습니다.

황산벌에 도착한 계백은 죽기를 각오하고 신라군을 맞이했습니다. 수적 열세에도 불구하고 백제 결사대의 사기는 하늘을 찔렀습니다. 계백의 탁월한 지휘 아래 백제군은 네 번의 전투에서 연달아 신라군을 격파하는 기적을 연출했습니다. 거듭된 패배에 신라군의 사기는 땅에 떨어졌습니다. 이때 신라의 장군 김흠순金欽純은 아들인 16세의 화랑 반굴盤屈을 불러 "신하로서 충성을 다할 때가 왔다"라고 하며 적진으로 돌격시켰고, 반굴은 장렬하게 전사했습니다. 이어서 또 다른 장군인 김품일金品日도 아들 관창官昌을 적진으로 돌격시켰습니다. 관창은 단기필마로 적진에 뛰어들었다 사로잡혔습니다. 계백은 어린 소년의 용기에 감탄하여 그를 살려 돌려보냈으나, 관창은 "나는 다시 돌아가 적장의 목을 베겠다"라며 또다시 돌격했고, 결국 그 역시 비참한 죽음을 맞이했습니다. 두 어린 화랑의 죽음은 신라군의 꺼져가던 투지를 다시 불태웠습니다. 전열을 가다듬은 5만 대군의 총공세 앞에 5천의 백제 결사대는 버틸 수 없었습니다. 계백은 마지막까지 싸우다 장렬하게 전사했고, 황산벌은 백제 최후의 충신들이 흘린 피로 붉게 물들었습니다. 이로써 사비로 향하는 마지막 방어선이 무너졌습니다.

황산벌의 패배 소식이 전해지자, 사비는 공황 상태에 빠졌습니다. 이미 성 외곽에는 당나라 군대가, 동쪽에서는 신라군이 밀려오고 있었습니다. 모든 희망이 사라졌다고 판단한 의자왕은 결국 수도를 버리고 태자 효孝와 함께 웅진성으로 도주했습니다. 왕이 수도를 버리고 도망치자, 지휘 체계는 완전히 붕괴하

낙화암에서 바라본 백마강

였습니다. 사비에서 저항이 이어졌지만, 의자왕과 태자가 웅진에서 나당 연합군에게 사로잡히자, 사비 역시 뒤이어서 함락되었습니다. 660년, 나당 연합군이 사비에 입성하고 의자왕이 소정방 앞에 무릎을 꿇음으로써, 시조 온조 이래 678년간 이어져 온 해상 왕국 백제는 공식적으로 멸망하고 말았습니다.

14

의자왕은
배신당한 것이다?

앞서 백제의 멸망에 대해서 살펴볼 때, 의자왕이 태자 효와 함께 불타는 수도를 버리고 웅진으로 피신했다는 내용을 살펴봤습니다. 웅진은 험준한 산세와 금강을 낀 천혜의 요새였습니다. 의자왕에게 웅진은 마지막 저항의 보루이자 재기를 도모할 수 있는 유일한 희망의 땅이었습니다. 문제는 의자왕이 떠난 사비가 통제 불능의 상태였다는 것입니다. 왕이 사라진 권력의 공백 속에서 의자왕의 둘째 아들인 태泰가 스스로 왕이라 칭하며 불법적으로 즉위하는 사태가 벌어졌습니다. 이에 반발한 왕자 부여융의 아들 문사文思가 "왕은 태자와 함께 나갔고, 숙부가 자기 마음대로 왕이 되었는데, 만일 당나라 군사가 포위를 풀고 가버리면 우리들이 어찌 안전할 수 있겠습니까?"라며 성문을 열고 당나라 군대에 항복해 버렸습니다.

이처럼 수도의 지배층마저 분열하여 스스로 무너지는 모습을 웅진에서 접한 의자왕의 심정은 참담했을 것입니다. 그런데 의자왕이 웅진에서 마지막 항전을 준비하고 있을 때, 그가 모르고 있던 사실이 있었습니다. 바로 믿고 있던 신하가 이미 다른 계산을 하고 있었던 것입니다. 웅진의 방어 책임자, 웅진방령熊津方領이었던 예식禰植과 그의 가문이 백제의 역사를 끝내는 가장 치욕적이고 결정적인 배신의 칼날을 갈고 있었기 때문입니다.

예식의 가문은 웅진 지역에 깊이 뿌리내린 토착 세력이었습니다. 그들은 사비의 중앙 귀족과는 결이 다른 웅진의 군사력을 실질적으로 장악하고 있던 강력한 지방 귀족이었습니다. 이미 사비가 함락되고 왕실이 분열된 상황에서 그들에게는 왕에 대한 맹목적인 충성심보다 웅진이라는 자신들의 기반과 가문의 안위를 보전하는 것이 훨씬 더 시급하고 현실적인 문제였습니다. 이길 수 없는 싸움에서 함께 전사하는 것을 택하는 대신에 그들은 '가장 가치 있는 포로'인 의자왕을 넘기고 새로운 질서의 승자 편에 서는 길을 선택했습니다.

역사의 기록은 이 비극적인 순간을 두고 미묘하게 다른 태도를 보여줍니다. 《삼국사기》는 "의자왕이 태자와 웅진방령군 등을 거느리고 웅진으로부터 와서 항복했다"라고 기록하여 의자왕이 직접 항복한 것처럼 비교적 중립적으로 서술했습니다. 반면, 중국의《구당서》는 "그 대장 예식이 또 의자왕을 이끌고 와서 항복했다”라고 하여, ‘예식’이라는 인물이 의자왕의 항복을 주도했음을 분명히 했습니다. 오랫동안, 이 ‘예식’과 《삼국사기》의 ‘웅진방령’이 동일 인물인지에 대한 논란이 있었으나, 21세기 중국에서 예씨 가문의 묘지명들이 연이어 발견되면서 그날의 진실이 훨씬 더 구체적으로 드러나기 시작했습니다.

먼저 발견된 〈예식진묘지명〉에는 그가 멸망의 순간 “다른 땅의 상황에 임기응변하여 해를 향해 나아갔다”라고 기록되어 있습니다. 이는 예식이 백제의 전황이 이미 기울었음을 파악하고, 기민하게 당나라 황제해를 좇아 투항했음을 의미합니다. 그의 기회주의적인 처신을 보여주는 증거였습니다. 예식의 손자인 〈예인수묘지명〉에는 “당이 하늘의 명을 받아 동쪽을 토벌했는데 당나라 조정에 항복하지 않자, 왕을 이끌고 고종황제에게 귀의하였다”라고 했습니다. 예식이 의자왕을 ‘이끌고’ 항복했음을 더욱 명확히 한 것입니다.

하지만 이 모든 기록의 방점은 〈예군묘지명〉에서 찍혔습니다. 예군禰軍은 예식의 친형으로 추정되는 인물로 그의 묘비명에는 660년의 상황이 훨씬 더 노골적이고 충격적으로 묘사되어 있습니다. 묘비명에는 “지난 현경 5년660년 당나라 군대가 백제를 평정할 때, 변화를 알아차리고 병기를 잡고 귀의했다”라고 새겨져 있었습니다. 여기서 핵심이 되는 내용은 병기를 잡았다는 내용으로 군사를 동원하여 무력으로 반란을 일으킨다는 뜻이었습니다. 예군과 예씨 가문이 웅진의 군사력을 동원한 ‘군사 반란쿠데타’을 통해 의자왕을 포로로 만들었음을 증명하는 결정적인 증거였습니다.

　이상의 기록을 재구성해 보면 660년 웅진에서는 다음과 같은 끔찍한 비극이 벌어졌습니다. 나당 연합군이 웅진을 포위하자 예군, 예식 형제는 더 이상 승산이 없다고 판단했습니다. 그들은 웅진의 군사를 동원해 의자왕과 태자 효, 그리고 왕족들을 사로잡았습니다. 그리고 자신들의 군주를 포로로 삼아서 당나라 총관 소정방의 진영으로 가서 항복한 것입니다. 《삼국사기》가 "의자왕이 웅진방령 군軍 등을 거느리고"라고 기록한 것은 바로 이 쿠데타의 주동자를 지칭한 것이었습니다.

　이 예씨 가문의 배신은 백제 멸망의 마지막 쐐기를 박는 결정적인 행위였습니다. 왕이 마지막 보루에서 가장 믿었던 신하의 손에 사로잡혀 적에게 넘겨졌다는 사실은 백제의 지배층이 내부적으로 얼마나 와해되었는지를 보여주는 상징적인 사건이었습니다. 의자왕은 포로가 되어 당나라 장수 소정방 앞에 무릎을 꿇는 치욕을 당했고 이로써 백제의 공식적인 저항은 완전히 끝났습니다. 군주를 팔아넘긴 대가로 예식과 그의 가문은 당나라로 건너가 고위 관직을 제수받고 부귀영화를 누렸으며 자신들의 묘비에 이 배신의 행위를 가문의 가장 큰 공적으로 당당하게 새겨 넣었습니다.

15

백제도호부의 설치와 백제의 부흥 운동

　백제가 멸망하자 당나라 장수 소정방은 의자왕과 왕족, 그리고 1만 2천 명이 넘는 백성을 포로로 삼아 당나라 수도 장안으로 압송했습니다. 신라는 마침내 백 년간의 숙적을 제거했다고 생각했고 당나라는 동방의 큰 나라 하나를 굴복시켰다고 자축했습니다. 하지만 그들에게 멸망은 끝을 의미했을지 모르나, 땅에 남겨진 백제인들에게는 새로운 저항의 시작이었습니다. 의자왕의 항복은 백제라는 국가의 공식적인 종말이었을 뿐이지 백성들의 저항 의지까지 꺾은 것은 아니었습니다.

　거대한 저항의 불씨를 잡아당긴 것은 역설적으로 승리자인 당나라였습니다. 신라의 태종무열왕은 백제를 멸망시키면 당연히 그 땅이 신라의 영토가 될 것이라 기대했습니다. 하지만 당나라의 생각은 전혀 달랐습니다. 그들에게 신라는 고구려라는 공동의 적을 치기 위한 동맹에 지나지 않았고, 백제 땅을 나눠줄 친구는 아니었습니다. 당 고종은 백제의 옛 땅을 당나라의 영토로 편입시키려는 노골적인 야욕을 드러냈습니다. 당나라는 멸망한 백제에 백제도호부百濟都護府를 설치하고 백제 땅 전역에 5개의 도독부都督府를 통치 기구로 설치했습니다. 그리고 의자왕을 사로잡은 공이 있는 유인원劉仁願에게 도호부의 군사권을 맡겼습니다. 이것은 백제의 옛 영토를 당나라가 직접 통치하겠다는 식민지 선언이었습니다. 신라는 적을 물리치기 위해 더 큰 적을 끌어들인 꼴이 되었고, 백제인들에게는 나라를 잃은 슬픔에 더해서 당나라의 직접적인 지배라는 치욕까지 감수해야 하는 상황이 되었습니다.

바로 이 순간, 절망의 잿더미 속에서 백제를 다시 일으키려는 거대한 불길이 타오르기 시작했습니다. 왕은 사로잡혔고 수도는 함락되었지만, 각 지방의 성주들과 군사력을 보존하고 있던 귀족들은 무너지지 않았습니다. 그들은 '백제도호부'라는 낯선 이민족의 통치를 결코 인정할 수 없었습니다. 부흥 운동의 중심에는 두 명의 지도자가 있었습니다. 첫 번째 인물은 의자왕의 사촌 동생이자 뛰어난 장수였던 귀실복신鬼室福信이었습니다. 두 번째 인물은 승려였던 도침道琛이었습니다. 둘은 의기투합하여 주류성周留城에서 백성들을 규합해 부흥 운동을 전개해 갔습니다. 여기에 흑치상지黑齒常之와 같은 유능한 장수들과 수많은 지방 성주가 합세하면서 부흥 운동은 순식간에 백제 전역으로 번져나갔습니다. 불과 몇 달 만에, 부흥군은 200여 개가 넘는 성을 되찾았습니다. 당나라가 설치한 웅진도독부는 웅진 일대에 고립된 '섬'으로 전락했고, 당나라가 남겨둔 주둔군과 신라군은 연전연패하며 수세에 몰렸습니다.

하지만 복신과 도침은 자신들이 군사적 지도자일 뿐이었고 백성들을 하나로 묶을 구심점인 왕이 아니라는 한계를 명확히 알고 있었습니다. 그들은 백제 부흥 운동의 정통성을 확보하기 위해 당시 백제의 오랜 동맹이었던 일본에 외교 인질로 가 있던 의자왕의 아들, 부여풍扶餘豐을 새로운 왕으로 추대하기로 했습니다. 일본 조정 역시 백제의 멸망을 좌시할 수 없었습니다. 백제는 일본에게 선진 문물을 전해준 나라인 동시에 신라와 당나라가 한반도를 장악할 경우, 그다음 칼날이 자신들을 향할 것이라는 심각한 안보 위협을 느끼고 있었습니다. 661년, 왜는 백제 부흥 운동을 전폭적으로 지원하기로 하고 부여풍에 5천 명의 군사와 막대한 물자를 지원하여 귀국시켰습니다. 662년에 주류성에 도착한 부여풍은 마침내 '풍왕豐王'으로 즉위하였고, 백제 부흥군은 왕을 중심으로 한 정식 정부를 갖추게 되었습니다.

이제 백제 부흥군은 명실상부한 국가의 군대로서 나당 연합군을 상대로 거침없는 공세를 펼쳤습니다. 그 기세는 하늘을 찔렀고, 백제의 부활은 눈앞에 다가온 것처럼 보였습니다. 하지만 안타깝게도 가장 강력한 적은 외부에 있지 않았습니다. 부흥 운동의 지도부는 권력 다툼이라는 치명적인 내분에 휩싸이고 말았

흑치상지 장군의 근거지이었던 예산 임존성(국가유산포털)

습니다. 첫 번째 균열은 복신과 도침 사이에서 일어났습니다. 군사적 실권을 쥔 복신은 도침이 자신의 권위에 도전한다고 의심했습니다. 결국, 복신은 도침을 반역 혐의로 무참히 살해하고 모든 권력을 독점했습니다. 이 사건은 부흥 운동의 한쪽 날개를 꺾어버린 치명적인 실수였습니다. 얼마 지나지 않아서 두 번째 균열이 터졌습니다. 이번에는 복신과 그가 왕으로 세운 풍왕의 대립이었습니다. 풍왕은 자신이 허수아비 왕에 불과하다는 사실에 불만을 품었고, 복신 역시 풍왕이 자신의 공을 무시한다고 생각했습니다. 두 사람의 의심은 극에 달했고 결국 복신이 먼저 풍왕을 제거하려다 실패하자 풍왕이 역으로 복신을 기습하여 살해했습니다.

이처럼 백제 부흥 운동의 지도자인 도침과 복신이 동료의 칼에 의해 차례로 쓰러지면서 부흥군의 지휘 체계는 완전히 와해하였습니다. 이 절호의 기회를 놓칠 리 없던 나당 연합군은 백제 부흥군의 마지막 숨통을 끊기 위한 대대적인 총공세를 감행했습니다. 신라의 문무왕이 육군을 이끌고 주류성으로, 당나라의 장수 유인궤劉仁軌가 수군을 이끌고 금강 하구로 진격했습니다. 풍왕의 부흥군, 그리고 그들을 돕기 위해 일본이 파견한 2만 7천 명의 대규모 지원 함대는 백강白江, 현재의 금강 하구에서 당나라 수군과 운명을 건 최후의 결전을 벌였습니다. 하지만 이미 전세는 기울었고 당나라 수군의 압도적인 화력과 전술 앞에 왜의 함대는 400여 척이 불타는 참혹한 패배를 당했습니다. 백강의 물결이 피로 물들자, 모든 희망이 사라졌음을 직감한 풍왕은 사라졌고, 굳게 버티던 주류성마저 함락되었습니다. 이로써 3년 넘게 타올랐던 백제 부흥 운동의 마지막 불꽃은 비극적으로 꺼지고 말았습니다.

16

고구려의
멸망

연개소문의 철권통치는 고구려라는 국가에 있어 양날의 검이었습니다. 그는 강력한 카리스마와 군사력을 바탕으로 당나라의 침략을 성공적으로 막아내는 '구국의 영웅'이었지만, 동시에 왕을 시해하고 국정을 독점한 '역적'이기도 했습니다. 그의 통치 동안 고구려의 모든 권력은 왕실이 아닌 '연개소문' 개인에게 집중되었습니다. 국가의 공식적인 지휘 체계는 무너졌고, 오직 그의 압도적인 권위만이 나라를 지탱하고 있었습니다. 이는 그가 살아있는 동안에는 강력한 방패가 되었지만, 그가 사라졌을 때는 어떠한 일이 발생할지 알 수 없다는 거대한 불안감을 내포한 것이었습니다.

결국, 고구려를 지탱하던 거대한 기둥 대막리지 연개소문이 666년 세상을 떠나자, 그가 아슬아슬하게 억누르고 있던 내부의 모순과 균열은 걷잡을 수 없는 파국으로 폭발했습니다. 연개소문이 가졌던 권력의 공백을 메워야 할 그의 아들들 사이어서 끔찍한 내전이 벌어진 것입니다. 연개소문에게는 남생男生, 남건男建, 남산男産이라는 세 아들이 있었습니다. 맏아들이었던 남생은 아버지의 뒤를 이어 대막리지의 자리를 물려받아 국정을 총괄하게 되었습니다. 하지만 그는 아버지와 같은 압도적인 카리스마나 정치적 기반을 갖추지 못했습니다. 이때를 노렸다는 듯이 연개소문 밑에서 웅크리고 있던 반대파들이 활동을 재개하였습니다.

그들은 남생이 수도 평양을 비우고 지방을 순시하는 틈을 노렸습니다. 남생의 두 동생 남건과 남산에게 "남생은 두 아우가 핍박하는 것을 싫어하여 제거하려고 하니 먼저 계책을 세우는 것이 낫습니다"라고 얘기했습니다. 처음에 믿지 않던 두 동생도 여러 사람에게 같은 얘기를 듣자 마침내 남생이 평양으로 돌아오지 못하도록 성문을 굳게 닫아걸었습니다. 그리고 남생의 측근들을 모조리 숙청한 뒤, 수도의 모든 실권을 장악하는 쿠데타를 일으켰습니다. 졸지에 수도에서 쫓겨나 반역자로 몰린 남생은 자신을 따르는 세력을 규합하여 국내성을 근거지로 동생들에게 맞서 싸웠습니다. 고구려는 순식간에 두 개의 진영으로 쪼개져 서로에게 칼을 겨누는 동족상잔의 비극에 휩싸였습니다.

내전의 와중에 코너로 몰린 남생은 나라의 운명을 나락으로 떨어뜨리는 최악의 선택을 하고 맙니다. 자신의 힘만으로는 동생들을 이길 수 없다고 판단하자, 아버지의 평생 숙적이었던 당나라에 항복을 요청한 것입니다. 그는 단순히 몸만 도망친 것이 아니었습니다. 고구려의 수도 평양의 모든 군사 기밀, 국경 요새의 취약점, 그리고 귀족들의 내부 동향까지 고구려의 모든 정보를 당나라에 바쳤습니다. 당나라 고종에게 연개소문의 맏아들이 스스로 나라를 팔기 위해 찾아온 것은 하늘이 내린 절호의 기회였습니다. 667년, 당 고종은 이세적을 총사령관으로 삼아 수십만 대군을 파견했고, 남생은 '침략의 길잡이'가 되어 당나라 군대의 선봉에 섰습니다. 동시에 신라의 문무왕 역시 정예병을 이끌고 남쪽에서부터 고구려를 협공하기 시작했습니다.

고구려는 이제 남과 북에서 동시에 조여오는 거대한 포위망에 갇혔습니다. 게다가 적은 고구려 방어 체제의 모든 것을 알고 있었습니다. 남생은 당나라 군대에 고구려의 방어선 중 가장 취약한 곳이 어디인지, 어느 성주가 투항할 가능성이 높은지를 정확히 알려주었습니다. 과거 당 태종의 30만 대군을 막아냈던 철옹성의 요새들은 내부 배신자의 인도 아래 하나씩 허무하게 무너져 내렸습니다. 신성이 함락되고, 과거 당군의 넘을 수 없는 벽이었던 안시성마저도 함락되고 말았습니다. 요동 방어선의 고구려 성들은 큰 저항 없이 당의 손에 넘어가고 말았습니다.

동생 남건은 평양에 굳게 틀어박혀 최후의 항전을 준비했지만, 이미 전세는 돌이킬 수 없었습니다. 668년 가을, 이세적이 이끄는 당나라의 대군과 신라의 정예병이 마침내 수도 평양을 겹

겹이 포위했습니다. 하지만 700년 왕국의 수도는 쉽게 무너지지 않았습니다. 평양의 백성들은 남건의 지휘 아래, 무려 한 달 넘게 필사적으로 저항했습니다. 그러나 이 위대한 저항도 내부의 배신 앞에서 끝을 맺었습니다. 성안의 민심이 흉흉해지고 식량이 떨어지자, 더 이상 희망이 없다고 판단한 세력들이 움직이기 시작했습니다. 668년 9월, 남산이 먼저 항복하였습니다. 그리고 멸망한 백제의 예식이 그랬던 것처럼 고구려의 장수였던 신성信誠이 몰래 성문을 열었습니다. 연합군이 함성을 지르며 성안으로 쏟아져 들어오자, 모든 것이 끝났음을 직감한 남건은 칼을 들어 스스로 목숨을 끊으려 했으나 실패하고 사로잡혔습니다. 허수아비 왕이었던 보장왕도 나와서 항복했습니다. 이로써 기원전 37년 주몽이 건국한 이래, 705년간 동북아시아를 호령했던 철의 왕국 고구려는 너무나도 허무하게 역사의 무대 뒤편으로 사라지고 말았습니다.

고구려의 멸망은 당나라와 신라의 군사력이 압도적으로 강했기 때문만이 아니었습니다. 그것은 연개소문이라는 한 명의 영웅에게 모든 것을 의존했던 독재 체제의 필연적인 말로였습니다. 왕권을 무너뜨린 쿠데타는 당장 위기는 막았을지 모르나, 국가의 바탕을 무너뜨렸고 그가 죽자마자 권력을 둘러싼 형제들의 추악한 다툼은 결국 나라 전체를 적에게 팔아넘기는 비극을 낳았습니다.

17

안동도호부의 설치와
고구려의 부흥 운동

　당나라는 백제 땅에 웅진도독부를 설치했던 것과 마찬가지로 고구려의 옛 영토를 자신들의 식민지로 만들려는 노골적인 야욕을 드러냈습니다. 그 서막이 바로 '안동도호부安東都護府'의 설치였습니다. 하지만 천하를 호령했던 고구려인들의 자존심은 쉽게 꺾이지 않았고, 멸망의 잿더미 속에서 나라를 되찾으려는 마지막 저항의 불길이 타오르기 시작했습니다. 당나라의 전후 처리는 신속하고 냉혹했습니다. 그들은 668년 평양이 함락되자마자 고구려의 보장왕과 남건, 남산, 그리고 20만이 넘는 고구려 유민을 당나라의 수도 장안으로 강제 이주시켰습니다. 이는 고구려의 구심점이 될 수 있는 왕족과 귀족 세력, 그리고 저항의 주체가 될 수 있는 군사 인력을 완전히 뿌리 뽑아 저항의 가능성 자체를 없애려는 치밀한 식민 정책이었습니다.

지도부가 사라진 텅 빈 수도 평양에는 당나라 장수 설인귀薛仁貴를 책임자로 하는 2만의 군대와 함께 안동도호부가 설치되었습니다. 이는 '동쪽을 안정시킨다'라는 뜻이었지만 그 실상은 고구려의 옛 땅을 당나라의 영토로 직접 편입시키려는 식민 통치 본부였습니다. 당나라의 야욕은 여기서 그치지 않았습니다. 웅진도독부와 안동도호부에 이어 심지어 동맹국이었던 신라까지 '계림대도독부鷄林大都督府'라고 부르며 문무왕을 계림주대도독으로 임명했습니다. 이는 한반도 전체를 당나라의 '도독부' 체제 아래에 두려는 명백한 제국주의적 침탈이었습니다. 신라는 백제를 멸망시키기 위해 호랑이를 끌어들였다가 이제 그 호랑이에게 통째로 잡아먹힐 위기에 처한 것입니다.

당나라의 오만한 통치가 미처 뿌리내리기도 전인 669년, 고구려 유민들의 저항이 시작되었습니다. 그 중심에는 고구려의 장군 출신이었던 검모잠劍牟岑이 있었습니다. 그는 당나라의 통치가 비교적 약했던 평양 남쪽의 한성을 근거지로 군사를 일으켰습니다. 그는 당나라의 관리를 죽이고, 흩어져 있던 고구려의 패잔병과 유민들을 규합하여 순식간에 강력한 군사 집단을 형성했습니다. 검모잠은 이 저항 운동에 정통성을 부여할 구심점이 필요했습니다. 그는 보장왕의 서자 또는 외손자로 알려진 안승安勝을 찾아내어, 그를 왕으로 추대하고 한성을 수도로 삼아 부흥 국가를 선포했습니다. 이들의 저항은 삽시간에 고구려 전역에 번져나갔고, 안동도호부를 고립시키는 데 성공했습니다.

하지만 검모잠은 자신들의 힘만으로는 당나라의 거대한 본대를 막아낼 수 없음을 냉철하게 인지하고 있었습니다. 그에게는 동맹이 필요했습니다. 670년, 그는 놀랍게도 당과 함께 고구려를 멸망시켰던 신라에 사신을 보내 구원과 동맹을 요청했습니다. 이는 신라의 문무왕에게 일생일대의 기회이자 가장 어려운 선택을 요구하는 것이었습니다. 주인을 자처하며 자신을 '계림대도독'으로 임명한 당나라의 명을 따를 것인가, 아니면 옛 적이었던 고구려의 부흥을 도와 당나라와 정면으로 맞설 것인가. 문무왕은 후자를 택했습니다. 그는 당나라의 야욕이 고구려를 넘어 신라 자신에게 향하고 있음을 정확히 꿰뚫어 보았습니다. 당나라를 몰아내기 위해서는 고구려 부흥군을 방패막이 삼아 당나라의 군사력을 소모하게 하는 것이 가장 현명한 전략이었습니다. 문무왕은 검모잠의 요청을 받아들여, 안승을 고구려왕으로 책봉했습니다.

신라의 지원을 받은 고구려 부흥군은 초기에 승승장구했습니다. 또 다른 부흥 운동 지도자였던 태대형 고연무高延武는 1만 명을 이끌고 압록강을 넘어서 당나라군을 격파했습니다. 이후 고연무는 안승의 보덕국에서 대장군으로 활동하였고, 그들은 황해도와 평안도 남부 일대를 장악했습니다. 하지만 이 부흥의 열기는 가장 결정적인 순간에 내부로부터 무너져 내렸습니다. 670년 말, 부흥 운동의 최고 지도부에서 끔찍한 내분이 발생했습니다. 안승이 고구려왕에 책봉되었다는 소식을 들은 당 고종이 대장군 고간高侃을 파견한 것입니다. 이때 검모잠은 이에 대한 대책으로 안승과 의견이 대립하다가 결국 안승에게 피살당하여 생을 마감하고 말았습니다.

자신을 왕으로 만들어 준 군사적 지도자를 자기 손으로 제거한 안승은 더 이상 부흥군을 이끌 동력과 정통성을 상실했습니다. 그는 이제 당나라의 보복과 검모잠의 남은 세력에게서 자신을 지킬 수 없는 고립무원의 신세가 되었습니다. 결국 674년, 안승은 자신을 따르던 400여 호의 백성을 이끌고 신라로 완전히 투항해 버렸습니다. 문무왕은 굴러들어 온 고구려 유민들을 냉대하지 않았습니다. 그는 이들을 옛 백제의 땅이었던 금마저金馬渚, 현재의 익산에 살게 하고, 안승을 '보덕국왕報德國王'으로 봉하는 파격적인 대우를 해주었습니다. 이는 고구려 유민들을 신라의 백성으로 흡수하는 동시에 그들을 당나라와의 전쟁에서 가장 중요한 방패막이이자 군사력으로 활용하기 위한 고도의 정치적 조치였습니다.

700년 왕국의 멸망 이후 일어났던 고구려의 부흥 운동은 지도부의 내분이라는 비극적인 이유로 실패로 돌아갔습니다. '고구려'라는 이름의 독립 국가를 재건하려던 그들의 꿈은 좌절되었습니다. 하지만 그들의 처절했던 저항은 전혀 무의미하지 않았습니다. 그들이 7년 가까이 당나라의 주력군을 자신들의 땅에 묶어둠으로써 신라는 당나라와 정면으로 싸울 수 있는 귀중한 시간을 벌 수 있었기 때문입니다.

18

중국의 동북공정, 그리고 고구려의 역사 문제

지금까지 한반도와 요동을 무대로 한 고조선부터 삼국의 통일 전쟁까지의 역사를 같이 읽어보았습니다. 이 긴 시간 동안의 역사는 한국의 뿌리가 되어주었습니다. 그리고 오늘날, 다른 나라에서 우리의 역사를 가져가기 위한 계획이 세워졌습니다. 바로 중국의 '동북공정東北工程'입니다. 21세기가 시작되던 2002년에 중국 정부는 '동북변강역사여현상계열연구공정', 즉 '동북공정'이라 불리는 거대하고 치밀한 국가 주도의 학술 프로젝트를 공식적으로 시작했습니다. 표면적으로 이 프로젝트는 중국 국무원 산하 사회과학원과 랴오닝성遼寧省, 지린성吉林省, 헤이룽장성黑龍江省 등 동북 3성이 연합하여, 중국 동북쪽 국경 지역의 역사와 현황을 체계적으로 연구함으로써 이 지역의 안정과 발전을 도모한다는 명분을 내세웠습니다. 하지만 2007년까지 5년간 진행된 이 연구는 단순한 학술 활동이 아니었습니다. 그것은 현재 중국의 국경을 기준으로 과거의 역사를 재단하고 그 영토 안에서 일어났던 모든 역사를 중국의 역사로 편입시키려는 거대한 정치적, 이념적 작업이었습니다. 그리고 그 작업의 핵심 표적은 고구려와 발해였습니다.

동북공정의 이론적 기반이자 가장 핵심적인 논리는 '통일적 다민족 국가론'입니다. 이는 현재 중국 영토 안에 거주하는 56개 민족의 역사가 모두 중국사이며 더 나아가 현재 중국의 국경 영토 내에서 이루어졌던 모든 과거의 역사 또한 중국의 역사라는 강력한 '속지주의屬地主義'적 역사관을 기반으로 하고 있습니다. 이는 혈연과 문화적 계승을 중시하는 전통적인 '속인주의屬人主義' 역사관과 정면으로 충돌하는 것이었습니다. 이 논리를 적용하면 과거 만주와 한반도 북부에 걸쳐 광활한 영토를 가졌던 고구려와 발해는 당연히 중국의 역사가 됩니다.

이러한 논리에 따라서 동북공정은 한국 고대사의 근간을 뒤흔드는 충격적인 주장들을 체계화하기 시작했습니다. 첫째, 고구려의 역사 왜곡입니다. 고구려는 더 이상 주몽이 건국한 독립적인 주권 국가가 아니라, 중국 한나라 내에서 건국된 '중국의 소수 민족이 세운 지방 정권'으로 규정했습니다. 또한 고구려가 수나라와 당나라에 조공을 바쳤다는 사실을 근거로 고구려를 시종일관 중국 중앙 왕조에 속한 제후국으로 격하했습니다. 이 논리

에 따르면 고구려가 수·당과 벌였던 수십 년간의 거대한 전쟁
은 국가 대 국가의 국제전이 아니라, 중국 내부의 반란을 진압하
는 내전으로 그 성격이 완전히 바뀌게 됩니다. 고구려 역사와 현
재의 한반도를 연결하는 고리를 인위적으로 절단하고자 한 것입
니다.

둘째, 발해의 역사 왜곡입니다. 발해는 고구려 멸망 후 그 유
민인 대조영大祚榮이 고구려의 옛 땅에 세운 명백한 계승 국가입
니다. 하지만 동북공정은 고구려 유민인 지배층의 역할은 의도
적으로 축소하고 주민의 다수를 차지했던 말갈족을 부각했습
니다. 그리고 이 말갈족을 오늘날 중국의 소수민족인 만주족의
조상으로 규정하여 발해는 '말갈족이 세운 당나라의 지방 정권'
이었다고 주장했습니다. 이러한 주장들은 고구려와 발해가 한반
도와 요동, 양쪽에 뿌리를 둔 다문화 대륙 국가라는 한국의 보편
적인 인식과 정면으로 배치되는 것이었습니다.

그렇다면 중국은 왜 21세기에 들어와 이처럼 막대한 예산과
인력을 동원하여 무리한 역사 왜곡을 감행해야만 했을까요? 바
로 순수한 학문적 호기심이 아니라 2000년대 초반 중국에서 필
요했던 정치적, 전략적 목적 때문이었습니다. 가장 중요하고 시
급한 목적은 '대내적 안정과 국경 통제'였습니다. 동북 3성 지역,
특히 지린성 연변延邊에는 수백만 명의 조선족이 자치주를 이
루며 살고 있습니다. 1990년대 초 소련이 해체되고 수많은 소수
민족 공화국이 분리 독립하는 과정을 목격한 중국 지도부는, 자
국 내 소수민족의 분리 독립 가능성에 대해 극도의 경각심을 갖

게 되었습니다. 이 때문에 고구려와 발해의 역사를 미리 중국의 역사로 편입시켜 조선족의 역사적 뿌리를 한반도가 아닌 '중화민족'의 일원으로 묶어두려는 이념적 통합 작업을 시도한 것입니다.

두 번째 목적은 '미래의 전략적 위협 제거'입니다. 만약 미래에 한반도가 통일될 경우, 이 조선족 사회가 통일 한국과 연대하여 역사적 연고권을 주장하며 분리 독립을 요구할 가능성을 중국은 가장 우려했습니다. 또한 향후 통일 한국이 과거 고구려와 발해의 영토였던 간도 지역 등에 대해 역사적 연고권을 주장할지도 모르므로 영토 분쟁을 제기할 가능성을 사전에 차단하고자 했습니다. '문화 주권이 곧 영토 주권'이라는 인식 아래에서 해당 지역의 역사를 먼저 중국의 것으로 확정함으로써, 미래에 발생할지도 모르는 모든 영토 분쟁의 싹을 잘라버리려 한 것입니다.

2007년 공식적인 동북공정 프로젝트는 종료되었지만, 그 논리와 영향력은 사라지지 않고 오히려 더욱 교묘한 방식으로 진화하며 현재 진행형으로 이어지고 있습니다. 동북공정의 연구 결과는 이제 중국의 공식 대학 교재예: 중화민족 공동체 개론 에 버젓이 실리고 있으며, 광개토대왕릉비나 고구려의 옛 성터, 발해의 유적지 안내판 등은 모두 고구려와 발해가 중국의 지방 정권이었다는 시각으로 수정되었습니다. 이러한 역사 왜곡은 최근 '문화공정 文化工程'이라는 새로운 형태로까지 확장되고 있습니다. 한복, 김치, 설날, 심지어 윷놀이까지 한국의 고유한 전통문화들은 중국 조선족의 문화이므로, 곧 '중국 소수민족 문화의 일부'라고 주장하는 것입니다. 이는 한국 사회의 거센 반발을 불러일으키고 있습니다.

중국의 동북공정은 소수민족의 분리를 막고 미래의 위협을 관리하기 위한 정치적 프로젝트였습니다. 이에 맞서 한국 정부와 학계는 동북아역사재단을 설립하여 학술적으로 대응하고 있지만 이미 중국 사회 전반에 뿌리내리기 시작한 왜곡된 역사 인식을 되돌리기는 매우 어려운 과제가 되었습니다. 동북공정은 두 나라 사이에 여전히 해결되지 않은 민족의 정체성과 자존심이 걸린 예민한 역사 전쟁으로 남아있습니다.

5장

남북국시대와 고대의 종말

01

나당전쟁에서의 승리

백제에 이은 고구려의 멸망은 태종무열왕 김춘추가 시작하고 그의 아들 문무왕 김법민이 이어받은 신라의 '삼한일통'이라는 거대한 꿈이 완성된 것을 의미했습니다. 하지만 승리의 환호성이 채 멎기도 전에, 신라는 자신들이 맞이한 현실이 통일의 완성이 아니라 훨씬 더 거대하고 위험한 적과 마주 서게 된 것임을 깨달았습니다. 신라가 백제와 고구려라는 '이리'를 잡기 위해 끌어들였던 '호랑이', 즉 당이 한반도 전체를 삼키려는 노골적인 야욕을 드러냈기 때문입니다. 마침내 백제와 고구려의 멸망 이후, 한반도의 진정한 주인이 되기 위한 최후의 전쟁, '나당전쟁羅唐戰爭'이 열리게 되었습니다.

당나라의 계획은 명확했습니다. 웅진도독부로 백제의 옛 땅을, 안동도호부로 고구려의 옛 땅을, 그리고 계림대도독부로 신라까지 통제하여 한반도 전체를 식민지화하려는 것이었습니다. 절체절명의 위기 앞에서 신라의 문무왕은 아버지 태종무열왕과는 또 다른 차원의 위대한 결단을 내려야 했답니다. 그는 당시 세계 최강의 제국이었던 당나라를 '동맹'이 아닌 '적'으로 맞서 싸워야 했던 것입니다. 다윗과 골리앗의 싸움처럼 무모해 보였지만 문무왕에게는 치밀하고도 대담한 전략으로 당을 상대하려고 했습니다.

문무왕의 첫 번째 전략은 '이이제이以夷制夷', 즉 '적의 힘으로 적을 치는 것'이었습니다. 그는 당나라와 정면으로 충돌하기에 앞서, 당나라의 통치에 저항하며 일어난 고구려 부흥 운동 세력을 비밀리에 지원하기 시작했습니다. 당나라가 고구려 부흥군에 정신이 팔린 사이에 문무왕은 두 번째 전략을 실행에 옮겼습니다. 바로 당나라의 또 다른 식민지였던 백제의 옛 땅을 기습적으로 점령하는 것이었습니다. 670년 7월쯤부터 신라군은 파죽지세로 남하하여 당나라의 웅진도독부가 있던 웅진을 함락시키고, 백제의 옛 영토 대부분을 신라의 영토로 병합했습니다. 이는 당나라의 한반도 지배 계획의 허리를 끊어버리는 결정적인 일격이었습니다.

자신들의 식민지였던 백제 땅을 신라에 빼앗기고, 고구려 부흥군이 신라의 비호 아래 저항을 계속하자 당 고종은 마침내 격노했습니다. 드디어 당도 본격적으로 반격을 시작했습니다. 당은

672년 7월 황해도 배천군 일대의 석문 지역으로 진격했습니다. 이 전투에 고구려 부흥군과 문무왕이 보낸 신라군이 당에 맞서 싸웠지만 대패하고 말았습니다. 기세를 몰아서 당은 672년 말부터 673년 5월까지 고구려 부흥군을 먼저 공격해서 제압했습니다. 황해도 지역에서 당에 밀리고 있던 신라는 673년 1월에는 신라의 정신적 지주였던 김유신까지 사망하면서 더욱 흔들리게 되었습니다. 당이 다시 남하하자 신라는 당군과 아홉 차례를 싸웠고, 모두 승리해 2,000여 명을 죽였지만, 전력의 차이를 극복하지 못하고 전선을 임진강~한강 유역까지 후퇴시켰습니다.

674년, 당나라는 문무왕의 왕위를 일방적으로 박탈하고, 대신 문무왕의 동생인 김인문을 새로운 신라 왕으로 임명한다면서 침공의 명분을 쌓았습니다. 675년, 마침내 당나라는 신라와의 전쟁을 끝내기 위한 대규모 병력을 한반도로 보냈고, 피할 수 없는 전면전이 시작되었습니다. 전쟁의 승패를 가른 결정적인 전투는 675년 9월, 매소성 경기도 연천 또는 양주 에서 벌어졌습니다. 당나라 최고의 명장 중 한 명이었던 이근행 李謹行 이 이끄는 20만 대군이 매소성을 포위해 왔습니다. 신라군은 수적 열세에도 불구하고 성을 거점으로 결사 항전했습니다. 신라군은 당나라 대군의 파상공세를 18차례나 막아내며 버텼고, 이 과정에서 당나라 군대는 지쳐갔습니다. 그리고 결정적인 순간, 신라군은 기습적인 역공을 감행하여 당나라 군대를 대파했습니다.《삼국사기》는 이 전투에서 신라가 적의 목을 베기를 헤아릴 수 없었고, 전리품으로 말 3만 380필과 수많은 무기를 노획했다고 기록하고 있습니다.

김유신의 묘(국가유산포털)

육지에서 패배했지만, 당나라의 전력은 여전히 강력했습니다. 그런데 이때, 신라에 믿을 수 없는 행운이 일어났습니다. 바로 당을 기준으로 신라의 반대쪽인 서쪽에 있었던 토번티베트과 돌궐족이 군대를 일으켜 당나라를 공격한 것입니다. 당은 양면 전쟁을 하기 힘들다고 판단했고 철수를 준비했습니다. 676년 11월, 당나라의 명장 설인귀薛仁貴가 직접 대규모 수군 함대를 이끌고 금강 하구인 기벌포에 도착했습니다. 이는 매소성 전투 이후에 고립되어 있던 당군의 잔여 전력을 구출하기 위한 것이었습니다. 신라의 수군 도독이었던 사찬沙湌 시득은 이들을 맞아 필사적인 해전을 벌였습니다. 22차례에 걸친 크고 작은 해전 끝에 신라 수군은 마침내 당나라 함대를 격멸하고 적군 4천여 명의 목을 베는 대승을 거두었습니다.

　매소성과 기벌포에서 입은 두 번의 결정적인 패배로 당나라는 한반도에서 전쟁을 계속할 수 있는 모든 수단과 의지를 상실했습니다. 결국, 676년 11월에 당나라는 웅진도독부를 요동의 건안성으로 철수시켰고, 677년에는 평양에 설치했던 안동도호부를 요동의 신성으로 철수시킬 수밖에 없었습니다. 세계 최강의 제국 당나라가 한반도 경영의 야욕을 공식적으로 포기하고 물러났음을 의미하는 굴욕적인 패배였습니다.

　신라의 나당전쟁 승리는 한국사에서 위대한 승리 중 하나였습니다. 문무왕의 고구려 유민을 아우르는 탁월한 외교술과 매소성과 기벌포에서 목숨을 걸고 싸운 신라군의 용맹을 바탕으로 당시 세계 최강이었던 당을 상대로 신라는 정면으로 맞서 승리했습니다. 이 승리를 통해 신라는 당나라의 식민지가 될 뻔했던 절체절명의 위기에서 벗어났습니다. 비록 고구려의 옛 땅인 만주까지는 아우르지 못했지만, 패강浿江, 예성강 혹은 대동강 이남의 한반도 영토를 하나로 묶는 '최초의 통일 국가'를 완성할 수 있었습니다.

신라는 삼국을
통일했을까?

　신라의 삼국 통일이라는 대업은 그것을 평가하는 시각에 따라 오늘날까지도 복잡하고 예민한 논쟁의 대상이 되고 있습니다. '외세를 끌어들인 동족상잔'이라는 관점과 '고구려의 광활한 만주 영토를 상실한 불완전한 통일'이라는 한계가 꾸준히 얘기되고 있기 때문입니다. 이러한 비판의 이면에는 "신라가 과연 '삼국 통일'을 의도했는가?"라는 근본적인 질문이 자리하고 있으며, 역사학자들은 이 질문에 답하기 위해 크게 두 가지의 상반된 견해를 얘기하고 있습니다. 그것이 바로 전통적인 '삼한일통론'과 이에 도전하는 수정적인 시각의 '백제통합론'입니다.

　삼한일통론은 신라의 삼국 통일을 바라보는 가장 전통적이고 오랫동안 지배적이었던 시각입니다. 이 견해의 핵심은 신라의 통일 전쟁이 처음부터 명확한 민족적 자각과 역사적 사명감에 의해 추진되었다는 것입니다. 즉, 고구려, 백제, 신라는 비록 수백 년간 다른 나라로 나뉘어 싸웠지만, 그 뿌리는 모두 삼한에서 나온 한 몸이라는 동질적 인식이 당시 신라 지배층에 존재했다는 것입니다.

이러한 삼한일통론은 《삼국사기》나 《삼국유사》와 같은 고려 시대 역사서의 서술 방식에 깊은 뿌리를 두고 있습니다. 이 역사서들은 이미 고구려, 백제, 신라를 하나의 운명 공동체로 묶어 서술하고 있으며 특히 신라를 삼한의 정통 계승자로 묘사하는 경향을 보입니다. 또한, 통일의 위업을 완수한 문무왕이 죽어서도 동해의 용이 되어 "통일삼한을 지키겠다"라는 유언을 남겼다는 기록에서 당시 신라 왕실이 스스로 '삼한의 통일자'라는 정체성을 명확히 가지고 있었음을 보여줍니다. 이 견해에 따르면 김춘추가 당나라와 맺은 나당 동맹은 이 '일통삼한'이라는 자각적인 목표를 달성하기 위해 외세의 힘을 일시적으로 활용한 고도의 전략적 수단이었습니다. 이 시각에서 신라의 통일은 비록 영토적 한계는 있을지언정 한민족 최초의 자각적 통일이라는 역사적 의의를 지닙니다.

하지만 20세기 후반 이후, 이러한 전통적인 견해는 강력한 도전에 직면하게 되었습니다. 과연 7세기 신라인들에게 자신들의 존망을 위협하는 백제나 고구려를 동족으로 여기는 인식이 실제로 존재했을까 하는 비판적 질문이 제기된 것입니다. 이러한 의

문에서 출발한 것이 바로 '백제통합론'입니다. 이 견해는 삼한일통이라는 거대한 이념은 실제로는 통일신라 이후 혹은 고려 시대에 가서야 자신들의 정통성을 확보하기 위해 만들어진 후대의 발명품일 가능성이 높다고 지적합니다. '백제통합론'의 핵심은 신라의 모든 외교적, 군사적 행동의 동력은 백제에 대한 복수와 생존이라는 절박한 현실 인식에서 비롯되었다는 것입니다. 이 견해는 신라와 고구려의 관계보다 신라와 백제의 관계에 주목합니다. 100년이 넘는 기간 동안 이어진 두 국가의 전쟁, 특히 대야성 함락으로 생겨난 신라의 절체절명의 위기의식과 김춘추의 복수심이 신라의 모든 외교력을 당나라에 집중시키는 원동력이 되었다고 분석합니다.

이 견해에 따르면, 660년 백제의 멸망이야말로 신라가 원했던 통일의 완성이었습니다. 이후 고구려의 멸망은 당나라의 주도하에 신라가 보조적으로 참여한 2차전의 성격이 강하며, 그 뒤에 이어진 나당전쟁은 자신들의 영토를 식민지로 삼으려는 당나라를 축출하기 위한 '독립 전쟁'의 성격이었다는 것입니다. 즉, 삼한일통론은 통일을 위해 당을 이용했다고 보지만, 백제통합론은 '백제를 멸망시키기 위해 당을 이용했으며, 그 당나라를 몰아내고 백제 땅을 온전히 통합하는 과정에서 불완전한 통일이 결과적으로 이루어졌다'라고 봅니다.

이러한 '백제통합론'을 더욱 극단적으로 발전시킨 견해가 '9세기 삼한일통 의식 성립설 9세기 설'입니다. 이 이론은 '일통삼한'이라는 의식이 7세기 후반 통일 직후에 형성되었다는 삼국 통일론의 주장마저 부정합니다. 이러한 통일 의식은 신라 하대인 9세기 중반이나 9세기 말, 심지어 신라가 멸망한 후인 10세기 고려 광종 대에 이르러서야 비로소 만들어진 훨씬 후대의 정치 이념이라고 주장합니다. 이 견해 역시 신라가 통합한 것은 백제뿐이었다는 입장을 견지하며, 통일 신라라는 용어 자체를 부정하고 '후기 신라' 등으로 불러야 한다고 봅니다.

　삼국 통일론과 백제통합론 및 9세기 설의 대립은 평행선을 그리며 격화되었습니다. 하지만 이 치열한 논쟁은 신라의 삼국 통일을 입체적으로 이해하는 데 중요한 학문적 성과를 남겼습니다. 이 논쟁은 통일 전쟁이 단순한 민족 내부의 전쟁이 아니라 당나라, 일본이라는 타국이 개입한 국제전임을 분명히 드러냈습니다. 무엇보다 이 논쟁은 '사상이 행동을 이끌었는가, 아니면 행동이 사상을 만들었는가?'라는 중요한 패러다임의 전환을 가져왔습니다. 과거의 삼국 통일론이 "삼한일통이라는 의식 사상 을 가졌기 때문에 통일 전쟁 행위 을 일으켰다"라고 보았다면, 새로운 논의들은 그 반대의 가능성을 제시했습니다. "생존과 복수라는 현실적인 이유로 전쟁 행위 을 시작했다가, 백제와 고구려를 멸망시키고 당나라에 승리하면서 자신들의 행위를 정당화하고 새로운 국가를 통합하기 위한 '일통삼한'이라는 이념 사상 을 구축하게 되었다"라는 것입니다.

　신라의 삼국 통일을 둘러싼 이 두 가지 견해는 우리 역사의 가장 중요한 순간을 어떻게 기억할 것인가에 대한 근본적인 시각 차를 보여줍니다. 삼한일통론이 통일의 자주성과 민족적 당위성을 강조하며 웅장한 서사를 제공한다면, 백제통합론은 당대의 냉혹한 국제 관계와 백제에 대한 신라인들의 현실적인 적개심에 초점을 맞춘 현실주의적 해석을 제공합니다. 이 논쟁은 오늘날까지도 여전히 진행 중이며, 이는 신라의 통일이 한민족의 정체성 형성에 얼마나 지대한 영향을 미친 사건이었는지를 증명하고 있습니다.

03

왕권을 강화하는
신문왕

681년, 삼국 통일의 위업을 완수한 문무왕의 뒤를 이어 아들인 신문왕神文王이 왕위에 올랐습니다. 그가 물려받은 신라는 물리적으로는 거대해졌지만, 그 안에는 정복당한 백제와 고구려 유민들의 저항 의식이 살아 숨 쉬고 있었습니다. 또한, 수도 금성 안에는 통일 전쟁을 거치며 전공을 키워 왕권마저 위협할 정도로 막강해진 진골 귀족 세력이 버티고 있었습니다. 그는 이 거대하고 이질적인 집단을 하나의 국가로 융합하고 귀족들의 힘을 억눌러야 했습니다. 왕을 유일한 정점으로 하는 강력한 중앙집권국가를 설계해야 하는 아버지 세대와는 또 다른 과업을 짊어진 것입니다.

신문왕의 왕권 강화를 향한 의지는 그의 즉위 직후 터진 반란에서부터 시험대에 올랐습니다. 그가 왕위에 오르자마자 당대 최고의 귀족 세력가였던 김흠돌金欽突이 반란을 일으킨 것입니다. 김흠돌은 문무왕 시절부터 군부의 핵심 실세였으며, 자기 딸을 왕비로 들인 최고 권력가였습니다. 그의 반란은 단순히 한 귀족의 불만을 넘어서 통일 전쟁을 거치며 비대해진 진골 귀족 세력이 자신들의 기득권을 더욱 공고히 하려 했던 저항이었습니다. 하지만 신문왕은 아버지 문무왕이나 할아버지 무열왕과는 달랐습니다. 그들은 통일을 위해 귀족들의 협조가 절실했지만, 신문왕은 이미 통일된 나라의 왕이었습니다. 그에게 이 반란은 낡은 세력을 일소할 절호의 기회였습니다. 그는 한 치의 망설임도 없이 반란을 진압했고 김흠돌을 비롯하여 반란에 가담하거나 연루된 수많은 진골 귀족을 가차 없이 숙청했습니다. 이 피의 숙청은 서라벌의 귀족 사회를 공포에 떨게 했습니다. 신문왕이 신라의 그 어떤 왕보다 강력한 권력을 행사할 것임을 알리는 선전 포고였으며, 더 이상 귀족 세력이 왕의 권위에 도전할 수 없다는 것을 명확히 보여준 사건이었습니다.

피의 숙청으로 정치적 반대파를 제거한 신문왕은 먼저, 물리적, 경제적 개혁을 뒷받침할 사상적 개혁을 단행했습니다. 682년에 그는 유교 사상을 가르치는 국립 대학인 '국학國學'을 설립했습니다. 국학의 설립은 이제 혈통이 아니라 학문과 능력을 통해 인재를 등용하겠다는 새로운 시대정신을 선포한 것입니다. 유교의 핵심 가르침은 바로 군주에 대한 '충忠'입니다. 신문왕은 국학을 통해 자신의 가문이 아니라 오직 왕국가에게 충성하는 새로운 엘리트 관료 집단을 양성하려 했습니다. 이는 낡은 골품제의 귀족 세력을 견제하고 왕의 이념을 따르는 새로운 인재들을 통해 전제 왕권을 뒷받침하려는 장기적인 포석이었습니다.

사상적 기반을 마련한 신문왕은 귀족 세력 힘의 근원 자체를 무너뜨리는 근본적인 개혁에 착수했습니다. 바로 신라 사회의 경제 체제를 뒤흔든 '녹읍祿邑'의 폐지였습니다. 녹읍이란 귀족들이 나라에서 관직 복무의 대가로 받는 토지였습니다. 귀족들은 녹읍으로 지정된 마을의 토지에서 나오는 곡물조세을 거둘 수 있었을 뿐만 아니라 그 마을에 사는 백성들의 노동력까지 마음대로 동원하기도 하였습니다. 이는 귀족들이 자신들의 녹읍지 안에서는 사실상의 왕처럼 군림하며 사병을 거느리고 독자적인 경제 기반을 가질 수 있음을 의미했습니다.

687년, 신문왕은 '문무관료전文武官僚田'을 지급했습니다. 관료전은 귀족들이 관직에서 퇴직하면 국가에 다시 반납하게 하는 토지였습니다. 이로써 관료들은 왕에게 받은 토지들은 귀족들이 세습하는 것이 아닌 국가로 반납하는 것이 되었습니다. 어차피 반납될 토지였기에 귀족들은 해당 토지에 사는 백성들에게 영향력을 행사하기 힘들어졌습니다. 게다가 689년에는 녹읍을 아예 폐지하고 나라에서 월급인 조租를 차등 있게 나누어주도록 했습니다. 이로써 귀족들은 오직 왕에게서 월급을 받는 관료로 전락하게 되었답니다. 반면 왕은 전국의 모든 백성에 대한 직접적인 지배권을 확보하게 되었고, 이는 강력한 전제 왕권의 가장 튼튼

신문왕릉(국가유산포털)

한 경제적 토대가 됩니다.

경제적 기반을 장악한 신문왕은 통일된 거대한 영토를 효율적으로 방어하고 통치하기 위한 군사 제도 개혁을 단행했습니다. 바로 9서당九誓幢 과 10정十停 의 설치입니다. 10정은 전국의 9주에 배치된 지방군으로 넓어진 영토를 방어하는 역할을 했으며 9서당은 수도 금성을 지키는 중앙군이었습니다. 9서당 중 3개는 통일 전에 있었으며, 이후 신문왕 대에 5개를 설치하고 훗날 효소왕孝昭王 이 하나를 더 설치하면서 9서당이 완성되었습니다. 신문왕은 설치했던 5개의 서당 중에서 1개는 고구려 유민, 1개는 말갈인, 2개는 보덕국민, 1개는 백제인으로 구성했습니다. 이는 고대 국가로서는 상상하기 힘든 파격적인 민족 융합 정책이었습니다. 그는 정복당한 백제와 고구려 유민들을 더 이상 차별받는 '피지배 민족'으로 방치하지 않았습니다. 오히려 그들에게 수도를 방어하고 왕을 호위하는 가장 명예로운 임무를 맡김으로써, 그들을 통일신라의 당당한 구성원이자 신문왕의 군대로 끌어안은 것입니다. 이 정책은 잠재적인 반란 세력이 될 수 있었던 옛 유민들의 불만을 해소하는 동시에 그들의 뛰어난 군사력을 흡수하여 왕의 직속 군사력으로 삼는 천재적인 전략이었습니다.

신문왕은 통일이라는 거대한 성과 뒤에 가려진 혼란과 분열을 정면으로 돌파한 위대한 개혁 군주였습니다. 그는 즉위 초 장인의 반란을 피로 진압하여 정치적 공포를 심었고, 국학을 설립하여 왕에게 충성하는 새로운 이념을 심었습니다. 이후 녹읍을 폐지하여 귀족들의 경제적 기반을 박탈했으며, 9서당을 통해 타국의 유민들을 신라의 군대로 편입시켰습니다. 그가 단행한 숨 가쁜 개혁들은 신라를 낡은 귀족 연합 국가에서 강력한 전제 왕권 국가로 완벽하게 탈바꿈시켰습니다.

04

대조영이 건국한 발해

　고구려 멸망 후 30년이 지난 698년, 절망의 잿더미 속에서 고구려의 장군 대조영大祚榮이 흩어진 유민들을 이끌고 일어났습니다. 그들은 만주 벌판에 '발해渤海'라는 새로운 나라를 건국하며 고구려의 부활을 선포할 집단이었습니다. 이 위대한 건국의 서막은 고구려 유민들이 겪어야 했던 처절한 고난에서부터 시작되었습니다. 당나라는 고구려 부흥 운동의 싹을 자르기 위해 고구려의 지배층과 유력 가문들을 중국 내륙의 척박한 땅으로 강제 이주시키는 정책을 펼쳤습니다. 그중 한 곳이 바로 요하 서쪽의 영주營州, 현재의 중국 조양시였습니다. 당나라는 고구려 유민뿐만 아니라 자신들에게 복속한 거란, 말갈 등 다양한 북방 민족들을 이곳에 모아두고 서로 견제하며 통제했습니다. 이 혼돈의 땅 영주에 훗날 발해를 건국할 대조영과 그의 아버지 걸걸중상乞乞仲象도 고구려 유민 집단을 이끄는 지도자로서 강제로 이주당하여 와 있었습니다.

그들은 숨을 죽인 채 때를 기다렸습니다. 당나라의 압제 속에서 수십 년을 인내하던 그들에게 696년 하늘이 내린 기회가 찾아왔습니다. 영주 지역을 다스리던 당나라 관리가 이 지역에 거주하던 거란족을 심하게 핍박하고 모욕하자 이에 격분한 거란의 추장 이진충李盡忠과 손만영孫萬榮이 대규모 반란을 일으킨 것입니다. 거란의 기세는 무서웠고, 순식간에 영주 일대는 당나라의 통제에서 벗어나 거대한 혼란의 소용돌이에 휩싸였습니다. 이 반란은 거란족만의 반란에서 끝나지 않았습니다. 당이 흔들린다는 소식이 전해지자, 요동 전역의 고구려, 말갈인들이 반란을 일으켰습니다. 요동성, 비사성 등이 공격당했고 여러 고구려성이 점령당했습니다. 당은 요동의 방어군만으로는 반란의 진압이 불가능하다는 것을 깨달았습니다. 결국, 중앙 조정에서 직접 토벌군을 파견할 수밖에 없었답니다.

이러한 상황을 지켜본 대조영과 걸걸중상은 더 이상 당나라의 굴레에 묶여 있을 이유가 없음을 직감했습니다. 거란의 반란으로 생긴 이 힘의 공백이야말로 고구려 유민들을 이끌고 당의 압제를 벗어나 그들의 옛 땅으로 돌아갈 유일한 기회였습니다. 걸걸중상과 대조영 부자는 즉시 영주에 있던 고구려 유민들을 규합했습니다. 그리고 자신들과 마찬가지로 당나라의 통제에서 벗어나기를 원했던 말갈족의 추장 걸사비우乞四比羽와도 연합하여 거대한 탈출을 감행했습니다. 수만 명에 달하는 고구려 유민과 말갈 부족이 당나라의 속박을 끊고 고구려의 옛 땅이었던 만주 동쪽을 향해 목숨을 건 대장정을 시작한 것입니다.

당시 당나라를 통치하던 여황제 측천무후則天武后는 이 사태를 좌시하지 않았습니다. 거란의 반란에 더해 고구려 유민들이 완전한 독립을 선언하며 떨어져 나가는 것을 용납할 수 없었습니다. 그녀는 우선 걸걸중상과 걸사비우를 각각 진국공震國公, 허국공許國公으로 삼아서 회유하려고 했습니다. 하지만 두 사람 모두 이 명령을 거부하고 유민 집단의 관계를 더욱 돈독하게 했습니다. 측천무후에게 남은 진압 방법은 무력행사뿐이었답니다. 그녀는 거란족을 겨우 진압한 직후, 즉시 이해고李楷固라는 장수에게 40만 대군을 주어 이들 '반란 집단'을 공격하도록 명했습니다. 이해고가 이끄는 당군은 엄청난 기세로 대조영과 그의 집단을 공격했습니다. 당군의 공격을 받은 대조영과 걸사비우 집단은 크게 타격을 입었고, 걸사비우는 전사하고 말았습니다. 결국 대조영 휘하 집단은 당군의 추격을 피해 송화강 지류인 휘발하輝發河와 혼하渾河의 분수령인 천문령에 진을 쳤습니다. 양측의 운명을 건 최후의 결전이 다가오고 있었던 것입니다.

697년, 마침내 이해고가 이끄는 당군과 대조영군이 마주했습니다. 대조영군은 전투를 앞두고 대조영의 아버지 걸걸중상이 세상을 떠났기 때문에, 모든 책임은 이제 젊은 지도자 대조영의 어깨 위에 놓였습니다. 천문령은 거란에서 발해로 가는 영주도

營州道의 길목이었습니다. 적의 교통로에 대조영이 매복한 것입니다. 먼저 자리를 잡은 이점을 이용한 대조영군은 이해고의 군대를 공략했고, 이해고는 몸만 겨우 빠져나오는 대패를 당하고 맙니다.

천문령 전투의 승리는 단순한 군사적 승리가 아니었습니다. 그것은 고구려 유민들이 당나라의 지배에서 완전히 벗어나 독립적인 세력으로 자립하게 되었음을 만천하에 선포한 '독립 전쟁'이었습니다. 이 위대한 승리 이후 더 이상 그들을 가로막을 세력은 없었습니다. 대조영은 자신을 따르는 고구려 유민들과 말갈 부족들을 이끌고 동쪽으로 나아가, 마침내 고구려의 옛 땅이었던 동모산東牟山, 현재의 지린성 돈화시 기슭에 자리를 잡았습니다. 그리고 698년, 대조영은 그곳에서 마침내 새로운 나라의 건국을 선포했습니다. 나라의 이름은 처음에는 '진震/振'이라 하였고, 자신을 스스로 진국왕이라 칭했습니다. 이후 713년, 국호를 '발해渤海'로 바꾸었습니다. 발해의 건국은 고구려 멸망 30년 만에 고구려의 유민이 고구려의 옛 땅에 고구려의 문화를 계승하여 세운 명백한 고구려 계승 국가의 부활이었습니다.

대조영의 발해 건국은 한 국가의 멸망이 끝이 아님을 증명한 위대한 사건이었습니다. 발해 건국은 절망적인 상황 속에서도 자유와 독립을 향한 열망을 포기하지 않았던 고구려 유민들의 끈질긴 저항 정신의 산물이었습니다. 이로써 한반도 남쪽에는 신라가 삼한을 통일하여 자리 잡고, 북쪽의 만주에는 고구려를 계승한 발해가 일어서는 남북국 시대가 열리게 되었습니다.

발해는 말갈족의 나라?

　드넓은 만주 벌판을 호령했던 발해. 우리는 발해를 고구려를 계승한 자랑스러운 우리 역사로 배웁니다. 하지만 오늘날 중국과 일본, 그리고 러시아의 학계에서는 발해를 두고 서로 다른 목소리를 내고 있습니다. 특히 중국은 "발해는 말갈족이 세운 나라이며, 말갈은 중국의 소수민족이니 발해사는 곧 중국사다"라고 주장하는 이른바 '동북공정'의 논리를 펼치고 있습니다. 과연 발해는 말갈의 나라일까요? 역사학자들은 단순히 '발해가 말갈의 나라다 아니다'라는 흑백논리를 넘어 발해의 정체성을 치열하게 고민해 오고 있습니다. 이 연구의 흐름을 통해 발해의 진짜 정체성을 들여다보겠습니다.

가장 먼저 짚고 넘어가야 할 것은 발해를 건국한 시조 대조영의 정체성입니다. 중국 측 사료인 《구당서》는 대조영을 '고려별종高麗別種'이라 적고, 《신당서》는 '속말말갈粟末靺鞨' 출신이라 기록하여 차이를 보입니다. 하지만 이것은 모순되는 것이 아닙니다. 대조영은 혈통적으로는 속말말갈 출신이었을지 모르나 고구려의 장수로 활약하며 자신을 스스로 고구려 사람으로 인식했던 인물입니다. 즉, 그는 혈연적 기원은 말갈에 두고 있었을지라도 정치적·문화적 정체성은 고구려에 두고 있었던 말갈계 고구려인이었습니다. 건국 시조부터가 고구려의 유민이자 고구려의 정체성을 가진 인물이었다는 사실은 발해의 성격을 규정하는 가장 중요한 열쇠입니다.

두 번째로 살펴볼 것은 발해인들 스스로가 자신들을 '고구려의 계승자'로 인식하고 있었습니다. 이는 발해가 주변국인 일본에 보낸 공식 외교 문서를 통해 명확히 드러납니다. 발해의 제2대 왕 무왕은 일본에 보낸 국서에서 자신을 "고구려의 옛 땅을 회복하고 부여의 유속을 이어받았다"라고 선언했습니다. 제3대 문왕 역시 자신을 "고려 국왕 대흠무高麗國王 大欽茂"라고 칭했습니다. 여기서 '고려'는 고구려를 의미합니다. 한 나라의 국왕이 공식 외교 문서에서 국호를 '고려'라 칭하고 자신을 고구려 왕이라 불렀다는 것은, 발해가 고구려를 계승했다는 사실을 대내외에 천명한 것이나 다름없습니다. 만약 발해가 말갈족의 나라였다면 굳이 멸망한 나라인 고구려의 이름을 빌려 쓸 이유가 전혀 없었을 것입니다. 일본에 보낸 외교 문서에 자신들을 '고려고구려'라고 칭한 것은 지배층뿐만 아니라 국가 전체의 정체성을 고구려에 두고 있었음을 명확히 보여줍니다.

세 번째 쟁점은 발해의 주민 구성과 지배 방식입니다. 과거에는 발해를 "지배층은 소수의 고구려인, 피지배층은 다수의 말갈인"이라는 이원적인 구조로만 이해했습니다. 하지만 최근 연구들은 이러한 구조가 지나치게 단순하다고 비판합니다. 발해는 건국 초기부터 빠르게 영토를 확장했습니다. 그 넓은 땅을 다스리기 위해 5경 15부 62주라는 촘촘한 행정 구역을 만들었습니다. 만약 말갈인들이 단순히 정복당한 이민족 노예였다면 이런 체계적인 통치가 가능했을까요? 연구자들은 발해의 지방 통치 방식에 주목합니다. 발해는 지방관도독, 자사 을 파견해 직접 다스리기도 하고, 지방 유력자수령 를 통해 간접적으로 다스리기도 했습니다. 중요한 것은 말갈이라 불린 지방민들이 발해라는 국가 시스템 안에서 세금을 내고 군역을 지는 국민으로 통합되어 있었다는 점입니다. 발해는 고구려 유민과 말갈인을 물과 기름처럼 분리한 것이 아니라, 하나의 국가 체제 안으로 융합하려 노력했습니다.

물론 발해에는 말갈의 요소도 존재했습니다. 피지배층의 다수가 말갈족이었기에 그들의 생활 습속이 일정 부분 반영된 것은 자연스러운 일입니다. 하지만 이것이 발해의 국가적 정체성을 뒤집을 수는 없습니다. 중국과 러시아 학계가 발해를 말갈의 나라로 규정하려는 시도는 순수한 학문적 연구라기보다는 현재의 영토와 국경을 기준으로 과거의 역사를 재단하려는 정치적 의도가 다분합니다. 중국은 발해를 당나라의 지방 정권으로 만들어 만주 지역에 대한 역사적 연고권을 강화하려 하고, 러시아는 발해를 만주 독자적인 역사로 분리하여 중국과 한국의 영향력을 차단하려 합니다. 하지만 역사의 진실은 정치적 멘트가 아닌 사료와 유물 속에 있습니다.

발해 건국 당시 그 땅에 살던 사람들은 고구려 멸망 후 갈 곳 잃은 유민들이었고 그중에는 말갈이라 불리던 변방 사람들도 포함되어 있었습니다. 대조영은 이들을 모두 끌어안아 새로운 나라를 세웠습니다. 발해는 고구려인들만의 나라도, 말갈족만의 나라도 아니었습니다. 고구려라는 거대한 뿌리 위에서 다양한 구성원들이 발해인이라는 새로운 이름으로 하나가 되어 만들어 낸 용광로 같은 제국이었습니다. 따라서 발해를 단순히 말갈의 나라로 규정하는 것은 그들이 이룩한 통합의 역사와 고구려 계승 의식을 깎아내리는 일입니다. 발해는 고구려의 터전 위에 고구려의 유민들이 주축이 되어서 주변의 여러 세력을 아울러 세운 다민족 국가였습니다.

<h1 style="text-align:center">06</h1>

발해의 영토를 넓히는 무왕

　대조영이 세상을 떠난 뒤, 발해의 제2대 왕으로 즉위한 무왕武王 대무예大武藝는 아버지의 유지를 받들어 발해를 만주 벌판의 진정한 주인으로 키워내야 할 막중한 사명을 띠고 있었습니다. 무왕의 통치기는 강력한 군사력을 바탕으로 주변 세력들을 복속시키고 영토를 비약적으로 확장하며 발해를 만주 벌판의 진정한 패자로 격상시킨 거침없는 정복과 팽창의 시대였습니다. 그는 당나라와의 정면 승부도 마다하지 않는 강인한 기개와 독자적인 연호 사용을 통해, 발해가 당나라의 지방 정권이 아닌 당당한 황제국임을 천하에 선포했습니다.

　무왕이 즉위했을 때, 발해를 둘러싼 국제 정세는 심상치 않았

습니다. 당나라는 발해의 성장을 견제하기 위해 발해 북쪽의 흑
수말갈黑水靺鞨을 회유하여, 발해를 남북에서 협공하려는 전략을
꾸미고 있었습니다. 흑수말갈은 당나라의 책봉을 받고 '흑수주黑
水州'가 되어 당의 직접적인 지배를 받으려 했습니다. 이는 발해
의 배후를 위협하는 치명적인 칼날이었습니다. 무왕은 이 위기
를 좌시하지 않았습니다. 그는 "흑수말갈이 당나라와 공모하여
우리를 앞뒤에서 치려 하니, 먼저 흑수말갈을 쳐야 한다"라고 결
단했습니다.

하지만 이 결정은 내부의 반발에 부딪혔습니다. 무왕의 동생이
자 왕위 계승 서열 2위였던 대문예大文藝는 "당나라는 인구가 많
고 군사가 강하니, 그들과 싸우는 것은 망하는 길입니다. 과거 고
구려도 당나라와 싸우다 망하지 않았습니까"라며 형의 뜻에 정
면으로 반대했습니다. 하지만 무왕의 의지는 확고했습니다. 그
는 동생의 반대를 묵살하고 흑수말갈 정벌을 강행했습니다. 결
국 대문예는 형의 명령을 거역하고 당나라로 망명해 버렸지만,
무왕은 흔들리지 않고 흑수말갈을 공격하여 그들을 복속시켰습
니다. 이로써 발해는 북쪽의 위협을 제거하고 만주 북부 지역으
로 영토를 확장하는 중요한 교두보를 마련했습니다.

흑수말갈을 제압한 무왕의 다음 목표는 놀랍게도 당나라 본토
였습니다. 당나라 본토를 공격하기 전에 무왕은 고도의 외교술
을 보여줍니다. 최근의 연구 성과를 찾아보면 무왕은 당나라와
전쟁을 결심하기 직전에 마치 당나라의 요구에 순응하는 듯한
제스처를 취했습니다. 그는 당 현종에게 표문을 보내 자기 잘못

을 뉘우치는 척했습니다. 또한, 당나라에 억류되어 있던 또 다른 왕족인 대랑아**大朗雅**의 귀국을 요청했습니다. 현종은 무왕이 굴복했다고 착각하고 대랑아를 돌려보냈습니다. 하지만 이는 무왕의 철저한 계산이었습니다. 그는 인질로 잡힐 수 있는 왕족들을 모두 무사히 귀국시킨 직후, 전격적으로 칼을 뽑아 들었습니다.

732년, 그는 장군 장문휴**張文休**에게 수군을 주어 당나라의 산둥반도에 있는 등주**登州**를 기습 공격하게 했습니다. 등주는 당나라 수군의 핵심 기지이자 대외 교역의 거점이었습니다. 발해 수군은 전광석화와 같은 기습으로 등주 자사 위준**韋俊**을 죽이고 당나라군을 격파했습니다. 이 대담한 공격은 당나라 조정에 엄청난 충격을 안겨주었고, 발해의 군사력이 만만치 않음을 똑똑히 각인시켰습니다. 당 현종은 급히 대문예를 보내 발해군을 막게 했지만, 이미 발해군은 승리를 거두고 유유히 철수한 뒤였습니다.

전쟁은 이후 당나라가 신라를 끌어들여 발해의 남쪽을 공격하게 하는 등 국제전으로 확대되었지만, 발해는 거뜬히 이를 막아냈습니다. 하지만 734년을 기점으로 전쟁은 새로운 국면을 맞이하게 됩니다. 발해의 잠재적 우군이었던 돌궐 내부가 극심한 혼란에 빠진 것입니다. 국제 정세가 발해에 불리하게 돌아가기 시작했습니다. 이때 무왕은 또 한 번의 중요한 결단을 내립니다. 바로 전쟁의 '명예로운 마무리'였습니다. 그는 자신의 사후, 왕위를 계승할 아들 대흠무**大欽茂**에 당나라와의 전쟁이라는 무거운 짐을 물려주고 싶지 않았습니다. 무왕은 전쟁을 지속하는 것보다 승리한 시점에서 국교를 재개하여 체제를 안정시키는 것이 후계자를 위한 최선의 길이라 판단했습니다. 그는 735년경부터 당나라와의 관계 개선을 모색하며 사신을 파견했고, 당나라 역시 발해를 무력으로 제압하기 어렵다는 것을 인정하고 이를 받아들였습니다.

무왕의 영토 확장은 당나라 지역뿐만 아니라 동쪽과 남쪽으로도 뻗어 나갔습니다. 그는 두만강 유역과 연해주 일대의 여러 말갈 부족을 차례로 복속시켜 발해의 행정 구역으로 편입했습니다. 이로써 발해는 서쪽으로는 요동, 북쪽으로는 헤이룽강, 동쪽으로는 연해주에 이르는 광활한 영토를 확보하게 되었습니다. 영토 확장과 함께 무왕은 발해의 자주성을 높이는 데에도 힘썼습니다. 그는 '인안仁安'이라는 독자적인 연호를 제정하여 사용했습니다. 연호는 황제만이 가질 수 있는 권한으로 이를 사용한다는 것은 발해가 당나라에 종속된 제후국이 아니라 대등한 지위를 가진 황제국임을 천명하는 것이었습니다.

무왕은 아버지 대조영이 세운 나라를 반석 위에 올려놓은 '실질적인 창업 군주'와도 같았습니다. 그는 내부의 반대와 외부의 위협에 굴하지 않으며 흑수말갈을 정벌하고 당나라를 선제공격하는 과감한 결단력을 보여주었습니다. 그의 시대에 발해는 만주와 한반도 북부를 호령하는 강력한 제국으로 거듭났습니다. 특히 당나라라는 거대한 제국 앞에서도 비굴해지지 않았습니다. 또한, 기만전술과 선제공격이라는 과감한 수를 통해 주도권을 쥐었으며 물러날 때를 알고 전쟁을 마무리할 줄 아는 현명한 군주였습니다.

07

발해의 내정을 다지는 문왕

　당나라와 자웅을 겨루던 무왕의 시대가 저물고, 그의 아들 대흠무가 737년에 제3대 왕으로 즉위했습니다. 그가 바로 발해 역사상 가장 긴 57년이라는 재위 동안 나라를 다스리며 발해의 기틀을 완성한 문왕文王입니다. 문왕의 시대는 그 시호 '문文'이 상징하듯이 안으로 나라의 기틀을 다지고 제도를 정비하며 찬란한 문화를 꽃피우는 문치와 내실의 시대였습니다.

　문왕이 물려받은 발해는 외형적으로는 거대했지만, 내부적으로는 아직 다듬어지지 않은 원석과 같았습니다. 고구려 유민과 말갈족 등 다양한 구성원들이 섞여 있었고 급격히 늘어난 영토를 효율적으로 다스릴 시스템은 부족했습니다. 이에 문왕은 즉위하자마자 국정의 방향을 안정과 통합으로 설정했습니다.

그 첫 번째 과업은 영토 확장 정책에 마침표를 찍는 것이었습니다. 선왕들이 확보한 영역을 바탕으로 문왕은 아직 완전히 복속되지 않았던 말갈의 여러 부족을 발해의 행정 구역 안으로 확실하게 편입시켰습니다. 이를 통해 발해는 사방 5천 리에 이르는 광활한 강역을 완성하게 되었습니다. 그리고 이 넓은 땅을 다스리기 위해 그는 획기적인 행정 개혁을 단행했습니다. 바로 전국을 경, 부, 주로 나누는 체계적인 지방 통치 시스템을 구축한 것입니다. 이는 중앙의 명령이 지방 구석구석까지 미치게 하는 고대 국가 완성의 결정적인 단계였습니다. 문왕 대에 구축된 경, 부, 주의 지방 제도는 이후에 5경 15부 62주로 완성되었습니다.

문왕 통치의 가장 큰 특징은 잦은 천도와 5경 제도의 구축에 있습니다. 그는 재위 동안 수도를 무려 네 번이나 옮겼습니다. 초기에는 건국지였던 구국돈화에서 중경 현덕부화룡로, 그다음에는 상경 용천부영안, 말년에는 다시 동경 용원부훈춘로 도읍을 옮겼습니다. 학계 연구에 따르면 이러한 잦은 천도는 단순한 이동이나 당나라의 안사安史의 난을 피하기 위한 도피가 아니었습니다. 그것은 치밀한 정치적 계산과 영토 경영 전략에 따른 주체적인 결단이었습니다. 중경으로의 천도는 남쪽 영토에 대한 지배력을 강화하기 위함이었고, 상경으로의 천도는 북방의 흑수말갈을 견제하고 광활한 만주 벌판을 호령하기 위한 것이었습니다. 동경으로의 이동은 일본과의 교류를 활성화하고 동쪽 변경을 안정시키려는 목적이었습니다. 문왕은 왕이 직접 주요 거점을 순회하

며 거주함으로써 각 지역의 불만을 잠재우고 왕권을 지방 깊숙
이 뿌리내리게 했습니다.

　문왕은 중앙 통치 기구도 바꿨습니다. 당나라의 3성 6부제를
받아들이면서 명칭과 운영은 발해만의 독자성을 살렸습니다.
충·인·의·지·예·신이라는 유교적 덕목을 딴 6부를 설치했
습니다. 이는 발해가 당나라의 제도를 수용하면서도 유교 이념
을 바탕으로 한 독자적인 문명국임을 천명한 것입니다. 군사적
으로는 중앙군인 10위十衛를 설치하여 왕권을 뒷받침했습니다.
좌우 맹분위, 웅위, 비위 등 용맹한 짐승의 이름을 딴 부대 명칭
은 발해 무인들의 기상을 보여줍니다.

　문왕은 이러한 하드웨어의 정비뿐만 아니라 국가를 하나로 묶
을 소프트웨어, 즉 '이념'의 통합에도 심혈을 기울였습니다. 그
는 당나라의 예법서인 《대당개원례大唐開元禮》를 수입하여 국가
의례를 정비하고 유교와 불교를 적극적으로 장려했습니다. 무
엇보다 주목해야 할 점은 문왕이 보여준 강력한 황제국 의식입
니다. 그는 대내적으로 '황상皇上'이라 불렸으며, 일본에 보낸 국
서에서는 자신을 하늘의 자손이라 칭했습니다. 이는 고구려의
천손 의식을 계승한 것으로 발해가 당나라의 제후국이 아닌 대
등한 천하의 중심임을 선포한 것입니다. 또한, 그는 즉위 초 '대
흥大興'이라는 연호를 사용하여 나라를 크게 일으키겠다는 의지
를 보였고, 재위 후반기인 774년에는 연호를 '보력寶曆'으로 고
쳤습니다. '보력'은 황제가 달력을 반포한다는 의미를 담고 있어,
문왕이 독자적인 천하관을 가진 황제로서의 위상을 확고히 했음

을 보여주는 결정적인 증거입니다.

하지만 문왕의 통치에도 분명한 한계와 명암은 존재했습니다. 역사학자들은 발해가 말갈 부족들을 행정 구역으로 편입시켰지만, 그들의 토착 세력 기반을 완전히 해체하지는 못했음을 지적합니다. 발해는 지방관을 파견하면서도 동시에 말갈 추장들을 수령으로 임명하여 그들의 자치권을 어느 정도 인정하는 이중적인 지배 방식을 취했습니다. 이는 문화적, 민족적 차이가 큰 집단들을 무리하게 통합할 때 생길 수 있는 반발을 줄이기 위한 현실적인 선택이었습니다. 하지만 중앙 정부의 통제력이 약해지면 지방 세력이 언제든 이탈할 수 있는 불안 요소를 남겼습니다. 실제로 문왕 사후 발해가 혼란에 빠졌을 때 말갈 부족들이 동요했던 것은 이러한 지배 체제의 한계 때문이었습니다.

문왕의 시대는 발해가 '변방의 왕국'에서 '제국'으로 도약한 결정적인 시기였습니다. 문왕은 고구려의 유산 위에 당나라의 선진 제도를 주체적으로 융합하여 독자적인 황제국의 위엄을 갖추고, 복잡한 다민족 국가를 하나로 묶어내기 위해 치열하게 고민했던 위대한 설계자였습니다. 그가 닦아놓은 이 견고한 시스템과 문화적 자산 덕분에 발해는 이후 선왕宣王 시대에 이르러 찬란한 전성기를 구가할 수 있었습니다. 문왕은 칼이 아닌 제도와 문화의 힘으로 발해를 반석 위에 올린, 진정한 의미의 문치 군주였습니다.

'해동성국' 발해

문왕 사후 발해는 두 차례의 혼란기를 맞이합니다. 1차 혼란기는 문왕의 사촌 폐왕 대원의大元義 와 성왕 대화여大華璵 가 즉위한 지 1년도 안 되어서 각각 폐위, 사망하면서 발생합니다. 하지만 이는 문왕의 막내아들 대숭린大嵩璘 이 강왕康王 으로 즉위하면서 일단락됩니다. 그러나 강왕 사후에 그의 아들 세 명이 모두 즉위하지만 1~5년 만에 사망하면서 2차 혼란기가 찾아옵니다. 이러한 두 번의 혼란기를 겪으며 발해의 국력은 다소 위축되어 있었습니다. 이러한 위기 속에서 대조영의 동생 대야발大野勃 의 4세 손인 대인수大仁秀 가 왕위에 올랐습니다. 대인수는 혼란을 수습하고 다시금 강력한 정복 군주로서 발해의 중흥을 이끌었으니,

그가 바로 발해의 10대 왕인 선왕宣王입니다. 그의 시대에 발해는 만주와 연해주, 한반도 북부를 아우르는 최대 영토를 확보하고 당으로부터 해동성국海東盛國, 즉 '바다 동쪽의 융성한 나라'라는 영예로운 칭호를 얻게 되었습니다.

선왕의 업적 중 가장 빛나는 것은 단연 광활한 영토 확장입니다. 그는 즉위와 동시에 내분으로 인해 이완되었던 지방 통제력을 회복하고 대대적인 정복 전쟁에 나섰습니다. 특히 과거 무왕과 문왕 때 정벌했던 흑수말갈을 비롯하여 여러 말갈 부족은 독자적인 세력을 형성하거나 당나라와 독자적으로 교류하며 발해의 통제에서 벗어나려 하고 있었습니다. 선왕은 강력한 군사력을 동원하여 이들 말갈족을 차례로 토벌하고 완벽하게 복속시켰습니다. 이로써 발해는 북쪽으로는 헤이룽강 중·하류 유역을 넘어 시베리아 남부까지, 동쪽으로는 연해주를 넘어 동해안 끝까지 영토를 확장했습니다.

남쪽으로의 확장 또한 멈추지 않았습니다. 선왕은 신라와의 국경 지대인 대동강 유역으로 진출하여 영토를 넓혔습니다.《신당서》에는 선왕이 "남쪽으로 신라를 평정했다南定新羅"라는 기록이 있는데, 이는 신라를 정복했다는 뜻이라기보다는 신라와 접경한 남쪽 지역을 안정적으로 확보하고 국경선을 대동강에서 원산만 라인까지 확고히 했다는 의미로 해석됩니다. 서쪽으로는 요동 지역을 넘어 거란과 접경하며 요서 지역까지 영향력을 행사했습니다. 이로써 선왕 시대의 발해는 고구려 전성기의 영토를 대부분 회복했을 뿐만 아니라 만주 지역의 모든 종족을 아우르는 명실상부한 다민족 국가를 건설하게 되었습니다.

선왕은 이렇게 확장된 영토를 효율적으로 다스리기 위해 기존부터 있었던 지방 행정 제도를 5경 15부 62주로 완성했습니다. 이는 문왕 때 마련된 제도를 바탕으로 하되, 새로 개척한 영토에 행정 구역을 촘촘하게 추가하여 중앙의 지배력을 말단까지 침투시킨 것입니다. 특히 말갈 지역에는 회원부懷遠府, 안원부安遠府, 철리부鐵利府 등을 설치하여 직접 통치했습니다. 이는 과거처럼 말갈 추장을 통한 간접 지배에 머무르지 않고, 중앙에서 파견된 관리가 지방을 다스리는 강력한 중앙집권적 지방 제도가 시행되었음을 의미합니다. 이러한 체계적인 통치 시스템 덕분에 발해는 광활한 영토와 다양한 종족을 하나의 국가 체제 안에서 안정적으로 융합할 수 있었습니다.

선왕의 치세 기간에 발해는 군사적 정복에만 그치지 않았습니다. 안정을 되찾은 발해는 활발한 대외 교류와 경제 발전을 통해 국부를 창출했습니다. 발해는 당나라 외에도 '신라도', '일본도', '거란도' 등 사방으로 뻗은 교통로를 통해 활발히 교류하며 동북아시아 무역의 중심지로 부상했습니다. '발해의 명산품'으로 알려진 모피, 인삼 등 토산물과 불상, 자기 등은 특산물로 주변국에 수출되었고, 당나라 산둥반도의 덩저우登州에는 발해 사신과 상인들을 위한 발해관渤海館이 설치될 정도로 교류가 빈번했습니다.

문화적으로도 선왕 시대는 발해 문화의 황금기였습니다. 수도 상경 용천부는 당나라 장안성을 모델로 건설된 계획도시로 웅장한 궁궐과 사찰들이 즐비했습니다. 특히 발해의 건축과 미술은 고구려의 힘찬 기상과 당나라의 세련된 조형미, 그리고 말갈의 토착적 요소가 어우러져 독창적인 양식을 발전시켰습니다. 웅장한 발해 석등과 온돌 시설을 갖춘 궁궐터, 연꽃무늬 기와 등은 발해인들의 독자적인 미적 감각과 높은 기술 수준을 보여줍니다. 또한 유교 경전을 가르치는 국립 교육기관인 주자감胄子監 을 정비하여 인재를 양성했고, 당나라의 빈공과賓貢科 에 합격한 발해 유학생들이 수석 자리를 놓고 신라 유학생들과 경쟁할 정도로 학문적 수준도 높았습니다.

무엇보다 선왕 시대 '해동성국' 발해의 가장 큰 의의는 우리 민족의 활동 무대를 한반도에 국한하지 않고 만주와 연해주라는 광활한 대륙으로 확장했다는 데 있습니다. 발해는 고구려 멸망 이후 자칫 중국의 역사로 흡수될 뻔했던 만주 지역의 역사를 200년 넘게 우리 민족의 역사로 지켜냈습니다. 그들은 고구려 계승 의식을 분명히 했고 일본에 보낸 국서에서도 '고려 국왕'이라는 호칭을 당당하게 사용했습니다. 온돌, 기와 무늬, 무덤 양식 등 생활 문화 전반에 흐르는 고구려의 전통은 발해가 명백한 우리 민족의 국가임을 웅변하고 있습니다. 선왕은 이러한 발해의 정체성을 확고히 하고 국력을 최대로 끌어올려, 우리 역사상 가장 넓은 영토를 다스렸던 위대한 군주로 기억되고 있습니다.

09

백성들에게 정전을
지급한 성덕왕

신문왕의 시대를 넘어 통일 신라에도 전성기가 찾아오고 있었습니다. 통일신라의 전성기를 구가했던 왕은 제33대 성덕왕聖德王이었습니다. 그러나 성덕왕의 시대는 표면적으로는 평화로워 보였지만 그 이면에는 왕권과 귀족 세력 간의 치열한 힘겨루기가 팽팽하게 이어지고 있었습니다. 신문왕이 녹읍을 폐지하며 귀족들의 경제적, 군사적 기반을 허물어뜨렸지만, 귀족들은 여전히 호시탐탐 중앙 정계를 장악할 기회를 노리고 있었습니다.

이러한 긴장 속에서 722년, 성덕왕은 신라 역사상 가장 획기적인 조치를 단행했습니다. 처음으로 백성들에게 정전丁田을 지급한 것입니다. 이 짧은 한 줄의 기록은 단순한 토지 분배가 아니었

성덕왕릉(국가유산포털)

습니다. 그것은 귀족의 그늘에 있던 백성들을 온전히 국왕의 직접적인 지배 아래로 끌어들이고, 국가의 재정 기반을 확충해서 병농일치兵農一致의 강력한 군사 체제를 완성하려는 성덕왕의 거대한 정치적 야망이 응축된 결정타였습니다.

역사학자들은 성덕왕의 정전 지급에 대해서 당나라의 토지제도인 균전제均田制를 신라의 실정에 맞게 바꾼 '균전적 토지제도'의 시행으로 해석합니다. 당시 동아시아는 당나라의 율령 체제가 확산하던 시기였고 이웃한 일본 역시 당나라의 토지제도를 변화시켜서 사용하고 있었습니다. 국제적 감각이 뛰어났던 성덕왕은 이러한 흐름을 놓치지 않았습니다. 그는 국가가 백성정남, 丁男에게 토지를 지급하고, 그 대가로 조세와 노동력, 특산물을 수취하도록 했습니다. 이는 유사시에 백성을 군사로 동원하는 시스템을 신라 땅에 뿌리 내리고자 한 것입니다.

특히 이 정전제의 시범 무대가 된 곳은 바로 북방의 거친 땅, 패강 유역이었습니다. 통일 전쟁 이후 이 지역은 고구려 유민들의 반신라적 정서가 남아있고, 북쪽의 발해와 대치하는 최전방이었습니다. 성덕왕은 이 불안정한 지역을 실질적인 영토로 편입하고 안정적인 식량 생산 기지로 만들기 위해서 정전 지급이라는 당근을 제시했습니다. 그는 이 막중한 임무를 수행하기 위해, 삼국 통일 이후 정치적으로 위축되어 있던 김유신 가문을 다시 등용했습니다. 김유신의 손자인 윤중允中을 관료의 최고봉인 중시로 임명하고, 그의 동생 윤문允文 등에게 북방 개척의 임무를 맡겼습니다. 이는 진골 귀족 세력을 견제하고 친위 세력을 구축하려는 고도의 용인술이었습니다.

패강 유역에서 시작된 정전 지급은 토지 없는 유민들에게 농사지을 땅을 주고 그들을 자영농으로 육성하여 국가에 세금을 내는 건전한 납세자로 만드는 과정이었습니다. 역사학자들은 이것이 가능했던 배경으로 신문왕 때 폐지된 녹읍을 지목합니다. 귀족들에게서 환수한 토지와 수취권이 국가의 손에 있었기에 성덕왕은 이를 재원으로 백성들에게 정전을 지급할 여력을 가질 수 있었습니다. 즉, 정전제는 녹읍 폐지라는 선대 왕의 개혁이 있었기에 가능한 정책이었으며, 이는 귀족 경제를 억누르고 국가 주도의 경제 체제를 확립하는 결정적인 계기가 되었습니다.

정전 지급의 진정한 목적 중 하나는 바로 부병제府兵制의 확립에 있었습니다. 토지를 받은 농민은 평시에는 농사를 짓지만, 농한기나 전시에는 군사 훈련을 받고 전쟁터로 나아가야 했습니다. 김유신의 손자 김암金巖이 패강진에서 백성들에게 '육진병법六陣兵法'을 가르쳤다는 기록은 정전제가 단순히 먹고사는 문제를 넘어 국방력 강화와 직결되어 있었음을 증명합니다. 과거에는 귀족들의 사병이 강력한 역할을 차지했던 것이 신라의 국방 시스템이었습니다. 이것을 개편하기 위해서 토지를 매개로 국가가 직접 장악하고 훈련한 농민군, 즉 부병을 중심으로 국방 시스템을 재편한 것입니다. 이는 귀족들의 군사적 기반을 무력화하고 왕권을 절대적인 위치로 끌어올리는 핵심적인 장치였습니다.

성덕왕의 치밀함은 외교에서도 빛을 발했습니다. 그는 패강 유역을 개척하고 정전을 지급하여 실효 지배를 강화하는 동시에 당나라와의 외교를 통해 이를 국제적으로 공인받으려 했습니다. 그는 '통문박사通文博士'를 설치하여 대당 외교 문서를 전담하게 했고, 발해를 견제해달라는 당나라의 요청을 적절히 이용하는 실리 외교를 펼쳤습니다. 그 결과 735년에는 당나라로부터 패강 이남의 영토에 대한 영유권을 공식적으로 인정받는 쾌거를 이룩했습니다. 또한, 성덕왕은 일본과의 외교에도 적극적이었습니다. 그는 당과의 관계가 좋지 않았을 때는 일본과의 외교를 중시하면서 신라가 국제적으로 고립되지 않게 하였습니다. 그러다 일본의 요구가 과해지자, 단호하게 끊어내는 결단력도 보여 주었습니다. 당과 일본에 대한 성덕왕의 외교는 그가 가진 국제적 감각을 엿볼 수 있게 해줍니다.

성덕왕의 정전 지급은 '애민愛民'이라는 명분 아래 진행된 신라 중대 전제 왕권의 완성을 향한 거대한 프로젝트였습니다. 그는 패강 유역이라는 전략적 요충지에서 시작하여 점차 전국으로 이 제도를 확대해 나갔습니다. 이를 통해 귀족 세력을 철저히 통제하고 자영농을 육성하여 국가 재정을 튼튼히 했으며, 강력한 중앙군을 양성하여 국방을 강화했습니다. 성덕왕이 이룩한 정전제와 체제 정비는 신라가 8세기 동아시아의 번영하는 문명국으로 자리 잡을 수 있게 하는 가장 강력한 원동력이었습니다. 이처럼 성덕왕은 토지를 통해 백성의 마음을 얻고 그 힘으로 귀족을 제압하며 신라의 황금기를 완성한 탁월한 군주였습니다.

10

한화 정책을 편 경덕왕

　8세기 중반, 통일 신라는 겉으로 보기에 화려한 전성기를 구가하고 있었습니다. 성덕대왕신종의 장엄한 종소리가 서라벌에 울려 퍼지던 문화의 황금기였습니다. 하지만 이 찬란한 영광의 그늘에서는 왕권과 진골 귀족 세력 간의 소리 없는 전쟁이 치열하게 전개되고 있었습니다. 성덕왕 대에 확립되었던 강력한 전제 왕권과 제도들은 34대 효성왕孝成王을 거치면서 낡고 약해지기 시작했습니다. 742년, 왕위에 오른 제35대 경덕왕景德王은 이러한 위기를 타개하고 신라의 체제를 재정비해야 하는 막중한 과제를 안고 있었습니다.

　경덕왕이 선택한 해법은 바로 당나라의 선진적인 제도와 유교 이념을 적극적으로 수용하여 국가 시스템을 근본적으로 개조하는 것, 즉 한화漢化 정책이었습니다. 경덕왕의 개혁은 즉위 초부터 단호하게 시작되었습니다. 그는 선왕 때부터 비대해진 외척 세력을 견제하기 위해서 당시 유력 가문이었던 김순정金順貞의 딸인 왕비 삼모부인三毛夫人을 '아들이 없다'라는 명분으로 출궁시키는 정치적 결단을 내렸습니다. 이는 단순히 후사를 이으려는 조치가 아니라 왕권을 위협할 수 있는 외척의 힘을 사전에 차단하려는 고도의 정치적 계산이었습니다. 내부를 단속한 그는 본격적인 체제 정비에 착수했습니다.

747년, 그는 국정을 총괄하는 집사부의 장관인 중시를 시중侍中으로 고치고, 차관인 전대등典大等을 시랑侍郎으로 개칭했습니다. 또한 국학에 박사와 조교를 새로 두어서 유교 경전 교육을 강화했습니다. 학문적 능력을 갖춘 유교적 관료 집단을 양성하고, 당의 제도를 효과적으로 받아들이기 위한 장기적인 포석이었습니다. 이후 경덕왕은 국학을 태학감太學監으로 바꾸는 등, 신라 고유의 관직명들을 당나라식 이름으로 대대적으로 뜯어고쳤습니다. 신라 고유의 용어를 세련된 유교적 용어로 바꿈으로써 신라 조정의 격을 당나라와 대등하게 높이고, 왕을 정점으로 하는 위계질서를 더욱 명확히 하려는 이념적 작업이었습니다.

이러한 개혁의 정점은 757년에 단행된 전국 9주와 군현의 명칭 변경이었습니다. 사벌주를 상주로, 한산주를 한주로, 웅천주를 웅주로, 무진주를 무주로 고치는 등, 전국 9주 5소경 117군 293현의 이름을 모두 중국식 한자 2글자로 통일했습니다. 순우

경덕왕릉(국가유산포털)

리말 지명들이 한자식 지명으로 바뀌는 이 과정은 지방 세력의 고유한 지역색과 독자성을 지우고 전국의 모든 땅을 중앙 정부의 행정망 안에 균일하게 편입시키려는 강력한 중앙 집권화 정책이었습니다.

또한, 경덕왕은 관료 기강을 바로잡기 위해 '정찰貞察'이라는 감찰 관료를 신설하여 백관을 감시하게 했습니다. 게다가 휴가가 60일을 넘는 관리는 관직에서 물러나게 하는 해관解官 조치를 시행했습니다. 이는 당나라의 율령보다 더 엄격한 규정으로 관료 사회를 강하게 압박해서 행정 효율을 높이고 국가 재정 낭비를 막으려는 왕의 강력한 의지가 반영된 것이었습니다. 군사적으로도 왕도 금성을 방어하는 6기정六畿停을 정비하고, 각 지방군10정 의 명칭을 주둔지의 주명과 일치시키며 군사적 색채를 강화했습니다. 이는 당시 발해의 팽창과 일본의 침공 위협이라는 대외적 불안 속에서 수도 방위와 지방 통제력을 동시에 강화하기 위한 필수적인 조치였습니다.

하지만 경덕왕의 이러한 강력한 개혁 드라이브는 필연적으로 기득권 세력인 진골 귀족들의 반발을 불러왔습니다. 귀족들은 자신들의 경제적, 군사적 기반을 위협하는 관료전, 녹봉 체제에 불만을 품고 있었습니다. 경덕왕은 이들과의 정면충돌을 피하고 개혁의 동력을 유지하기 위해서 757년에 녹읍을 부활시키는 중대한 정치적 타협을 선택했습니다. 많은 역사가는 녹읍의 부활을 왕권의 후퇴나 개혁의 실패로 해석하기도 합니다. 하지만 다양한 연구에 따르면 이는 단순한 패배가 아니었습니다. 경덕왕이 부활시킨 후기 녹읍은 귀족들에게 토지에서 세금을 거둘 권리수조권 는 주되, 백성들의 노동력을 마음대로 동원할 수 있는 권리를 제한하는 형태였을 가능성이 큽니다. 즉, 경덕왕은 귀족들에게 경제적 이익녹읍 을 일부 돌려주는 대신에 자신의 핵심 과제였던 전국적인 행정 구역 개편한화 정책 을 관철하는 고도의 정치적 타협을 이뤄낸 것입니다. 덕분에 그는 귀족들의 극심한 반발 없이 신라의 지명과 관제를 송두리째 바꾸는 대업을 완수할 수 있었습니다.

경덕왕은 신라를 당나라와 같은 선진적인 유교 율령 국가로 만들기 위해 쉼 없이 달렸던 개혁 군주였습니다. 그는 시중과 시랑 같은 중국식 관제를 도입해 조정의 면모를 일신했고, 전국의 지명을 한자식으로 고쳐 중앙의 행정력이 지방 말단까지 미치게 했습니다. 녹읍 부활이라는 어쩔 수 없는 타협이 있었지만, 그것 조차도 더 큰 개혁을 위한 전략적 선택이었습니다. 경덕왕이 이룩한 행정 시스템과 그가 남긴 위대한 문화유산은 신라가 도달했던 문명의 높이가 어느 정도였는지를 오늘날까지 생생하게 증언하고 있습니다.

11

김대성이 지은 불국사와 석굴암

경덕왕의 시대에 통일 신라는 문화적 황금기를 구가하고 있었습니다. 그리고 신라의 재상이었던 김대성金大城은 토함산 기슭에 두 개의 거대한 사찰을 짓는 대역사를 시작했습니다. 바로 불국사佛國寺와 석불사石佛寺, 오늘날의 석굴암입니다. 《삼국유사》는 그가 "현생의 부모를 위해 불국사를 짓고, 전생의 부모를 위해 석불사를 지었다"라고 기록하고 있습니다. 흔히 우리는 이를 지극한 효심의 발로로만 이해해 왔습니다. 여기에 더해서 역사학자들은 이 설화 속에 숨겨진 은유와 상징을 해독하고 있습니다. 김대성의 불사가 단순한 개인의 효도를 넘어 멸망한 나라의 유민들을 위로하고 사회적 통합을 이루려 했던 숭고한 진혼 프로젝트였음을 밝혀내고 있습니다. 《삼국유사》에는 김대성에 대한 여러 설화가 기록되어 있습니다. 그중에서 김대성의 불사를 이해하는 열쇠는 바로 그가 절을 짓게 된 직접적인 계기인 '곰 사냥' 설화에 있습니다. 젊은 시절의 김대성은 토함산에서 곰 한 마리를 사냥했습니다. 그날 밤, 꿈에 귀신으로 변한 곰이 나타나 "네가 나를 죽였으니 나도 너를 잡아먹겠다"라고 위협했습니다. 공포에 질린 김대성이 용서를 빌자, 곰은 "나를 위해 절을 지어달라"고 요구했습니다. 잠에서 깬 김대성은 크게 뉘우치며 곰을 잡았던 자리에 장수사長壽寺를 창건했다고 합니다. 그리고 이 사건을 계기로 자비의 마음이 더욱 깊어져서 훗날 불국사와 석굴암이라는 큰 불사를 일으키게 되었다는 얘기입니다.

역사학자들은 이 '곰'의 존재를 단순한 짐승이 아닌 역사적 상징으로 해석합니다. 이와 관련해서 당시 신라 사회를 배경으로 하는 또 다른 흥미로운 설화가 전해지고 있습니다. 바로 승려 진표眞表의 이야기입니다. 진표는 어릴 적 개구리들을 버들가지에 꿰어 물에 담가두었다가 잊어버렸는데, 이듬해 봄에 가보니 개구리들이 여전히 배가 꿰인 채로 고통스럽게 울고 있는 것을 보고 충격을 받아 출가했습니다. 학계에서는 이 고통받는 개구리를 나당전쟁 이후에도 여전히 차별과 빈곤 속에서 신음하던 백제 유민으로 해석합니다. 8세기 전반, 신라 곳곳에서는 흉년이 들면 자기 허벅지 살을 베어 부모를 봉양했다는 향득向得의 이야기처럼 백제 유민들의 삶이 극도로 피폐했다는 기록이 나옵

불국사

니다.

　같은 맥락에서 김대성이 사냥한 곰 역시 단순한 동물이 아니라, 신라의 칼날에 희생된 백제 혹은 고구려의 유민을 상징하는 것으로 볼 수 있습니다. 김대성이 절을 지은 것은 신라의 지배층인 그가 정복 전쟁 과정에서 희생된 망국의 백성들에게 느꼈던 죄책감과 참회의 의식입니다. 이러한 해석을 확장하면 김대성이 전생의 부모를 위해 지었다는 석굴암의 건립 목적 또한 명확해집니다. 여기서 전생의 부모는 실제 부모라기보다는 역사 속으로 사라진 나라, 즉 멸망한 백제와 고구려를 의미하는 은유로 읽힙니다. 반면에 현생의 부모를 위해 지은 불국사는 현재의 조국인 신라를 상징합니다. 김대성은 신라 현생의 번영을 기원하며 화려하고 웅장한 평지 사찰인 불국사를 세우는 동시에 신라에 의해 멸망한 백제와 고구려 전생 의 원혼을 위로하기 위해 신비로운 석굴 사원인 석굴암을 조성한 것입니다.

석굴암의 구조와 위치 또한 이러한 해석을 뒷받침합니다. 석굴암은 토함산 정상부, 동해를 바라보는 험준한 곳에 자리 잡고 있습니다. 이는 일반 대중이 쉽게 접근할 수 있는 포교의 장소가 아닙니다. 그곳은 고요하고 엄숙한 참회의 공간이자, 죽은 자들의 영혼이 머무는 안식처와 같은 분위기를 자아냅니다. 본존불은 자비로우면서도 위엄 있는 모습으로 동해 너머의 위협을 막아주고 내부의 갈등을 잠재우는 듯합니다. 특히 석굴암 벽면에 조각된 십일면관음보살이나 보살상들은 망자의 명복을 빌고 산 자의 고통을 구제하는 구원자로서 성격이 강합니다. 김대성은 이 완벽한 조형 공간을 통해 현실 정치에서는 풀지 못한 민족 간의 앙금을 종교적 승화로 해결하려 했던 것입니다.

반면, 불국사는 석굴암과는 전혀 다른 성격을 보여줍니다. 다보탑과 석가탑이 나란히 서 있는 대웅전 마당, 그리고 구름 위를 노니는 듯한 청운교와 백운교는 신라가 지향하는 이상적인 불국토 佛國土 의 모습을 현실 세계에 구현한 것입니다. 이는 현세의 부모, 즉 신라 왕실과 국가의 안녕과 번영을 축원하는 공간으로서 당당하고 화려한 신라 문화의 정수를 보여줍니다. 김대성은 불국사를 통해 신라의 자부심을 드높이고 석굴암을 통해 신라가 짊어진 역사의 업보를 씻어내려 했습니다.

김대성의 불국사와 석굴암 건립은 단순한 개인의 신앙심을 넘어선 고도의 정치적 행위이자 숭고한 휴머니즘의 발로였습니다.
그는 '곰'으로 상징되는 멸망한 나라의 유민들을 위해 장수사를
짓고 석굴암을 세워 그들의 원한을 위로했고, '현생의 부모'인 신
라를 위해 불국사를 지어 국가의 통합을 기원했습니다. 역사학
자들이 얘기하듯 김대성의 이야기는 승리자의 오만이 아닌 생명
을 죽인 것에 대한 깊은 성찰과 참회에서 출발했습니다. 그는 두
개의 사찰을 통해 갈라진 마음을 하나로 모으고 과거의 아픔을
딛고 미래로 나아가려는 통일 신라의 시대정신을 건축과 조각으
로 승화시켰습니다.

12

혜공왕의 피살과 신라 몰락의 시작

　765년, 강력한 전제 왕권을 꿈꾸었던 경덕왕이 세상을 떠나고 불과 8세의 어린 소년이 신라 제36대 혜공왕惠恭王 으로 즉위했습니다. 신문왕부터 경덕왕까지 이어지며 황금기를 구가했던 통일 신라는 이 어린 왕의 즉위와 함께 걷잡을 수 없는 파멸의 소용돌이 속으로 빨려 들어갔습니다. 어머니인 만월 부인이 섭정에 나섰지만, 왕권의 공백을 틈탄 진골 귀족들의 권력욕은 억눌려 있던 용암처럼 폭발했습니다. 혜공왕의 치세는 재위 기간 내내 끊임없이 이어진 반란과 숙청, 그리고 천재지변으로 점철된 어둡고 혼란스러운 '피의 시대'였습니다. 그리고 그 끝에서 벌어진 국왕의 참혹한 시해는 신라가 더 이상 되돌릴 수 없는 몰락의 길로 진입했음을 알리는 것이었습니다.

혜공왕 대의 비극은 즉위 초부터 예고되었습니다. 《삼국사기》는 혜공왕 2년에 '해가 두 개 나타났다'라는 기이한 천문 현상을 기록하고 있는데 이는 왕권에 도전하는 세력이 등장하여 나라가 두 쪽으로 갈라질 것임을 암시하는 불길한 징조였습니다. 그리고 그 예언은 768년, 일길찬 대공大恭과 그의 동생 대렴大廉이 일으킨 96각간角干의 난으로 현실화되었습니다. 이 사건은 단순한 반란이 아니었습니다. 왕도 금성은 물론 전국 5도의 지방에서 무려 96명의 고위 귀족각간이 서로 편을 갈라 3년 동안이나 서로 죽고 죽이는 내전을 벌인 신라 건국 이래 최대 규모의 내란이었습니다.

학계에 따르면 이 거대한 반란의 근본 원인은 태종무열왕의 직계 후손들이 권력을 독점하는 것에 대한 방계 진골 귀족들의 누적된 불만이었습니다. 대공의 가문은 막대한 재력과 사병을 거느린 유력 재상가였으며, 이들은 어린 왕과 섭정 세력을 몰아내고 권력을 쟁취하려 했습니다. 비록 왕실을 지지하던 김옹金邕과 김양상金良相 등의 활약으로 반란은 진압되고 대공의 9족은 멸문지화를 당했지만, 이 전쟁으로 인해 왕실의 권위는 땅에 떨어졌고 지방 통제력은 붕괴하였습니다. 왕궁이 33일이나 포위될 정도로 왕권은 위협받았기에 신라 사회가 더 이상 왕을 중심으로 통합될 수 없는 분열의 시대로 접어들었음을 보여주는 상징적인 사건이었습니다.

대공의 난 이후에도 피바람은 멈추지 않았습니다. 770년에는 대아찬 김융金融이, 775년에는 김은거金隱居와 염상廉相, 정문正門이 연이어 반란을 일으켰다가 죽임을 당했습니다. 이들은 모두 전직 시중이거나 고위 관료 출신들로 당시 정국을 주도하던 김양상 세력과의 권력 투쟁에서 밀려나자, 무력으로 저항한 것이었습니다. 이러한 정치적 혼란 속에서 혜공왕의 입지는 갈수록 좁아졌습니다. 《삼국유사》는 혜공왕에 대해 "본래 여자로 태어날 운명이었으나 남자가 되어서 여자아이들이 하는 놀이를 즐기고 도교인들과 어울려 희롱하며 정사를 돌보지 않았다"라고 기록하고 있습니다. 이는 혜공왕의 성 정체성이 여성이었을 가능성을 시사하는 동시에 당시 유교적 가치관을 지닌 귀족들이 '음양의 이치를 거스른 왕', '나약하고 부덕한 군주'라는 명분을 내세워 왕을 공격했음을 보여줍니다. 또한 혜공왕 말년에 빈번했던 지진과 흉년은 하늘이 왕의 실정을 경고하는 것으로 해석되어 민심마저 왕실을 떠나게 했습니다.

마침내 780년 2월, 신라의 운명을 결정짓는 최후의 반란이 터졌습니다. 이찬 김지정金志貞이 '임금 곁의 악한 무리를 제거한다'라는 명분을 내걸고 군사를 일으켜 왕궁을 포위한 것입니다. 김지정은 당시 실권을 쥐고 있던 김양상 세력에 반발하여 혜공왕의 실정과 정치적 혼란을 구실로 쿠데타를 감행했습니다. 궁궐은 다시 한번 참혹한 전장이 되었습니다. 이때 상대등이었던 김양상과 이찬 김경신金敬信은 김지정의 반란을 진압한다는 명분으로 군사를 일으켰습니다. 두 세력의 충돌은 4월까지 이어졌고 김양상과 김경신의 승리로 끝났습니다. 하지만 그 과정에서 혜공왕과 왕비는 비참한 최후를 맞이했습니다.《삼국사기》는 반란군 김지정이 왕을 시해했다고 기록했지만,《삼국유사》는 반란을 진압한 김양상과 김경신이 왕을 죽였다고 기록하여 시해의 주체가 엇갈리고 있습니다.

역사학자들의 분석에 따르면, 진실은 이 두 기록의 사이 어딘가에 있을 것입니다. 김지정의 반란군이 궁궐을 장악했을 때 혜공왕은 이미 그들의 인질이나 다름없었습니다. 김양상과 김경신이 반란을 진압하는 과정에서 왕을 보호하기보다는 왕이 반란군에게 살해당하도록 방치하거나, 혼란을 틈타 왕을 제거하고 그 죄를 김지정에게 뒤집어씌웠을 가능성이 있다는 것입니다. 혜공왕에게는 자식이 없었기에 그가 사라져야만 김양상이 왕위에 오를 명분이 생기기 때문입니다.

혜공왕의 죽음은 단순한 국왕의 피살이 아니었습니다. 그것은 태종무열왕의 직계 자손이 왕위를 독점하던 중대의 종말이자, 힘 있는 진골 귀족이라면 누구나 무력으로 왕위를 쟁취할 수 있는 하대의 시작을 알리는 신호탄이었습니다. 권위가 사라진 왕좌는 이제 힘의 논리가 지배하는 투기장이 되었습니다. 이후 신라는 150여 년간 20명의 왕이 교체되는 극심한 혼란기에 접어들게 됩니다. 혜공왕의 피살은 신라가 내부의 모순을 극복하지 못하고 자멸의 길로 들어서게 된 결정적인 비극이었습니다. 귀족들의 끝없는 탐욕과 권력 투쟁, 그리고 이를 제어하지 못한 왕권의 추락은 화려했던 천년 왕국을 안에서부터 갉아먹었습니다. 찬란했던 통일신라의 영광은 서서히 그러나 확실하게 저물어 가고 있었던 것입니다.

13

방계혈통으로 왕위에 오른 선덕왕

780년 4월, 금성의 왕궁을 뒤덮었던 검은 연기가 걷히고 피비린내가 가라앉았을 때, 신라의 역사는 거대한 분기점을 맞이하고 있었습니다. 통일 신라를 호령했던 태종무열왕의 직계 혈통은 혜공왕의 비극적인 죽음과 함께 단절되었고, 그 혼란의 폐허 위에서 새로운 왕이 등극했습니다. 그가 바로 신라 제37대 왕인 선덕왕宣德王 김양상입니다. 그는 무열왕계가 아닌 수백 년 동안 왕위에서 배제되었던 나물마립간의 10세손이었습니다. 그의 즉위는 단순한 왕의 교체가 아니라 신라 하대라는 새로운 시대의 개막을 알리는 신호탄이자 진골 귀족들 간의 치열한 권력 투쟁이 낳은 타협과 견제의 산물이었습니다.

선덕왕 김양상의 혈통은 매우 독특한 이중성을 띠고 있었습니다. 그의 아버지 쪽 가문은 명백한 방계 진골 귀족이었습니다. 그의 할아버지 원훈元訓은 성덕왕 대에 중시를 역임했고, 아버지 효방孝芳도 고위직에 오른 유력 가문이었습니다. 하지만 그가 무열왕계가 독점하던 중대 신라의 정계 핵심부로 진입할 수 있었던 결정적인 열쇠는 바로 어머니 쪽 혈통에 있었습니다. 여러 역사학자의 분석에 따르면 그의 어머니 사소 부인은 성덕왕과 첫 번째 왕비 성정왕후 사이에서 태어난 딸이었습니다. 즉, 그는 성덕왕의 외손자로서 무열왕계 왕실과 긴밀한 혈연적 연결고리를 가지고 있었던 것입니다. 이러한 이중적인 혈통 배경은 그가 무열왕계와 내물왕계 사이의 가교 구실을 하며 정치적 혼란기 속에서 대안 세력으로 부상할 수 있는 중요한 자산이 되었습니다.

김양상의 정치적 부상은 혜공왕 대의 복잡한 권력 지형 속에서 이루어졌습니다. 어린 혜공왕이 즉위하자 어머니 만월태후가 섭정했고 그녀의 친족들과 측근들이 권력을 독점했습니다. 하지만 혜공왕이 성장하여 직접 통치를 시작하려 하자 신라 조정은 만월 태후의 섭정 세력과 혜공왕의 친정을 지지하는 세력으로 양분되었습니다. 이때 김양상은 성덕왕의 외손이라는 혈통적 배경을 바탕으로 친혜공왕파의 구심점이 되었습니다. 그는 774년 상대등으로 임명되어 만월 태후 측근이었던 김은거 등을 밀어내고 정국의 주도권을 장악했습니다. 그는 혜공왕에게 대항하는 반란 세력이 아니라 오히려 혜공왕을 보좌하며 왕권을 위협하는 신하들을 견제하는 충신의 위치에 있었던 것입니다.

그러나 780년 2월, 혜공왕과 왕비는 반란군의 손에 비참한 최후를 맞이하고 말았습니다. 김양상과 김경신이 반란을 평정했지만, 왕위는 공석이 되었습니다. 혜공왕에게는 자식이 없었고 무열왕계의 적통 남성은 끊어진 상태였습니다. 이 권력의 공백기에서 김양상은 추대라는 형식으로 왕위에 올랐습니다. 그는 당시 최고의 정치적 위상을 가지고 있었고 반란을 진압한 군사적 공로도 컸습니다. 무엇보다 성덕왕의 외손자라는 혈통은 무열왕계 지지 세력을 설득할 수 있는 강력한 명분이었습니다.

하지만 방계로서 왕위에 오른 선덕왕의 권력 기반은 취약했습니다. 그는 자신을 도와 반란을 진압한 실력자 김경신과 무열왕계의 유력자인 김주원金周元 등과 권력을 분점해야 했습니다. 실제로 그는 재위 기간 내내 자신의 부족함을 토로하며 왕위를 물려주려 했다는 기록이 전해집니다. 실제로 선덕왕은 재위 기간 내내 자신의 왕위에 대해 겸손하거나 혹은 부담스러워하는 모습을 보였습니다. 《삼국사기》에는 그가 "본래 덕이 없어 왕위에 뜻이 없었으나 추대를 피하지 못해 올랐다"라며 여러 차례 왕위를 물려주려 했다는 기록이 나옵니다. 이는 겸양의 표현일 수도 있지만, 강력한 전제 군주가 아닌 귀족들의 추대 때문에 세워진 왕으로서 겪어야 했던 부담감과 귀족들의 견제를 보여주는 것이기도 합니다. 이러한 기록을 바탕으로 학계에서는 덕왕의 통치 형태를 귀족 연립 정권으로 보기도 합니다.

선덕왕은 재위 6년 동안 혜공왕 대의 혼란을 수습하고 민생을 안정시키는 데 주력했습니다. 불타버린 궁궐을 수리하고 기근에 시달리는 백성들을 구호하며 사절을 파견하여 당나라와의 관계를 회복하는 등 내치와 외교 양면에서 국가 정상화를 위해 노력했습니다. 하지만 그는 나물마립간계 방계가 가진 정치적 한계를 죽기 전까지 느꼈습니다. 그는 유언에서도 "늘 왕위를 물려주고 밖에 물러 나와 살고자 했으나, 많은 관리와 신하들이 매양 지성으로 말렸기 때문에 뜻대로 하지 못하였다"라고 얘기했다고 합니다.

선덕왕 김양상의 즉위는 신라 역사에서 혈통의 원칙이 현실의 힘으로 대체되는 거대한 전환점이었습니다. 그는 무열왕계의 단절이라는 위기 속에서 방계라는 새로운 대안으로 등장하여 피로 얼룩진 내전을 수습하고 신라 하대의 문을 열었습니다. 비록 그의 왕권은 귀족들과의 타협 속에 존재했던 제한적인 것이었지만, 그는 파국으로 치닫던 신라를 멸망의 위기에서 구해내고 다음 시대로 연결하는 징검다리 역할을 충실히 수행했습니다.

14

원성왕 vs 김주원

  785년 정월, 신라의 수도 금성은 팽팽한 긴장감에 휩싸여 있었습니다. 방계의 부활을 알리며 즉위했던 선덕왕이 후사 없이 세상을 떠나자 비어버린 왕좌를 두고 두 세력이 정면으로 충돌한 겁니다. 한쪽에는 태종무열왕의 직계 후손이자 당시 조정의 수석 재상인 상재上宰 김주원金周元이 있었고, 다른 한쪽에는 선덕왕을 도와 혜공왕 대의 반란을 진압하며 실권을 쥐었던 상대등 김경신이 있었습니다. 이들의 대결은 단순한 왕위 다툼이 아니었습니다. 그것은 혈통적 정통성을 앞세운 무열왕계 구세력과 현실적인 무력과 정치력을 앞세운 방계 신세력 간의 운명을 건 한판 대결이었습니다.

당시 왕위 계승의 정통성과 명분은 명백히 김주원에게 있었습니다. 그는 무열왕의 후손들이 지지하는 가장 유력한 후보였으며 관직 서열상으로도 김경신보다 우위에 있는 '상재'의 자리에 있었습니다. 선덕왕 역시 생전에 왕위를 김주원에게 물려주려 했을 만큼 그의 입지는 탄탄했습니다. 군신들과 국인들 또한 김주원을 차기 왕으로 추대하기로 합의한 상태였습니다. 모든 것이 김주원의 즉위를 가리키고 있었고 김경신은 이인자로서 그저 바라만 보아야 할 처지인 듯했습니다. 하지만 김경신은 호락호락한 인물이 아니었습니다. 그는 선덕왕 재위 기간 내내 김주원이라는 거대한 벽을 넘기 위해 절치부심하며 자신의 세력을 키워왔습니다.《삼국유사》에 전해지는 그의 꿈 이야기는 야심을 상징적으로 보여줍니다. 그가 복두귀족 모자를 벗고 소립흰 갓을 쓴 채 우물 속으로 들어가는 꿈을 꾸자 아찬 여삼이 "복두를 벗은 것은 위에 사람이 없다는 뜻이요, 소립을 쓴 것은 면류관왕관을 쓸 징조이며, 우물에 들어간 것은 궁궐로 들어갈 길조"라고 해몽했습니다. 그리고 여삼은 결정적인 조언을 덧붙입니다.

"북천의 신에게 은밀히 제사를 지내십시오."

그리고 운명의 날이 밝았습니다. 선덕왕이 승하하자 김주원은 왕위에 오르기 위해 자기 집에서 왕궁으로 향했습니다. 그런데 그때, 마른하늘에 갑자기 쏟아진 폭우로 인해 왕궁으로 가는 길목인 알천^{북천}이 범람하여 건널 수 없게 되었습니다. 왕위가 비어있는 비상시국에 유력한 계승자가 궁에 도착하지 못하는 초유의 사태가 발생한 것입니다. 이때 김경신과 그의 추종 세력은 기회를 놓치지 않았습니다. 그들은 "왕의 자리는 사람의 힘으로 되는 것이 아니다. 오늘 폭우가 내려 주원이 오지 못하는 것은 하늘이 그를 원하지 않는다는 뜻이다"라며 여론을 조작했습니다. 그리고 비가 그치기를 기다리지 않고 김경신이 먼저 왕궁으로 들어가 왕위에 올라서 원성왕으로 즉위했습니다.

학계에서는 이 폭우와 알천의 범람을 단순한 자연재해로 보지 않습니다. 당시 1월은 계절적으로 폭우가 쏟아질 시기가 아니었습니다. 연구자들은 이것이 김경신 측이 사전에 준비한 군사적 차단 작전 혹은 정변이었을 가능성을 강력하게 제기합니다. '북천 신에게 제사를 지냈다'라는 것은 김주원의 이동 경로인 북천 일대를 김경신의 사병들이 장악했다는 은유일 수 있습니다. 김주원이 내를 건너지 못한 것은 물 때문이 아니라 김경신 측의 무력시위에 막혔기 때문입니다. 이미 상대등으로서 병권을 장악하고 있었던 김경신은 명분에서 앞서는 김주원이 왕궁에 들어오기 전에 물리력을 동원해 선수를 친 것입니다. 김주원을 지지하던 무리도 김경신의 압도적인 무력 앞에 굴복하고 그에게 만세를 부를 수밖에 없었습니다.

왕위를 빼앗긴 김주원의 처지는 비참했습니다. 그는 금성을 떠나 명주^{溟州, 현재의 강릉}로 물러났습니다. 기록에는 그가 스스로 물러난 것처럼 되어 있지만 실제로는 김경신의 위협을 피해 도망

원성왕릉(국가유산포털)

쳤거나 정치적으로 축출된 것으로 보입니다. 원성왕은 즉위 후에 김주원을 달래기 위해서 그를 명주 군왕으로 봉하고 식읍을 하사했지만, 이는 정적을 지방에 묶어두고 중앙 정치에서 배제하기 위한 회유책에 불과했습니다. 김주원의 후손들은 이후 강릉 김씨의 시조가 되어 명주 지역의 독자적인 호족 세력으로 성장하게 됩니다.

원성왕의 즉위는 신라 정치사에 있어 실력이 혈통을 압도한 결정적인 사건이었습니다. 그는 무열왕계의 강력한 지지를 받던 적통 후보를 물리치고 자신의 힘으로 왕관을 쟁취했습니다. 이는 선덕왕 대의 귀족 연립 정권 자체의 성격이 끝나고, 원성왕을 정점으로 하는 강력한 전제 왕권이 다시 수립되었음을 의미합니다. 그는 즉위 후 자신을 지지해 준 세력을 대거 등용하고 반대파를 숙청하며 왕권을 강화했습니다. 또한 독서삼품과讀書三品科를 제정하여 유교적 소양을 갖춘 인재를 선발하려 했는데, 왕에게 충성하는 관료 집단을 양성하려는 의도였습니다.

하지만 원성왕의 승리는 또 다른 분열의 씨앗이 되었습니다. 왕위 쟁탈전에서 패배하고 지방으로 밀려난 김주원 세력은 중앙 정부에 대한 잠재적인 불만 세력으로 남았습니다. 원성왕은 무력으로 왕위를 차지함으로써 신라 하대의 왕위 계승 원칙을 완전히 힘의 논리로 바꾸었습니다. 원성왕 이후 150여 년간 이어질 끊임없는 왕위 다툼의 서막이 되었습니다.

원성왕 김경신과 김주원의 대결은 신라 하대 정치의 냉혹함을 보여주는 대표적인 사례입니다. 김주원은 혈통과 명분을 가졌으나 무력과 결단력이 부족했고 김경신은 명분은 약했으나 치밀한 준비와 과감한 실행력으로 역사의 승자가 되었습니다. 엇갈린 두 사람의 운명은 신라가 완전히 적자생존의 시대로 접어들었음을 보여주는 상징적인 사건이었습니다.

15

김헌창의 난

원성왕의 후손들이 왕위를 독점하며 권력을 강화하는 동안에 왕위 계승에서 밀려난 무열왕계 후손들과 지방의 불만 세력들은 조용히 칼을 갈고 있었습니다. 특히 헌덕왕憲德王 대에 이르러 잦은 천재지변과 기근으로 민심이 흉흉해지고, 특정 가문을 중심으로 왕권을 사유화하려는 움직임을 보이자, 누적된 불만이 마침내 폭발하고 말았습니다. 822년, 신라의 지방 통치 체제를 뿌리째 뒤흔든 거대한 반란인 '김헌창金憲昌의 난'이 발생한 것입니다. 이 사건은 왕위 쟁탈전을 넘어서 신라라는 국가의 지방 시스템의 붕괴를 알리는 장송곡이자 훗날 후삼국 시대라는 대분열의 시대를 예고하는 서막이었습니다.

반란의 주동자인 김헌창은 비운의 왕족이었습니다. 그의 아버지는 선덕왕 사후 왕위 계승 1순위였으나 김경신에게 밀려 명주로 물러났던 김주원이었습니다. 비록 중앙 권력의 핵심에서는 밀려났지만, 김주원 가문은 지방에서 여전히 막강한 세력을 유지하고 있었습니다. 그리고 김헌창은 반란을 일으키기 전 약 10년 동안 중앙과 지방의 요직을 두루 거쳤습니다. 813년 무진주武珍州, 지금의 전라남도 도독을 시작으로 중앙의 시중을 거쳐, 816년에는 청주菁州, 진주 도독으로 부임하여 5년이나 재임했습니다. 특히 그가 청주 도독으로 재임한 5년은 반란을 위한 독자적인 세력을 구축하는 결정적인 시기였습니다. 이후 821년에 그는 전략적 요충지이자 옛 백제의 수도였던 웅천주熊川州, 공주 도독으로 자리를 옮기게 됩니다. 이러한 김헌창의 관직 이동에 대해서 김헌창 스스로가 자신의 정치적 야망을 실현하고자 세력 형성이 쉬운 지역을 선택했다거나 중앙 정부가 그를 회유하기 위해 보낸 것이라는 분석도 있습니다.

822년 3월, 김헌창은 마침내 반기를 들었습니다. 그가 내건 명분은 "아버지 김주원이 왕이 되지 못한 것이 억울하다"라는 것이었습니다. 하지만 이는 표면적인 이유일 뿐이었습니다. 실질적인 원인은 헌덕왕이 친동생인 수종秀宗을 후계자인 부군副君으로 삼고, 또 다른 동생 충공忠恭을 상대등으로 임명하여 형제들이 권력을 독점하려 한 데 대한 반발이었습니다. 김헌창은 국호를 장안, 연호를 경운慶雲이라 짓고 스스로 왕이라 칭했습니다. 장안이라는 국호는 신라를 부정하고 당나라의 수도와 같은 새로운 중심을 만들겠다는 의지를 보여준 것이고 경운이라는 연호는 새로운 세상이 열린다는 상서로운 징조를 의미했습니다.

놀랍게도 이 반란에 대한 지방의 호응은 폭발적이었습니다. 웅천주를 비롯하여 무진주, 완산주전주, 청주진주, 사벌주상주 등 5개 주와 국원경충주, 서원경청주, 금관경김해 등 3개 소경이 반란에 가담했습니다. 이는 신라 영토의 절반 이상이 중앙 정부에 등을 돌린 것입니다. 특히 옛 백제 지역과 가야 지역이 적극적으로 동참했는데 이것은 헌덕왕 대의 연이은 기근과 재해 속에서 중앙 정부의 수탈에 시달리던 지방민들의 분노가 김헌창의 반란을 계기로 분출된 것이었습니다. 그들은 김헌창을 지지했다기보다 신라라는 억압적인 체제를 무너뜨릴 수 있는 대안 세력에 환호했던 것입니다.

하지만 거대했던 반란의 불길은 의외로 싱겁게 진압되었습니다. 김헌창은 초기에 기세를 올렸으나 중앙으로 진격하여 왕실을 무너뜨리는 과감한 전략 대신 웅진공주에 웅거하며 방어 위주의 소극적인 태도를 보였습니다. 반란에 가담한 세력들이 유기적으로 연결되지 못하고 각 지역에서 산발적으로 봉기하는 한계를 드러낸 겁니다. 반면, 위기를 느낀 신라 조정은 중앙의 정예군과 진골 귀족들의 사병을 총동원하여 신속하게 진압에 나섰습니다. 결국, 반란은 한 달을 넘기지 못해 진압되었고 김헌창은 웅진에서 스스로 목숨을 끊었습니다.

반란의 실패 원인 중 하나로 김주원 가문의 분열을 지목하기도 합니다. 실제로 김헌창의 형제였던 김종기金宗基와 그의 후손들은 반란에 가담하지 않았습니다. 오히려 김헌창의 조카인 김흔金昕은 반란 당시 당나라에 사신으로 가 있을 정도로 친親정부적인 성향을 보였습니다. 이는 무열왕계 후손들 사이에서도 신라라는 국가를 부정하는 극단적인 선택에 대해서 동의하지 않는 세력이 있었음을 보여줍니다. 그러나 김헌창의 죽음으로 끝난 줄 알았던 반란은 3년 뒤인 825년, 그의 아들 김범문金梵文에 의해 다시 이어졌습니다. 김범문은 고달산의 산적 수신壽神 등과 결탁하여 평양에 도읍을 세우려 했으나, 이 또한 실패로 돌아갔습니다. 왕족 출신이 산적과 손을 잡았다는 사실은 이제 반란의 주체가 중앙 귀족에서 지방의 토착 세력 등으로 확대되고 있음을 상징적으로 보여줍니다.

김헌창 부자의 난이 남긴 역사적 파장은 실로 엄청났습니다. 첫째, 신라 중앙 정부의 지방 통제력이 급격히 약화되었습니다. 김헌창의 난 이후로 많은 지방관이 중앙에 충성하지 않았습니다. 또한, 지방 행정망이 붕괴하여 중앙 정부가 지방의 상황을 파악조차 하지 못하게 되었습니다. 둘째, 호족豪族의 성장을 촉진했습니다. 반란을 겪은 신라 조정은 지방민들의 불만을 무마하기 위해 김유신을 흥무대왕興武大王으로 추봉하고, 장보고張保皐와 같은 지방 세력가에게 관직을 주는 등 회유책을 썼습니다. 하지만 이는 미봉책에 불과했습니다. 이미 중앙 정부의 무능을 목격한 지방 유력자들은 스스로 무장하고 백성을 모아 독자적인 세력을 키우기 시작했습니다. 김헌창의 난은 신라 하대의 모순이 집약된 사건이자 골품제 사회의 붕괴를 알리는 신호탄이었습니다. 비록 반란은 원성왕계의 권력 독점에 대한 반발로 시작되었지만, 그 저변에는 굶주림과 수탈에 신음하던 지방민들의 저항 의식이 깔려 있었습니다.

16

흥덕왕의
사치 금지령

9세기 초, 헌덕왕憲德王과 흥덕왕興德王이 왕위에 오르면서 신라의 왕위 다툼은 소강상태를 맞았습니다. 그러자 신라에는 당나라와 서역, 심지어 남해동남아시아로부터 온갖 진귀한 물건들이 쏟아져 들어왔습니다. 비단과 향료, 유리구슬과 공작 꼬리 깃털 같은 화려한 사치품들은 금성의 귀족들뿐만 아니라 돈 있는 평민들의 눈까지 멀게 했습니다. 사람들은 국산품을 '촌스러운 것'이라 비웃으며 외래산 명품을 걸치고 뽐내기를 즐겼고, 이런 소비 열풍은 수백 년간 신라 사회를 지탱해 온 골품제도 무시하는 사치로 이어졌습니다. 이에 흥덕왕은 무너져 가는 국가의 기강을 바로잡기 위해 칼 대신 법을 빼 들었습니다.

홍덕왕릉(국가유산포털)

즉위 이후에 홍덕왕이 마주한 현실은 심각했습니다. 당시 신라 사회에는 백성들이 사치와 호화로움을 다투며 오직 기이한 물건의 진기함만을 숭상하고 도리어 토산물의 비루함을 싫어하는 풍조가 만연해 있었습니다. 이는 단순하게 과소비, 사치가 발생했다는 정도의 문제가 아니었습니다. 돈만 있다면 낮은 신분의 사람도 귀족처럼 꾸몄는데, 의복과 생활용품으로 신분의 높낮이를 구별하던 골품제 사회의 근간이 뿌리째 흔들릴 수 있는 문제였습니다. 이런 사치는 물질만능주의로 이어졌고, 속부지술速富之術, 즉 빨리 부자가 되는 술법이 유행할 정도로 부에 대한 갈망을 커지게 했습니다. 결국, 상업으로 부를 축적한 신흥 부유층이 등장하여 전통적인 귀족의 권위에 도전하는 양상까지 벌어졌습니다.

이에 흥덕왕은 834년, 신라 전역에 엄숙한 교서를 내렸습니다. 사람에게는 상하가 있고 지위에는 존귀함과 비천함이 있으니, 이름과 법례가 같지 않고 의복 또한 달라야 한다는 내용을 담고 있었지요. 이 선언과 함께 그는 진골, 6두품, 5두품, 4두품, 그리고 평인평민에게 이르기까지 신분별로 사용할 수 있는 물건의 종류와 재질, 크기, 색깔 등을 아주 세세하게 규정하는 금제를 발표했습니다. 금제의 내용은 놀라울 정도로 치밀했습니다. 규제 대상은 크게 복식옷, 거기수레, 기용그릇과 도구, 옥사집 등 생활 전반을 망라했습니다. 예를 들어, 진골 귀족이라 하더라도 옷에 금실로 수를 놓거나 공작의 꼬리털, 비취모물총새 깃털 같은 값비싼 외래산 재료를 장식하는 것은 엄격히 금지되었습니다. 6두품 여자는 진골 여자들이 입는 최고급 비단으로 만든 겉옷을 입을 수 없었고, 4두품 이하의 평민들은 금이나 은, 옥으로 만든 장신구를 일절 사용할 수 없었습니다. 집의 크기와 방의 개수, 담장의 높이, 심지어 마구간의 크기까지 신분에 따라 철저하게 제한되었습니다.

역사학자들은 흥덕왕의 복식 금제에는 단순한 검소함의 강조를 넘어선 고도의 정치적 의도가 숨겨져 있었다고 보기도 합니다. 첫 번째 의도는 왕권의 절대성 확보였습니다. 교서에 포함되어 있던 진골 귀족에 대한 규제 중에서도, 특히 진골 여성에게 자황赭黃, 자줏빛이 섞인 금색 색 옷을 금지한 조항이 눈에 띕니다. 자황색은 당나라 황제의 색이자 신라 국왕을 상징하는 색이었습니다. 진골 귀족들이 아무리 권세가 높아도 왕만이 쓸 수 있는 색에는 범접할 수 없게 함으로써 왕실과 일반 진골 귀족 사이에 명확한 선을 긋고 왕의 권위를 절대화하려 했던 것입니다. 둘째, 진골 귀족 중심의 신분 질서 재확립입니다. 당시 무역으로 부를 쌓은 6두품이나 평민들이 진골 귀족의 생활 양식을 모방하며 신분 상승을 꾀하자, 흥덕왕은 이를 참람한 행위로 규정했습니다. 그는 법적으로 사용할 수 있는 사치품의 상한선을 정해줌으로써 아무리 돈이 많아도 신분의 벽은 넘을 수 없다는 것을 물리적으로 강제하려 했습니다. 이는 경제력을 바탕으로 성장하는 신흥 세력을 억누르고 전통적인 진골 귀족들의 기득권을 보호하여 체제의 안정을 꾀하려는 시도였습니다.

흥미로운 점은 이 교서가 반포된 시점이 신라의 해상 무역이 정점에 달했던 시기와 맞물린다는 것입니다. 신라는 해상 무역을 장려하여 부를 창출하면서도 동시에 그 무역으로 인해 들어온 사치품이 사회 질서를 어지럽히는 것은 막아야 하는 모순적인 상황에 놓여 있었던 것입니다.

이러한 흥덕왕의 사치 금지령은 중앙 집사부에서 내려온 명령이 주, 군, 현을 거쳐 작은 촌에 이르기까지 '부符'라는 공문서 형태로 널리 퍼졌을 것으로 보입니다. 그리고 각 마을의 유력자인 촌주村主들이 사람들이 많이 다니는 길목에 대자보를 붙이고 글을 모르는 백성들에게는 직접 말로 설명하며 법령을 전파했을 것입니다. 또한 중앙 정부의 감찰 관리들이 파견되어 금제를 어기는 자들을 엄격하게 단속했을 것입니다. 이는 흥덕왕 대까지는 신라의 행정력이 지방 말단까지 작동하고 있었음을 보여줍니다. 하지만 역설적으로 이렇게 강력하고 세세한 규제 법안이 나왔다는 사실 자체가 당시 신라 사회의 변화를 법으로 막을 수 없을 만큼 사치 풍조가 만연했음을 방증하는 것이기도 합니다. 결국, 흥덕왕 사후 신라 하대의 혼란이 가중되면서 이러한 금제는 점차 유명무실해졌고 지방 호족들은 중앙의 통제를 비웃듯 독자적인 세력을 키워나가며 자신들만의 '작은 왕국'에서 왕처럼 화려한 생활을 누리게 됩니다.

흥덕왕의 사치 금지령은 화려했던 통일신라의 황혼기에 무너져 가는 왕국의 질서를 지키기 위해 국왕이 던진 마지막 승부수였습니다. 그것은 단순한 사치 금지 캠페인이 아니라 옷감 한 조각, 그릇 하나에도 신분의 질서를 세워 사회를 통제하려 했던 치밀한 정치 공학의 산물이었습니다.

17

해상왕 장보고의 삶

　9세기 초, 신라의 서남해안은 느슨해진 해상 통제력으로 인해서 해적들이 창궐하는 무법천지가 되었습니다. 그들은 신라 백성들을 납치해 당나라에 노비로 팔아넘기는 끔찍한 만행을 저질렀고, 백성들은 굶주림과 공포에 떨며 유랑민이 되거나 스스로 몸을 팔아 바다를 건너야 했습니다. 바로 이때, 무명의 섬 소년으로 태어났으나 당나라로 건너가 무예를 떨치고 다시 고국으로 돌아와 바다를 평정하며 동아시아 무역을 독점했던 장보고張保皐가 등장했습니다.

　장보고의 출신에 대해서는 명확한 기록이 없습니다.《삼국사기》는 그를 '해도인海島人', 즉 섬사람이라고만 기록하고 있습니다. 그의 어릴 때 이름은 궁복弓福 또는 궁파弓巴 였는데 이는 활을 잘 쏘는 사람이라는 뜻의 순우리말 이름일 가능성이 있습니다. 가난과 신분적 차별 속에서 미래가 보이지 않던 그는 친구 정년鄭年 과 함께 당나라로 건너가는 모험을 감행했습니다. 당시 당나라는 지방 군대를 다스리는 직책인 절도사들의 반란으로 혼란스러웠습니다. 장보고는 당나라 서주徐州의 무령군武寧軍 에 입대하여 반란군 토벌에 참전했고, 뛰어난 무예와 용맹으로 무령군 소장小將 이라는 지위에까지 올랐습니다. 당나라의 시인 두목杜牧 은 그를 "말을 타고 창을 휘두르는 솜씨가 당해낼 자가 없었다"라고 칭송했습니다.

하지만 당나라가 절도사 세력을 평정한 뒤에 군대의 수와 군비를 줄이자, 장보고는 군복을 벗고 새로운 길을 모색했습니다. 그는 당시 당나라 연해안과 대운하 주변에 널리 퍼져 있던 재당 신라인 사회신라방, 신라소 를 주목했습니다. 이들은 상업과 운송업에 종사하며 독자적인 네트워크를 구축하고 있었습니다. 장보고는 산둥반도의 적산포赤山浦 에 법화원法華院 을 세워 신라인들의 구심점으로 삼고 그들을 조직화하여 거대한 무역 선단을 꾸렸습니다. 이 지역의 절도사였던 이정기 일가의 몰락으로 주인이 사라진 서해의 해상권을 장악한 그는 당나라와 신라, 일본을 잇는 삼각 무역의 주도권을 쥐게 되었습니다.

그러나 그의 마음 한구석에는 늘 고국에 대한 안타까움이 자리하고 있었습니다. 당나라 곳곳에서 노비로 팔려 다니는 신라 교포들의 비참한 모습을 목격하고 있었기 때문입니다. 결국, 궁복

완도 청해진 유적(국가유산포털)

은 828년에 귀국하여 흥덕왕을 알현했습니다. 그는 "중국 전역에서 우리 백성들이 노비로 부려지고 있습니다. 바라건대 청해淸海, 완도에 진鎭을 설치하여 해적들이 사람을 잡아가지 못하게 하소서"라고 간청했습니다. 흥덕왕은 그의 제안을 흔쾌히 받아들여 군사 1만을 내주고 그를 청해진 대사淸海鎭 大使로 임명했습니다. 청해진을 설치한 장보고는 곧바로 해적 소탕 작전에 돌입했습니다. 그의 강력한 군사력 앞에 해적들은 자취를 감추었고 서남해안의 질서는 회복되었습니다. 하지만 그의 야망은 거기서 멈추지 않았습니다. 그는 해적 소탕을 명분으로 서남해안의 군소 해상 세력들을 모두 자신의 휘하로 통합했습니다.

또한, 청해진은 단순한 군사 기지가 아니었습니다. 그곳은 중국과 일본으로 가는 항로가 갈라지는 해상 교통의 요충지였습니다. 장보고는 청해진을 거점으로 신라, 당, 일본을 연결하는 거대한 해상 무역 네트워크를 완성했습니다. 그의 선단은 중국 남부와 동남아시아, 멀리 페르시아까지 연결되는 남해 항로와도 연결되어 있었습니다. 당나라의 도자기와 비단, 일본의 은과 진주, 남해의 향료와 상아 등 온갖 진귀한 물건들이 청해진으로 모여들었고, 다시 각국으로 팔려나갔습니다. 장보고는 무역왕이자 해상왕으로서 동아시아의 경제에 거대한 영향을 미치는 거물이 되었습니다. 당시 일본은 장보고의 위세에 눌려 그를 특별하게 대우했습니다. 장보고가 보낸 무역상은 사실상 공적인 외교 사절과 다름없는 대접을 받았고 일본 조정은 장보고에게 필요한 물품을 요청하기도 했습니다. 엔닌圓仁과 같은 일본 승려들도 장보고의 도움 없이는 당나라 유학을 무사히 마칠 수 없었습니다. 청해진은 신라 조정의 간섭을 받지 않는 독자적인 왕국과도 같았습니다.

하지만 빛이 강하면 그림자도 짙은 법입니다. 장보고의 거대한 세력은 신라 진골 귀족들에게 두려움과 시기의 대상이 되었습니다. 836년 흥덕왕이 죽고 김제륭金悌隆과 김균정金均貞 사이에서 왕위 쟁탈전이 벌어졌습니다. 이 전투에서 패배한 김우징金祐徵은 청해진으로 도망쳐 왔습니다. 장보고는 그를 받아들여 보호했고, 838년에는 군사 5천을 내어주며 그가 왕위에 오르는 것을 도왔습니다. 이는 지방 세력이 중앙의 왕위 계승에 결정적인 역할을 한 사건이었습니다. 장보고의 도움으로 신무왕이 즉위하자, 그는 감의군사 感義軍使 에 봉해지고 식읍 2천 호를 받는 등 권력의 정점에 섰습니다.

그러나 신무왕이 즉위 6개월 만에 갑자기 죽고 문성왕 文聖王 이 즉위하면서 비극의 씨앗이 싹텄습니다. 장보고는 자기 딸을 문성왕의 두 번째 왕비로 들이려 했으나, 진골 귀족들은 "섬사람의 딸을 왕비로 맞을 수 없다"라며 격렬하게 반대했습니다. 이는 장보고에 대한 귀족들의 견제가 극에 달했음을 보여주는 것이었습니다. 좌절과 분노에 휩싸인 장보고는 청해진에서 반란을 꾀했습니다. 이에 위기를 느낀 조정은 장보고의 부하였던 염장 閻長 을 매수하여 그를 암살하게 했습니다. 846년, 천하를 호령하던 해상왕 장보고는 자신이 믿었던 부하의 칼에 비참한 최후를 맞이했습니다. 장보고의 죽음과 함께 청해진 해상 왕국도 이후 몰락했습니다. 851년 신라 조정은 청해진을 완전히 폐쇄하고 그곳 주민들을 벽골군 김제 으로 강제 이주시켰습니다. 이로써 한반도 역사상 가장 역동적이었던 해상 경영의 시대는 막을 내렸습니다.

18

더욱 심해지는
신라의 왕위 다툼

잠시 시간을 원성왕이 재위하고 있던 795년으로 돌려보겠습니다. 원성왕은 자기 장남인 겸이 일찍 죽자, 손자인 준옹俊邕을 태자로 책봉하고, 동생인 언승彦昇을 병부령으로 삼아서 철저하게 가족 중심의 폐쇄적인 권력 구조를 구축했습니다. 이는 다른 진골 귀족이나 외척 세력의 개입을 차단하고 왕권을 강화하려는 의도였지만, 역설적으로 왕실 내부, 즉 형제와 사촌, 삼촌과 조카 사이에서 왕위를 둘러싼 가장 잔혹한 살육전이 벌어지는 원인이 되었습니다. 신라의 왕궁은 가족 간의 배신과 칼부림으로 얼룩진 골육상쟁의 무대로 변모했습니다. 애장왕에서 헌덕왕으로, 그리고 희강왕, 민애왕, 신무왕으로 이어지는 피의 연쇄 고리는 신라 하대의 정치 질서가 얼마나 처참하게 무너져 내렸는지를 보여주는 비극적인 참상입니다.

비극의 서막은 800년에 준옹, 즉 소성왕昭聖王이 재위 2년 만에 급사하고 그의 어린 아들 김청명金淸明이 13세의 나이로 즉위하면서부터였습니다. 그가 바로 애장왕哀莊王입니다. 어린 왕이 즉위하면서 숙부인 김언승金彦昇이 섭정을 맡았습니다. 여러 연구에 따르면 숙부인 김언승이 섭정을 맡는 상황이 펼쳐진 것은 원성왕 대부터 구축된 왕실의 배타적인 권력 독점 의지가 작용했기 때문입니다. 김언승은 조카를 대신해 국정을 장악하고 자신의 세력을 키웠습니다. 하지만 애장왕이 성장하여 친정親政을 시작하려 하자, 숙부와 조카 사이에는 돌이킬 수 없는 균열이 생겼습니다. 애장왕은 자신의 아버지 소성왕의 권위를 높이고 자신에게 충성하는 세력을 키우며 숙부의 그늘에서 벗어나려 했습니다. 권력의 맛을 본 김언승에게 조카의 성장은 곧 자신의 몰락을 의미했습니다.

결국 809년, 김언승은 동생 김수종과 함께 군사를 이끌고 왕궁으로 쳐들어갔습니다. 그들은 국왕인 조카 애장왕과 그 동생 김체명金體明을 무참히 살해하고 왕위를 찬탈했습니다. 이것이 바로 제41대 헌덕왕의 등장입니다. 이 사건은 원성왕의 후예들이 내부에서 왕위를 가진 직계소성왕계와 권력을 가진 방계헌덕왕계로 쪼개져 서로를 죽이는 신호탄이 되었습니다. 이후 신라는 헌덕왕과 그 뒤를 이은 동생 흥덕왕의 치세 동안 잠시 안정을 찾는 듯했습니다. 그러나 836년 흥덕왕이 후사 없이 세상을 떠나면서 다시금 걷잡을 수 없는 혼란 속으로 빠져들었습니다. 왕위 계승권을 두고 신라의 왕족들은 두 개의 거대한 파벌로 나뉘어 충돌했습니다.

한쪽은 흥덕왕의 사촌 동생이자 당시 상대등이었던 김균정金均貞 파였고, 다른 한쪽은 흥덕왕의 조카이자 헌덕왕 대 실세였던 이찬 김헌정의 아들 김제륭金悌隆 파였습니다. 객관적인 전력은 김균정 쪽이 우세해 보였습니다. 그는 상대등으로서 최고의 관직에 있었고, 아들 김우징과 조카 김예징金禮徵, 그리고 김양金陽 등 쟁쟁한 인물들이 포진해 있었습니다. 그들은 흥덕왕이 죽자마자 왕궁을 점거하고 김균정을 왕으로 추대하려 했습니다. 하지만 김제륭 측의 반격은 매서웠습니다. 김제륭은 아버지 때부터 물려받은 병부의 군사력을 쥐고 있었고, 무엇보다 당시 시중이었던 김명金明 과 결탁했습니다.

둘의 결합에 대해서 김명이 김제륭을 허수아비 왕으로 세우고 막후에서 조종했다고 보기도 하고, 김제륭이 김명에게 이용당한 것이 아니라 김균정이라는 거대한 적을 꺾기 위해 김명과 전략적 제휴를 맺은 것으로 보기도 합니다. 김명 역시 혼자 힘으로는 김균정을 이길 수 없었기에 김제륭과 손을 잡고 킹메이커 역할을 자처했습니다. 836년, 두 세력은 왕궁 북문에서 정면으로 충돌했습니다. 치열한 전투 끝에 김제륭-김명 연합군이 승리했고, 김균정은 난전 중에 살해당했습니다. 그의 아들 김우징은 간신히 목숨을 건져 청해진의 장보고에게 도망쳤습니다.

승리한 김제륭은 제43대 희강왕僖康王 으로 즉위했습니다. 그는 논공행상으로 김명을 상대등으로 임명하며 권력을 나누었습니다. 하지만 피로 맺어진 동맹은 오래가지 못했습니다. 희강왕은 왕권을 강화하고 자기 아들에게 왕위를 물려주려 했습니다. 하지만 왕위를 꿈꾸던 김명에게 이는 배신이나 다름없었습니다. 838년 정월, 김명은 마침내 칼을 뽑았습니다. 그는 자신의 심복인 이홍利弘 등과 함께 군사를 일으켜 희강왕을 위협했습니다. 믿었던 동맹의 배신과 고립무원의 처지에 놓인 희강왕은 결국 궁궐 안에서 목을 매어 자결하는 비극적인 최후를 맞이했습니다. 김명은 스스로 왕위에 올라 제44대 민애왕閔哀王이 되었습니다. 그는 왕위에 오르자마자 선왕들의 전례를 따라 자신의 아버지를 대왕으로 추봉하며 정통성을 확보하려 했지만, 그의 왕관은 찬탈자의 오명으로 얼룩져 있었습니다.

민애왕의 시대는 1년을 넘기지 못했습니다. 청해진으로 도망쳤던 김우징이 장보고의 강력한 군사 지원을 받아 복수의 칼날을 갈고 돌아왔기 때문입니다. 민애왕은 월유택月遊宅이라는 별장에 숨었으나 결국 군사들에게 발각되어 살해당했습니다. 3년 전 자신이 희강왕을 죽음으로 몰아넣었던 바로 그 자리에서, 그 역시 비참한 죽음을 맞이한 것입니다. 애장왕~신무왕까지 이어진 신라의 왕위 다툼은 삼촌이 조카를 죽이고 헌덕왕->애장왕, 친척끼리 죽고 죽이는 희강왕->김균정, 민애왕->희강왕, 신무왕->민애왕 끔찍한 살육의 현장이었습니다. 신무왕의 즉위로 왕위는 김균정 계열로 넘어갔지만, 왕실의 권위는 땅에 떨어졌습니다. 애장왕에서 신무왕에 이르는 동안의 골육상쟁은 다가올 후삼국 시대의 대혼란

을 예고하는 서막이었습니다. 신라는 서서히 멸망의 길로 걸어
가고 있었습니다.

19

진성여왕의 실정과
무너지는 신라 사회

　887년, 신라의 제51대 왕으로 진성여왕眞聖女王이 즉위했습니다. 그녀는 선덕여왕과 진덕여왕 이후 200여 년 만에 등장한 세 번째 여왕이었습니다. 그녀가 마주한 시대는 선조들이 겪었던 영광의 시대와는 거리가 멀었습니다. 진성여왕의 시대는 천년 왕국 신라가 내부의 썩은 살을 도려내지 못하고 끝내 무너져 내리는 멸망의 서곡이 울려 퍼진 비극의 시간이었습니다. 이 시기의 혼란은 단순히 여왕 개인의 음란함이나 무능력 때문만은 아니었습니다. 그것은 왕실을 지탱하던 구심점의 상실, 예기치 못한 자연재해, 그리고 이에 대처하지 못한 정책 실패가 복합적으로 작용하여 빚어낸 거대한 재앙이었습니다.

진성여왕의 치세는 크게 두 시기로 나뉩니다. 즉위 초반, 그녀는 숙부이자 경문왕景文王의 동생인 김위홍金魏弘에게 국정을 맡겼습니다. 전통적인 역사서들은 두 사람의 관계를 불륜이나 추문으로 묘사하곤 했습니다. 그런데 몇몇 역사학자들은 김위홍을 단순한 여왕의 불륜 상대로만 보지 않았습니다. 그는 헌강왕 대부터 상대등을 역임하며 국정을 주도했던 노련한 정치가이자 왕실의 가장 강력한 어른이었습니다. 진성여왕은 즉위 직후 민심을 수습하기 위해 전국 주와 군의 조세를 1년간 면제하는 파격적인 조치를 단행했고, 김위홍과 승려 대구화상大矩和尙에게 명하여 향가집《삼대목三代目》을 편찬하게 했습니다. 이는 왕실의 위엄을 세우고 통치 질서를 바로잡으려는 의욕적인 시도였습니다.

하지만 888년 2월에 정권의 버팀목이었던 김위홍이 갑작스럽게 세상을 떠나면서 상황은 급변했습니다. 믿을 수 있는 혈육이자 정치적 후견인을 잃은 여왕은 고립되었습니다. 이 권력의 공백을 메운 것은 김위홍의 부인이자 진성여왕의 유모혹은 숙모였던 부호부인鳧好夫人이었습니다.《삼국사기》등에서 비난한 왕이 불러들인 미소년 2~3명의 기록은 실제로 부호부인을 중심으로 한 측근 세력을 의미할 가능성이 있다고 보기도 합니다. 결국 부호부인과 그녀의 측근들이 국정을 농단하면서 매관매직과 뇌물이 성행했고 조정의 기강은 땅에 떨어졌습니다. 이에 분노한 나라 사람들은 여왕과 부호부인을 노골적으로 비난했습니다.

정치적 혼란보다 더 치명적인 것은 걷잡을 수 없는 자연재해와 기근이었습니다. 진성여왕 3년889년부터 시작된 흉년은 일시적인 것이 아니었습니다. 최치원崔致遠의 기록이나 당시의 탑과 비문들은 이 시기를 "7년 동안 전쟁과 흉년이 멈추지 않아 들판에 굶어 죽은 시체가 가득했다"라고 묘사할 정도로 처참했습니다. 그런데 여기서 신라 정부는 돌이킬 수 없는 치명적인 실책을 저지릅니다. 즉위 원년에 단행했던 1년간 조세 면제 조치로 인해 국고가 텅 비어버리자, 흉년이 닥쳤음에도 구휼 대신 조세 독촉이라는 최악의 카드를 꺼낸 것입니다. 굶주림에 지친 농민들에게 세금을 내라고 관리를 파견한 것은 마른 장작에 불을 지른 격이었습니다. 결국, 889년부터 신라의 농민들은 조직적인 봉기를 일으키기 시작합니다. 이것은 신라 붕괴의 신호탄이었습니다. 농민들은 국가의 수취 체제에 대한 전면적 거부에 나섰고, 이것은 신라라는 국가 시스템에 대한 사망 선고였습니다. 진성여왕은 봉기를 막아보려고 노력했지만, 신라군은 무기력할 뿐이었습니다. 공권력의 공백이 만천하에 드러나자, 농민 봉기는 들불처럼 전국으로 번져나갔습니다.

수도 금성도 큰 위기에 빠지게 되었습니다. 대표적으로 적고적赤袴賊, 붉은 바지를 입은 도적 떼가 금성 서쪽 모량리까지 쳐들어와 민가를 약탈할 정도로 치안이 붕괴하였습니다. 이러한 상황을 타개하기 위해 6두품 지식인 최치원은 894년에 여왕에게 시무 10여 조時務+餘條를 올리며 마지막 개혁을 호소했습니다. 진성여왕은 이를 기쁘게 받아들여 그를 아찬으로 삼고 개혁을 시도하려 했으나 이미 부패한 진골 귀족들의 반발과 무너진 행정 체계 속에서 개혁안은 휴지 조각이 되고 말았습니다. 결국, 진성여왕은 자신의 한계를 인정할 수밖에 없었습니다. 897년, 그녀는 "나의 부덕함으로 백성들이 곤궁해지고 도적들이 봉기했다"라는 참회와 함께 오빠 헌강왕의 아들이자 조카인 김요金嶢, 효공왕에게 왕위를 물려주고 물러났습니다. 반란이나 쿠데타에 의한 폐위가 아니라 국정 파탄의 책임을 지고 스스로 내려온 양위였습니다. 그녀는 왕위에서 물러난 지 6개월 만에 북궁에서 쓸쓸히 세상을 떠났습니다.

진성여왕의 시대는 뿌리부터 썩어들어가던 신라라는 거목이 완전히 쓰러지는 과정이었습니다. 초기에는 김위홍을 통해 안정을 꾀했으나 그의 죽음과 함께 찾아온 정치적 공백, 그리고 7년간 이어진 최악의 기근은 신라의 운명을 재촉했습니다. 굶주린 백성에게 세금을 독촉했던 무능한 정책은 민심을 완전히 돌아서게 했고 이는 후삼국 시대라는 분열의 시대를 여는 결정적인 계기가 되었습니다.

20

발해 멸망의 미스터리

　926년 1월, 동북아시아의 광활한 영토를 호령하던 거대 제국 발해가 역사 속으로 사라졌습니다. 고구려를 계승하여 698년 건국된 이래 228년 동안 당나라와 대등한 문명을 구가했던 이 제국의 최후는 너무나도 충격적이고 미스터리했습니다. 수백 년을 이어온 제국이 마치 모래성처럼 순식간에 무너져 내린 기이한 멸망을 두고 후대 사가들은 수많은 의문을 제기해 왔습니다. 과연 무엇이 그토록 강성했던 발해를 단 보름 만에 주저앉게 했을까요? 최근의 연구 성과들은 백두산 화산 폭발이라는 자연재해설을 과학적으로 검증하고 거란과의 오랜 전쟁과 내부 분열이라는 정치·군사적 요인을 입체적으로 재구성하며 이 미스터리의 실타래를 풀어가고 있습니다.

오랫동안 발해 멸망의 유력한 원인으로 거론되었던 것이 바로 '백두산 화산 폭발설'이었습니다. 발해의 멸망 시기와 백두산의 대분화 시기가 겹친다는 점에 착안하여 화산 폭발로 인한 화산재가 태양을 가리고 농작물을 망쳤으며, 지진과 사회적 혼란이 겹쳐 나라가 망했다는 시나리오였습니다. 하지만 최신 지질학 연구 결과를 토대로 이 가설을 정면으로 반박하는 연구도 있습니다. 지질학자들의 정밀 분석 결과, 백두산의 대분화는 발해가 멸망한 926년이 아니라 그보다 20년 뒤인 946년경에 일어났을 가능성이 매우 높다는 것입니다. 즉, 발해는 화산이 폭발하기 전에 이미 멸망했다고 볼 수 있습니다. 물론 926년 이전에도 소규모 분화가 있었을 가능성은 있지만, 발해 멸망의 직접적인 원인은 자연재해가 아니었습니다.

그렇다면 진짜 원인은 무엇일까요? 역사학자들 중 일부는 거란군의 전광석화와 같은 진격 속도와 발해 방어 체계의 붕괴에 주목합니다. 925년 12월 29일에 거란의 야율아보기는 발해 방어의 핵심이자 최전방 요충지인 부여성을 포위했고, 단 3일 만에 함락시켰습니다. 부여성이 뚫리자마자 거란군은 거침없이 수도 상경을 향해 내달렸습니다. 부여성에서 상경까지는 약 400km에 달하는 먼 거리였지만 거란군은 이 거리를 불과 6일 만에 주파하여 1월 9일 상경을 포위했습니다. 이 속도는 하루에 70km 가까이 진군한 것으로 발해군이 전열을 정비할 틈조차 주지 않은 기습적인 기동전이었습니다. 이 과정에서 발해의 늙은 재상이 이끄는 3만 명의 중앙군이 거란군을 막아섰지만, 단 한 번의 전투에서 패배하며 발해의 마지막 희망은 사라졌습니다. 부여성이라는 강력한 방패가 뚫리자마자 심장부까지 고속도로가 뚫린 듯 무너진 것은 발해의 지방 방어 체계와 중앙군 동원 시스템이 이미 심각하게 마비되어 있었음을 말합니다.

하지만 이것만으로는 15일 만의 멸망을 온전히 설명하기 어렵습니다. 이 때문에 몇몇 역사학자들은 발해의 멸망이 갑작스러운 사건이 아니라 20년 전쟁의 결과물임을 강조합니다. 야율아보기는 발해를 침공하기 훨씬 전부터 치밀한 군사 전략을 실행하고 있었습니다. 그는 단순히 부여성을 정면 돌파한 것이 아니었습니다. 거란은 이미 903년부터 발해의 요동 지역을 잠식하기 시작했고, 919년에는 발해의 서쪽을 압박했습니다. 특히 결정적인 것은 926년 1월 원정 직전에 감행된 발해의 철리부와 동평부에 대한 사전 공략이었습니다. 거란은 상경의 북동쪽과 동쪽을 방어하던 이 두 지역을 먼저 제압하거나 견제함으로써 수도 상경을 고립시켰습니다. 또한, 요동 지역의 안록부와 장령부의 발해 주력군이 거란의 별동대에 묶여 움직이지 못하게 차단했습니다. 즉, 발해가 무너진 것은 부여성 함락뿐만 아니라 야율아보기의 거대한 포위망 전략에 의해 각 지방의 구원군이 수도를 도우러 올 수 없도록 사전에 차단되었기 때문입니다.

이러한 군사적 열세와 함께 발해를 내부에서부터 무너뜨린 것은 민심의 이반과 지배층의 분열이었습니다. 야율아보기가 남긴 글에는 "발해의 마음이 이미 떠났다"라는 구절이 등장합니다. 이는 20년 넘게 지속된 거란과의 소모전 속에서 발해의 국력이 고 갈되고 지방 세력들이 중앙 정부에 등을 돌리기 시작했음을 의 미합니다. 대인선 치세에는 이미 요동 지역의 장군들이 거란에 투항하거나 고위 관료들이 고려로 망명하는 사태가 빈번했습 니다. 부여성이 3일 만에 무너진 것도 성주나 내부의 배신 없이 는 설명하기 어려운 속도입니다. 중앙 정부의 통제력이 약화한 상태에서 거란의 대군이 들이닥치자, 각 지방은 각자도생을 택 했고 수도는 고립무원의 처지에 놓이게 된 것입니다.

결국, 발해 멸망의 미스터리는 하나의 원인이 아닌 복합적 인 요인들이 맞물린 비극이었으며 야율아보기의 치밀한 '선고 립, 후타격' 전략이 주효했습니다. 그는 철리부와 동평부를 공략 해 상경의 날개를 꺾고 요동의 주력군을 묶었습니다. 그리고 빈 집이나 다름없는 수도를 향해 전격전을 감행했습니다. 또한, 장 기간의 전쟁 피로와 내분으로 인한 발해 민심의 이반이 있었습 니다. 튼튼해 보였던 성곽들은 내부의 배신과 공포 앞에서 종잇 장처럼 찢겨나갔습니다. 이렇게 926년 1월 12일, 발해의 마지막 왕 대인선이 신하 300여 명과 함께 항복 의식을 치르며 해동성국 의 깃발은 내려졌습니다.

21

후삼국 시대의
개막

　892년, 신라의 변방 무진주에서 한 장수가 스스로 왕을 칭하며 반기를 들었습니다. 바로 후백제의 시조 견훤甄萱입니다. 그리고 얼마 지나지 않아 북원원주의 도적 떼 사이에서 미륵을 자처하는 비범한 승려가 나타나 한반도 중부 지역을 휩쓸기 시작했으니, 그가 바로 후고구려를 세운 궁예弓裔입니다. 이들의 등장은 한 지역에서 발생한 작은 반란을 의미하는 것이 아니었습니다. 천 년 동안 이어져 온 신라의 권위가 완전히 붕괴하고 지방 호족들이 독자적인 세력을 구축하여 천하를 다투는 거대한 난세 후삼국 시대가 개막했음을 알리는 역사적인 신호탄이었습니다. 이 혼란의 시대는 어느 날 갑자기 찾아온 것이 아니었습니다. 그것은 9세기 말 진성여왕 대부터 시작된 중앙 정부의 무능과 지방 통제력 상실, 그리고 굶주린 백성들의 분노가 응축되어 폭발한 필연적인 결과였습니다.

후삼국 시대의 문을 연 결정적인 계기는 889년에 발생한 원종元宗과 애노哀奴의 난이었습니다. 이 두 사람을 중심으로 농민들이 사벌주上州에서 봉기했고 중앙 정부는 이를 진압할 힘조차 잃어버렸습니다. 이 사건을 기점으로 신라의 지방 통치 체계가 본격적으로 붕괴하기 시작했다고 보기도 합니다. 도독이나 태수 같은 지방관들은 더 이상 중앙의 명령을 듣지 않거나 도망쳤고, 그 힘의 공백을 메운 것은 지방에서 강력한 영향력을 지녔던 호족豪族들이었습니다.

이 혼란 속에서 가장 먼저 두각을 나타낸 인물은 견훤이었습니다. 상주 호족 아자개阿慈介의 아들이었던 그는 신라군 비장으로 서남해안을 지키다 중앙 정부의 무능함에 실망하여 독자적인 길을 걷기로 결심했습니다. 892년, 그는 무진주를 점령하고 스스로 신라서면도통新羅西面都統이라 칭하며 독자 세력을 구축했습니다. 흥미로운 점은 그가 처음부터 백제를 내세우지 않았다는 것입니다. 견훤은 초기에 신라의 지방관을 자처하며 신라의 권위에 기대어 세력을 키우는 전략을 썼습니다. 하지만 점차 세력이 커지고 옛 백제 지역의 유민 의식을 자극할 필요성을 느끼자, 900년 완산주全州에 입성하여 마침내 후백제왕後百濟王을 칭하고 의자왕의 울분을 씻겠다는 명분을 내걸었습니다. 이는 신라의 신하가 아닌 대등한 국가의 군주로서 신라를 타도하겠다는 선전 포고였습니다.

한편 북쪽에서는 궁예가 무섭게 성장하고 있었습니다. 신라 왕족 출신으로 알려진 그는 세달사世達寺에서 승려 생활을 하다가 난세에 뜻을 품고 죽주죽산의 기훤箕萱과 북원의 양길梁吉 휘하에 들어갔습니다. 하지만 그의 그릇은 남의 밑에 있을 크기가 아니었습니다. 그는 뛰어난 카리스마와 미륵 신앙에 대한 해박한 지식을 바탕으로 독자적인 세력을 규합하여 894년 명주를 점령하고 장군이 되었습니다. 이후 898년 송악개성의 왕건王建 부자를 포섭하여 패강 유역을 장악했고, 901년에는 마침내 후고구려後高句麗를 건국했습니다. 궁예는 견훤과는 달랐습니다. 그는 처음부터 신라에 대한 반감을 드러내며 고구려의 원수를 갚겠다는 명분을 내세웠습니다. 이는 패서황해도 지역 호족들의 고구려 계승 의식을 활용하고 신라와 후백제에 대항하는 제3의 세력으로서 정체성을 확립하기 위한 전략이었습니다.

후삼국 시대는 세 나라가 한반도를 두고 땅따먹기 싸움을 벌이기만 한 시기가 아니었습니다. 많은 역사학자가 후삼국 시대를 동아시아 질서의 변동이라는 거시적인 관점에서 바라봅니다. 당시 당나라 역시 황소의 난 등으로 쇠퇴하여 국제 질서를 유지할 힘을 잃어가고 있었습니다. 신라가 의지했던 당나라 중심의 천하는 무너지고 한반도 내부에서도 신라 중심의 일원적인 지배 질서가 붕괴하였습니다. 그러자 동아시아의 많은 세력이 각자도생하는 다원적인 권력 구조가 형성된 것입니다. 이러한 상황에서 견훤과 궁예는 각기 다른 방식으로 국가의 정통성을 확보하려 했습니다. 견훤은 중국 오월吳越 이나 후당後唐 에 사신을 보내 책봉을 받으며 국제적인 인정을 받으려 노력했습니다. 반면 궁예는 국호를 마진摩震 , 태봉泰封 으로 바꾸고 독자적인 연호를 사용하며 자주적인 황제국을 지향했습니다. 특히 궁예는 자신을 스스로 미륵불이라 칭하며 종교와 정치를 일치시키는 제정일치 정책을 펼쳤는데, 이는 기존의 유교적, 불교적 질서를 뛰어넘어 자신만의 새로운 세상을 만들려는 파격적인 시도였습니다.

후삼국 시대의 개막은 천년 왕국 신라가 안고 있던 모든 모순이 폭발하며 만들어진 역사의 용광로였습니다. 지방에 대한 통제력을 잃은 중앙 정부, 굶주림에 지쳐 봉기한 농민들, 그리고 그 혼란을 틈타 일어난 영웅들의 야망이 뒤섞여 새로운 시대를 열었습니다. 견훤은 백제의 부활을 시도했고 궁예는 고구려의 영광과 미륵의 세상을 꿈꾸었으며 그 밖에 많은 호족이 각각의 목표를 가지고 나아갔습니다. 후삼국 시대는 분열과 전쟁의 시기인 동시에 우리 역사상 가장 역동적이고 다양한 가능성이 시험대에 올랐던 시간이었습니다.

22

신라의 마지막 왕, 경순왕

    927년 11월, 신라의 수도 금성에는 차가운 겨울바람과 함께 멸망의 그림자가 짙게 드리워져 있었습니다. 후백제의 견훤이 이끄는 군대가 신라의 방어선을 뚫고 왕경으로 진입한 것입니다. 당시 신라의 제55대 왕이었던 경애왕景哀王 은 왕비와 종친, 신료들을 이끌고 포석정鮑石亭 에 머물고 있었습니다. 후대 역사서는 이를 두고 "적병이 쳐들어오는 줄도 모르고 연회를 즐기다 망했다"라고 비난했습니다. 하지만 최근에는 그날의 진실이 달랐을 가능성에 관해서 얘기하고 있습니다. 경애왕이 국가의 존망이 걸린 위기 상황에서 팔관회와 같은 호국 의례를 통한 종교의 힘을 빌려 나라를 구하고자 했다는 설입니다. 하지만 현실의 칼날은 냉혹했습니다. 포석정을 급습한 후백제군에 의해 경애왕은 사로잡혀 자결을 강요당했고, 왕비와 왕족들은 치욕을 당했습니다. 이 끔찍한 비극의 현장에서 견훤에 의해 선택되어 신라의 제56대 왕으로 등극한 인물이 바로 경순왕敬順王 김부金傅 였습니다.

경순왕의 즉위 과정을 이해하기 위해서는 먼저 그가 누구인지 왜 하필 그가 선택되었는지를 살펴보아야 합니다. 우선 효공왕과 경순왕 사이에 즉위했던 신덕왕神德王, 경명왕景明王, 경애왕은 박씨 왕이었습니다. 그리고 효공왕 사후의 가장 유력한 계승자는 헌강왕의 사위이자 강력한 화랑 세력을 거느린 김효종金孝宗이었습니다. 하지만 그의 독주를 경계한 진골 귀족 세력들이 있었습니다. 결국, 김계강金繼康 등의 귀족 세력은 김효종과 마찬가지로 헌강왕의 사위라는 명분을 가졌던 박경휘와 손을 잡고 그를 신덕왕으로 추대했습니다. 박씨 왕의 등장은 김씨 왕실의 분열과 귀족들의 이해관계가 맞물려 탄생한 정치적 타협의 산물이었습니다.

그런데 김부는 신라 왕실의 전통적인 주류였던 김씨 진골 귀족이었고 그의 아버지가 바로 김효종이었습니다. 또한, 어머니는 헌강왕의 딸인 계아태후桂娥太后 였습니다. 즉, 경순왕은 헌강왕의 외손자로서 강력한 혈연적 정통성을 가지고 있었습니다. 견훤은 박씨 왕조신덕왕-경명왕-경애왕 를 무너뜨리고 다시 김씨 왕조를 복원시킨다는 명분을 내세우기 위해 김씨이면서도 헌강왕의 혈통을 이어받아 정통성이 확실한 김부를 새로운 왕으로 선택한 것입

조선 후기에 제작된 경순왕의 초상화

니다. 이는 신라 내부 김씨 귀족들의 반발을 무마하고 자신의 옹립 명분을 극대화하기 위한 고도의 정치적 계산이었습니다.

그렇다면 견훤이 직접 왕이 되거나 신라를 바로 합병하지 않고 경순왕을 옹립한 이유는 무엇이었을까요? 당시 후백제군은 신라 왕경을 점령하고 약 15일간 머물렀지만, 신라 전체를 통치할 행정력이나 민심을 확보하지는 못한 상태였습니다. 또한 고려의 왕건이 구원군을 이끌고 내려오고 있었기에 견훤은 신라를 직접 지배하는 위험을 감수하기보다는 친親 후백제 성향의 꼭두각시 정권을 세워 신라를 사실상의 속국으로 만드는 것이 유리하다고 판단했습니다. 그는 경애왕을 제거한 뒤에 경애왕의 친동생인 효렴 孝廉 과 재상 영경 英景 등 박씨 왕실의 핵심 인물들과 기술자,

보물들을 인질과 전리품으로 챙겨 전주로 철수했습니다. 이로써 경순왕은 왕위에 올랐지만, 그의 나라는 껍데기만 남은 상태였고, 그의 권위는 후백제의 무력 아래 놓인 위태로운 등불과 같았습니다.

즉위 초기 경순왕의 신라는 견훤의 영향력 아래에 있었습니다. 견훤의 부하들은 금성을 마구 약탈했으며, 신라의 곡식을 베어서 군량으로 사용했습니다. 하지만 후삼국의 정세는 급박하게 돌아갔습니다. 930년, 고창안동 전투에서 왕건이 견훤에게 대승을 거두면서 주도권은 고려 쪽으로 급격히 기울었습니다. 왕건은 신라 왕실을 예우하는 유화책을 폈습니다. 931년, 왕건이 금성을 방문했을 때 경순왕은 그를 눈물로 맞이했습니다. 왕건은 신라에 머물며 경순왕을 위로하고, 약탈하지 않는 규율 있는 군대의 모습을 보여주며 신라인들의 민심을 얻었습니다.

이 시점부터 경순왕의 마음은 고려로 기울기 시작했습니다. 그는 더 이상 회생 불가능한 신라의 국운을 직감했습니다. 지방의 성주들은 앞다투어 왕건에게 투항했고, 국토는 날로 줄어들어 왕경 주변만을 간신히 유지하는 형국이었습니다. 경순왕에게 남은 선택지는 두 가지였습니다. 끝까지 저항하다가 견훤이나 왕건의 칼에 비참하게 멸망할 것인가 아니면 평화적으로 나라를 넘겨주고 백성의 안위와 왕족의 보전을 도모할 것인가. 그는 후자를 택했습니다. 935년, 경순왕은 태자마의태자 의 격렬한 반대에도 불구하고, "죄 없는 백성들을 더 이상 죽게 할 수 없다"라는 명분으로 고려에 항복을 청했습니다.

같은 해 11월, 경순왕은 백관을 거느리고 금성을 떠나 개성으로 향했습니다. 화려한 수레와 말이 30리에 뻗쳤고 길을 구경하는 백성들의 탄식 소리가 하늘에 닿았다고 합니다. 왕건은 그를 태자보다 높은 지위인 정승공政丞公으로 봉하며 극진히 대우했습니다. 또한 신라의 옛 수도 금성을 경주慶州라 칭하고 경순왕이 계속 통치하도록 했습니다. 이로써 기원전 57년 박혁거세가 건국한 이래 992년을 이어온 천년 왕국 신라는 역사 속으로 사라졌습니다.

경순왕의 즉위는 신라 하대의 모순이 폭발한 비극의 정점이자 새로운 통일 국가 고려가 탄생하기 위한 진통이었습니다. 그는 견훤이라는 무력에 의해 옹립되었고, 망국의 군주라는 오명을 썼지만, 무모한 저항 대신 평화적인 양위를 선택함으로써 전쟁의 참화로부터 백성을 구했습니다. 덕분에 신라의 문화와 지배층이 고려 사회에 자연스럽게 흡수될 수 있는 길을 열었습니다.

23

고려의 건국과
후삼국의 통일

    영웅들이 칼을 겨누는 후삼국 시대라는 거친 난세의 한복판에서 예성강 하류의 해상 세력을 기반으로 성장하여 새로운 시대를 열고자 하는 인물이 등장합니다. 바로 왕건이었습니다. 그의 고려 건국과 후삼국 통일 과정은 무력 정복으로만 이루어진 것이 아니었습니다. 바다를 지배하는 자가 천하를 얻는다는 해양 전략의 승리이자 포용과 통합의 리더십이 빚어낸 위대한 역사였습니다. 왕건의 가문은 대대로 송악개성 을 근거지로 예성강과 강화도 일대의 해상 무역을 장악하며 성장한 유력한 해양 호족이었습니다. 그의 조부 작제건作帝建 과 부친 용건龍建 은 일찍이 해상 활동을 통해 막대한 부와 세력을 축적했습니다.

왕건은 이러한 가문의 배경 덕분에 해양의 중요성을 누구보다 잘 이해하고 있었습니다. 그는 896년 부친과 함께 궁예에게 귀부한 뒤에 뛰어난 무장으로서 두각을 나타냈습니다. 특히 903년에 그는 궁예의 명을 받아 수군을 이끌고 서해를 돌아 후백제의 배후인 나주를 기습 점령하는 쾌거를 이루었습니다. 나주는 영산강 유역의 비옥한 곡창지대이자 과거 장보고가 청해진을 구축하기도 했던 해상 무역에서 지리적 장점이 있는 곳이었습니다. 왕건은 이곳을 장악함으로써 후백제를 배후에서 견제하고 중국 및 일본과 연결되는 해상 교역로를 확보하여 궁예 정권과 훗날 고려의 가장 든든한 물적 기반을 마련했습니다. 나주 공략은 왕건이 단순한 장수가 아니라 탁월한 해양 전략가임을 증명한 사건이었습니다.

그런데 왕건의 활약과는 달리 궁예는 초심을 잃고 미륵불을 자처하며 폭정을 일삼았습니다. 그는 부인과 자식까지 잔혹하게 살해하고 신료들을 의심하며 공포 정치를 펼쳤습니다. 민심은 그를 떠났고 무장들과 호족들의 불만은 극에 달했습니다. 결국, 918년에 이르러서 홍유洪儒, 배현경裴玄慶, 신숭겸申崇謙, 복지겸卜智謙 등 4명의 장수가 왕건을 추대하여 정변을 일으켰습니다. 왕건은 궁예를 몰아내고 새 왕조 고려高麗를 건국했습니다. 국호를 고려라 한 것은 고구려 계승 의식을 분명히 하여 북방 유민들의 마음을 얻고 민족사의 정통성을 확보하려는 의지였습니다. 또한 "백성에게 조세를 수취할 때 일정한 법도가 있어야 한다"라는 취민유도取民有度의 가치를 내걸고 조세 정책도 새로 세웠습니다.

왕건은 이러한 새로운 조세 정책을 바탕으로 조세를 감면하고 억울하게 노비가 된 자들을 해방하는 등 민생 안정에 주력했습니다.

왕건이 직면한 가장 큰 과제는 지방에 할거하는 수많은 호족 세력을 어떻게 통합하느냐는 것이었습니다. 그는 무력 토벌보다는 회유와 포섭이라는 유연한 정책을 선택했습니다. 유력한 호족들과 혼인 관계를 맺어 그들을 왕실의 외척으로 삼는 혼인 정책을 펼쳤는데 무려 29명의 왕비와 부인을 두었습니다. 이는 왕건이 그저 여성을 좋아해서가 아니라 정치적 통합을 위한 방식이었습니다. 또한 호족들에 왕씨 성을 하사하는 사성賜姓 정책으로 그들을 가족으로 편입시켰습니다. 동시에 사심관事審官 제도와 기인其人 제도를 두어 호족들이 중앙 정부를 보좌하게 하면서 그들의 지방 지배권을 인정해 주되, 한편으로는 그 자제들을 인질로 삼아 견제하는 이중적인 통제책을 구사했습니다. 이러한 포용 정책은 호족들의 이탈을 막고 고려라는 울타리 안으로 그들을 끌어들이는 데 결정적인 역할을 했습니다.

대외적으로 왕건은 '친신라, 반백제' 정책을 분명히 했습니다. 견훤은 신라를 무력으로 압박하고 적대시했습니다. 반면에 왕건은 신라에 대해 예를 갖추고 우호적인 태도를 보였습니다. 비록 신라를 구원하는 과정에 발생한 공산公山 전투에서 견훤군에게 포위되어 신숭겸과 김락 등 아끼는 장수들을 잃고 구사일생으로 탈출하는 참패를 겪었지만, 왕건의 이러한 의리 있는 행동은 신라 조정과 백성들의 마음에 깊은 감동을 줬습니다. 이는 훗날 신

왕건이 즉위 후 세웠다고 전해지는 성불사(국가유산포털)

라가 자발적으로 고려에 항복하는 결정적인 계기가 되었습니다. 반면 북방의 거란契丹에 대해서는 강경한 태도를 보였습니다. 발해를 멸망시킨 거란을 '짐승의 나라'라 부르며 그들이 보낸 낙타를 만부교 아래에서 굶어 죽게 하고 사신을 유배 보내는 등 적대 관계를 분명히 했습니다. 이는 발해 유민들을 고려의 백성으로 받아들여 고구려 계승 의식을 확고히 하고 북진 정책의 명분을 세우기 위함이었습니다.

고려와 후백제의 승패를 가른 결정적인 요인은 해상 지배권이었습니다. 후백제의 견훤은 왕건에게 빼앗겼던 나주를 되찾기 위해 끊임없이 공세를 퍼부었습니다. 920년대 후반에 들어서 견훤은 서해안의 요충지인 운주홍성와 남해안의 강주진주를 장악하며 고려를 위협했습니다. 929년 고창안동 전투에서 왕건이 승리하여 육지에서의 주도권을 잡았음에도 불구하고 바다에서는 후백제의 반격으로 나주와의 해상로가 차단되는 등 위기를 맞았습니다. 932년에는 후백제 수군이 고려의 수도 개경의 관문인 예성강까지 침입하여 배를 불태우는 사건까지 발생했습니다. 이에 왕건은 934년 직접 군사를 이끌고 운주를 공격하여 대승을 거둠으로써 서해안의 해상권을 다시 장악했습니다.

후삼국 통일의 마지막 순간은 적의 분열로 찾아왔습니다. 후백제 내부에서 왕위 계승을 둘러싼 내분이 발생하여 견훤의 장남 신검 神劍 이 아버지를 금산사에 유폐하고 왕위를 찬탈한 것입니다. 탈출한 견훤은 평생의 적수였던 왕건에게 투항했습니다. 왕건은 그를 '상부 尙父, 아버지처럼 높다 '라 부르며 예우했습니다. 936년 9월, 왕건은 견훤과 함께 대군을 이끌고 일리천 구미 선산읍 에서 신검의 군대와 최후의 결전을 벌였습니다. 아버지 견훤이 고려군 선봉에 서자 후백제군의 사기는 무너졌고 고려군은 압도적인 승리를 거두었습니다.

이로써 왕건은 후삼국을 통일하는 위업을 달성했습니다. 그는 승자의 보복이 아닌 패자에 대한 관용과 우대를 통해 사회적 갈등을 치유하고 고려라는 새로운 통일 국가를 세워 새로운 사회로 나아가는 문을 활짝 열었습니다. 장보고의 해양 개척 정신을 이어받아 바다를 지배하고, 포용의 리더십으로 사람의 마음을 얻은 왕건의 고려 건국과 통일은 한국사에서 희망찬 새로운 시대의 개막을 알리는 사건이었습니다.

한국 고대사 연표

기원전 2333년?	고조선 건국
기원전 194년	위만이 준왕을 몰아내고 고조선의 왕위를 차지함
기원전 108년	위만조선이 한의 침공으로 멸망
기원전 57년	신라 건국
기원전 37년	고구려 건국
기원전 18년	백제 건국
기원전 22년	고구려 대무신왕이 부여와의 전쟁에서 대소왕을 전사시킴
기원전 42년	금관가야 건국
194년	고구려에서 진대법 실시
209년	신라가 포상팔국과의 전쟁에서 승리함
244년	위나라의 관구검이 고구려를 침공
293년	모용선비가 고구려를 침공
298년	백제 책계왕이 낙랑군과의 전투에서 전사
313년	고구려가 낙랑군을 병합
342년	전연이 고구려를 침공
371년	백제 근초고왕이 고구려를 공격하여 고국원왕을 전사시킴
372년	고구려에서 태학이 설치되고 율령이 반포됨
392년	고구려 광개토왕이 백제를 공격하여 승리함

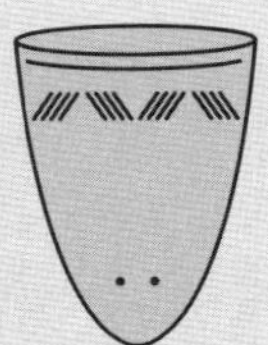

5세기 ~6세기

400년	고구려 광개토왕이 신라를 침입한 왜군을 격퇴
414년	고구려 장수왕이 광개토대왕릉비를 건립
427년	고구려가 평양으로 천도
433년	백제와 신라가 나제동맹을 체결
475년	고구려가 백제의 위례성을 함락시키고 개로왕을 죽임, 백제는 웅진으로 천도
502년	신라에서 우경 시작
512년	신라의 장군 이사부가 우산국을 병합
520년	신라에서 율령이 반포
532년	신라가 금관가야를 병합
538년	백제가 사비로 천도
551년	백제와 신라, 대가야 연합군이 북상하여 고구려의 한강 유역을 탈환
553년	신라가 한강 유역을 점령
554년	백제와 신라 간의 관산성 전투에서 성왕이 전사
562년	신라가 대가야를 병합
598년	수나라의 고구려 1차 침공

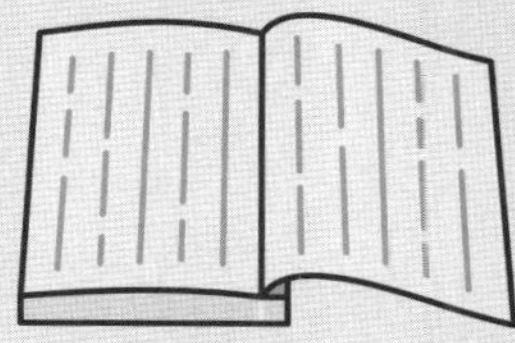

612년	수나라의 고구려 2차 침공, 살수대첩으로 수나라 군대를 대파
642년	고구려에서 연개소문이 정변을 일으켜 영류왕을 살해하고 정권을 장악
645년	당나라가 고구려를 침공하나 안시성에서 패배하고 물러남
648년	신라와 당나라가 동맹을 체결
660년	백제 멸망
668년	고구려 멸망
676년	신라가 당나라군을 몰아내고 삼국통일을 달성함
698년	발해 건국
722년	신라가 백성들에게 정전을 지급함
732년	발해가 당나라 등주를 공격하여 승리함
780년	김지정의 반란으로 혜공왕이 피살되고 선덕왕이 즉위
822년	신라에서 김헌창의 난이 일어남
828년	신라의 장보고가 청해진을 설치
892년	견훤이 반란을 일으켜 신라로부터 독립 세력을 이룸
900년	후백제 건국
901년	후고구려 건국
918년	왕건이 궁예를 몰아내고 고려를 건국
926년	발해 멸망
927년	후백제가 신라를 침공하여 경애왕을 죽임
935년	신라 경순왕이 고려에게 항복하며 신라의 멸망
936년	고려가 후백제를 멸망시키고 후삼국을 통일

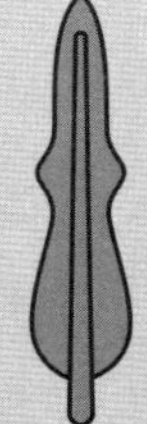

10대라면 반드시 알아야 할
한국 고대사

초판 1쇄 인쇄 2026년 3월 20일
초판 1쇄 발행 2026년 3월 27일

지은이 고창민
펴낸이 박세현
펴낸곳 팬덤북스

기획 편집 곽병완
디자인 김민주
마케팅 전창열
SNS 홍보 신현아

주소 (우)14557 경기도 부천시 조마루로 385번길 92 부천테크노밸리유1센터 1110호

전화 070-8821-4312 | **팩스** 02-6008-4318
이메일 fandombooks@naver.com
블로그 http://blog.naver.com/fandombooks

출판등록 2009년 7월 9일(제386-251002009000081호)

ISBN 979-11-6169-389-7 03910